岩野卓司・丸川哲史 編

野生の教養

飼いならされず、学び続ける

法政大学出版局

第2部　〝野生〟の政治

第3部　〝野生〟の人類史

「START LINE 0m」（明治大学和泉キャンパスにて）

はじめに――

野生の教養とは

教養とは何だろうか。

巻に教養に関する本はたくさんありそれぞれ懇切丁寧に説明してくれるし、私自身も教養についての漠然としたイメージはあるのだが、いざ教養とはどういうものかを把握しようとすると、意外にむつかしい。

例えば、大学の一・二年は教養課程と呼ばれるが、これを終えた学生は教養人なのだろうか。あるいは、ここで教えている教師は教養人なのだろうか。各教師は国語とか哲学といった自分の専門を教えているだけではないのか。ここで教養と言われているものは、アメリカの大学の「一般教育」に相当するもので、私たちがふつうイメージする教養とは関係ない。教養課程ではいろいろな学問の知識を幅広く習得することを目的としているが、はたしてそれだけで教養は培われるのだろうか。それを教養にするかどうかは学生次第ではないだろうか。それなのに、大半の学生も教師もそんなことは考えていない。それなら、どうして教養課程なのかという疑問は残ってしまう。

また、「あいつは教養がない」とか「ビジネスにも教養が必要だ」と言うとき、基本的には知識が問題になっている。日本のあるビジネスマンがアメリカのビジネスマンと食事をしたとき、仕事の話以外にも芸術や文化、政治や歴史についても相手がよく知っているので驚いてしまったという話を聞いたことがある。その人は逆に日本の伝統文化を尋ねられてほとんど答えられず困ってしまったそうだ。無知は恥ずかしいという例の典型だろう。こういったケースが頻発することから教養の必要を説く人たちがいる。教養がないとビジネスもうまくいかず、出世もできないのだ。本屋のビジネス書のコーナーに、「教養としてのワイン」とか「教養としての世界史」といったようなタイトルが並ぶのも、こういった理由からである。

知識を増やしていくことは、たしかに大切である。教養のために必要な条件である。しかし、それだけではただの物知りではないだろうか。クイズ王と大してかわらない。それに対して、教養のある人は博識であるが、その知識にはその人の哲学や世界観が反映されているのではないか。知識がただ並んでいるのではなく、その人なりのかたちで相互に連関していて、そこには統一性があるのだ。

とはいえ、誰もが認める教養人は別にして、たいていの人は自分の哲学や自分の世界観などそう簡単に語ることはできないだろう。しかし、それを目指して蓄積した知識を組み合わせて試行錯誤を重ねていくことは、誰にでもできる。こういったかたちで知識を組み合わせて新しい関係を作っていくことが「教養をデザインする」ということなのである。知識がたまれば教養が生まれるわけではない。

知識を関係づけながら何かを見つけていくことで自分の思想が生まれてくる。それが教養なのだ。

ところでこの教養なのだが、大学のなかでは前々からいつも問い直すべき対象にあがっていた。そのため、教養に関する多くの書物が出版されている。というのも、若い世代における教養の欠如が社会的に問題となっている一方で、従来の教養のモデルが今の時代にそのまま機能しにくくなっているからである。「大正教養主義」と呼ばれ戦前の旧制高校の教育モデルとなっていた人文学中心の教養も、理念として戦後も存続していたが、一握りのエリートを想定したモデルであったから、大学教育の大衆化を前にしだいに力を失っていった。アメリカのリベラル・アーツをモデルにした戦後の教養教育も今日では揺れ動いており、大学改革などで教養課程が解体し外国語センターなどに改編されたり、学際的なリベラル・アーツ学部として独立したり、教養／専門の垣根自体も再検討されつつあったりする。しかも、ネットの普及でアクセス可能な情報が広がった今日、教養よりも情報処理能力が社会で重視されており、教養という言葉も昔と比べて影が薄くなってきている。

しかし、だからと言って教養がまったく無用の長物と化したわけではない。さまざまな知を横断して総合的に判断する能力や長年の経験を通しての熟成した思想を、社会はなおも求めている。ユヴァル・ノア・ハラリの『サピエンス全史』のような人類史全体を語る本がベストセラーになるのは、膨大な情報を方向づけるために参照する俯瞰の書が求められているからである。「全体」を語る本をとりあえずの足場にしながら、私たちは多くの情報を関係づけながら新しい知をつくっていこうとしているのだ。

だから今日の教養は、従来の教養と同じであることはできない。これまでの教養は現実から一歩離れた高踏的な性格をもつものであり、幅広い知識を吸収しながら自分の内面を掘り下げることが重視されていた。読書と思索を通しての個人の人格的な修養も求められてきた。こういった教養に対して、教養のあり方をもう一度問い直していこうとする動きがある。そのひとつに、対話的な教養がある。それまでの教養が個人の内面を重視したのに対し、これは他者とのコミュニケーションを通して培われる教養である。哲学カフェなどはその試みのひとつと言えよう。従来の教養は他者について、また異文化についてもそれらの知識を内面化して理解することに重きが置かれていたが、これからは他者や異文化と対話していく考えが重視されるようになってきている。他者や異文化にも開けていくという点で、教養は社会や文化の多様性を尊重するようになってきている。教養のあり方も変化してきているのだ。

そこで、私たちが本書で提案したい教養は「野生の教養」というものである。野生とはまずは「飼いならされない」ということである。現代社会では私たちは飼いならされた思考にあまりに慣れてしまっている。だからこそ、野生が見直されている。野生というものは、単に原始時代やアフリカのジャングルに特有なものではない。実は私たちの日常に潜んでいるのだ。身近な自然に触れたときはもちろんのこと、ポケモンなどのアニメのキャラクターやゲームなどにも野生を感じることはできる。慣れ親しんだ日常をちょっと違った角度から眺めてみただけで、私たちは野生に出会う驚きを体験する。教養のなかで無意識のうちに眠っている野生を暴き出すのが本書の目的である。

「野生の教養」とは、一見すると矛盾した概念である。というのも、伝統的な教養は農耕の発想に由来しているからである。このことはカルチャーとアグリカルチャーの語源的な関係が示唆している。教養は、畑を耕し種を播いて育てるといったイメージでよく語られる。薄っぺらい知識の集積は根無し草に譬えられ、大地にしっかりと根を張った草木が教養のイメージとされている。だから、教養人は畑を耕して実りある収穫をえる人物であり、その知識は大地に根づいた揺るがない木々と同じである。大学での少人数教育である「ゼミナール」も、元の意味は「種を播くこと」なのだ。こういった農耕的発想の教養に対して、「野生の教養」は農耕時代からさらに昔にさかのぼった狩猟時代の知からの教養である。つまり、狩猟・採集文化におけるブリコラージュや直感知をベースにして教養を問い直していく作業なのだ。間に合わせのもので即興的に作り上げるブリコラージュは、科学や概念思考に先立つ直感的な知であり、既成の概念や道具を反復しながら使うのではなく、つねに新たに概念や道具を産み出すクリエイティブな知でもある。しかも、これは人類の根源的な知のあり方であり、神話、遊び、聖なるものの儀礼、隠喩の言語などと深くかかわっている。今までの教養が排除してきた「狩猟・採集時代の知」へとさかのぼったうえで、そこから現代の知や教養を考え直すことによって、私たちはこれまでにない教養のあり方を提示できるのではないのだろうか。

実を言うと、私は昔この「野生」という言葉に不快な思いをしたことがある。まだフランスのパリに留学していた学生のころであるが、地下鉄を降りようとしたとき、前にいた女性に軽く肘があたってしまった。すぐに謝ったのだが、こちらがアジア系とわかるとその女性は急に態度を変えて「なんと野蛮な！」と私に罵声を浴びせた。「野蛮な」と訳したこの言葉はソヴァージュ（sauvage）というフランス語であり、「野生の」をも意味している。どこの国にも、ヘイトスピーチを平気で口にする人は存在するものである。だから、この手の言葉が人種差別や政治的差別に使われてきた歴史をもつことは十分に理解できる。とはいえ、この言葉を差別用語にのみくくるだけでは、「野生」がもつ豊かな鉱脈を無視することになり、あまりにもったいない。ある時期から、この言葉にポジティブな意味をもたせようとする学問の流れもある。レヴィ＝ストロースはその人類学の研究のなかでブリコラージュや神話に見られる「野生の思考」の創造的な面を解明したし、哲学者メルロ＝ポンティは科学的な自然観によってはとらえきれない自然を「野生の存在」と表現した。さらにデリダによる脱構築の哲学は、野生をただ蔑視する考え方も野生をいたずらに理想化する考え方も文化／野生、文明／野蛮の階層的な二項対立に囚われており、対立構造それ自体を問い直さなければならないことを示した。差別する者に、文明のほうがよっぽど野蛮だと言い返すだけでは、文明と野蛮が逆転するだけで問題は解決しないのだ。野生についてのこういった流れを踏まえながら、明治大学にも「野生の科学研究所」が設置されて、所長の中沢新一氏のもとで多くの刺激的な講演、セミナー、シンポジウムが催されて盛況だった。「野生の教養」の企画もその影響を受けていることも申し添えておく。

「野生」による教養の問い直しは、従来の教養が基盤にしている西欧中心の歴史の問い直しにもつながる。教養がその根拠を、中世のリベラル・アーツに求めるにしろ、近代の教養主義に見出すにしろ、これらは西欧中心の歴史が産み出した教養である。この歴史を西欧社会は普遍的なものと見なすのであるが、よく考えてみると、これは「野生」と形容され、「未開」と呼ばれる人たちの歴史を排除することによって成立している。こういった人たちは歴史の外に置かれるか、せいぜい歴史の低い発展段階に位置するものとされてしまうかである。「未開」の人たちに固有な歴史は無視されており、西欧との関係においてしか彼らの歴史は普遍的な歴史に登録されえないのだ。こういった歴史観に抗して、「野生の教養」は「野生」を歴史の原点に据えながら、「未開」の人たちに固有な歴史を解放することで歴史を再解釈していく。ここに今までの教養とは違う教養の新たな姿が見えてくるだろう。

本書を執筆しているのは、明治大学大学院教養デザイン研究科で授業を担当している教員たちで、それぞれの研究分野から「野生の教養」のテーマに取り組んでいる。

本書を手に取るみなさんには、「野生」について考えながらぜひ教養をデザインしていってもらいたい。本書がその一助になれば嬉しい限りである。

最後に、丸川哲史氏（教養デザイン研究科長）には、本書の企画から大変お世話になった。その貴重なアドバイスがなければ、本書は刊行をみなかっただろう。また、本書の意義を真摯に受け止め、編集を一手に引き受けてくれたのは、法政大学出版局の赤羽健氏である。おふたりには特に謝意を表したい。

明治大学教養デザイン前研究科長
岩野卓司

第1部 〝野生〟の思考

Every discoloration of the stone,
Every accidental crack or dent,
Seems a water-course or an avalanche,

石の褐色している部分ひとつひとつ
思いがけない裂け目や凹みのひとつひとつが
水の流れか雪崩のように見える

William Butler Yeats, “Lapis Lazuli”, 1938
虎岩直子訳

撮影＝ © Fáilte Ireland, Tourism Ireland

野生の教養のために

未来のカニバリズムのためのブリコラージュ

岩野卓司

野生の教養。この言葉に奇妙な印象を持たないだろうか。

ふつう野生という言葉は、栽培されたり飼いならされたりしていない自然のままの状態をさす。人里遠く生い茂る草木や野山を自由に駆けめぐる動物を思い浮かべる人もいるかもしれない。アマゾンの奥地やアフリカのジャングルを連想する人もいるかもしれない。だが、そうであるから、この言葉が人間に向けられると、「未開」とか「野蛮」といったイメージと結びついてしまう。文明や文化と程遠い環境に生きている人の姿を、私たちは思い浮かべてしまうのではないだろうか。

それに対して、教養はどうだろうか。教養ある人とはただの物知りとは違う。知識がいくらあっても野蛮な行為をする人は、教養人とは呼べない。教養には、知識の習得に伴う人格的な修養、あるいは幅広い知識のバランスを生かした自由な思考が求められているからである。この意味で、教養は文明や文化と強く結びついているのだ。

だから、「野生の教養」は矛盾した言葉と見なされるかもしれない。だが、果たしてそうだろうか。野生は原始時代や未開の世界に生きている人びとに特有なものではない。文明化された現代の私たちの周りにもこの野生は見つけられるのではないだろうか。

シュルレアリスムの詩人アンドレ・ブルトンは、『シュルレアリスムと絵画』のなかで、「眼は野生の状態で存在する」[1]と述べている。眼は本来あるがままに自然の状態で見るべきものであるが、私たちの日常生活は実用性などの価値に縛られており、私たちの眼はあるがままに見てはいない。画家が描く世界は一見すると奇妙なものに見えるかもしれないが、そこには実用的な先入観にとらわれない現実が存在しており、眼がこの現実に反応するとき野生の状態に帰っていくのだ。例えば、コップや茶わんが描かれたりオブジェとなったりすると、それらはもとの道具としての有用性から切り離されている。芸術家たちは作品を通して私たちの無意識に訴えかけており、私たちの無意識に潜む野生を呼び起こしているのだ。

もっと身近なところでは、子どもが夢中になるものにも野生は潜んでいる。中沢新一は『ポケモンの神話学』でポケモンに日常生活のなかに存在する野生を見つけ出している。昔の子どもたちは野山を駆けめぐり、林でカブトムシを小川でおたまじゃくしをとって遊んでいたが、そういった空間が宅地造成などの影響で少なくなっていった。ポケモンの作者は、ゲームの世界によってかつての体験を表現しようとしたのである。ポケモンは、子どものなかに眠っていた無意識の野生を人工的な手段を通して呼び起こすものだった。さらに、ポケモンＧＯになるとスマートフォンの画面に現実の光景とポケモンたちとが同時に映し出されていく。子どもだけではなく大人もこのゲームに熱中しているのは、そこで子どもの時代に戻っているからではないのか。ここにポケモンがもたらしてくれる野生があるのだ。[2]

このように、野生は私たちの生きる世界でも身近に存在している。それならば、この野生から教養をどう考えたらいいのだろうか。

1　農耕以前の教養

私たちが現在使っている教養という言葉は、西欧の伝統に由来する。「教養ある人」の教養は、英語のカルチャーである。この言葉は、農業（アグリカルチャー）とも密接な関係がある。両方とも「耕す（カルティヴェイト）」ことと関係しており、その語源にラテン語のコレーレ（耕す）がある。もともと「畑を耕すこと」であったものから転じて「心を耕すこと」になり、文化や教養の概念が形成されてきたのである。だから、「教養ある人」には、表面的な知識をただ寄せ集めただけの存在ではなく、耕された土地から育ったような知識をしっかりとものにしている人というイメージが伴っている。西欧の教養の発想の根本にあるのは、農耕なのである。大学でもゼミと呼ばれるものは、ドイツ語のゼミナールの略であり、種まきに由来している。ここでも農耕が、この教育形式の根本に存在している。これは講習会と見なされるセミナーの場合も同じである。ゼミナールもセミナーも起源をたどれば種まきなのである。

今、こういった西欧由来の教養概念は限界をむかえている。読書を通して時間をかけて知識を自分のものにし、それを通して人格も高めていくような古典的な教養の概念は、その力を失いつつあるのだ。大学教育が大衆化しそのレヴェルが低下し、ゆっくりとしたリズムの古典の読書に対する関心が失われて、インターネットで得られた膨大な情報をスピーディーに処理することが求められる今日、教養をどう考えたらよいのだろうか。教養はある種の曲がり角にさしかかっているのだ。

ここで私が提案したいのは、教養を農耕以前の状態にさかのぼって考えてみることである。人類の歴史では、農耕が始まる以前に狩猟・採集の時代があった。この時代に文化がないと考えるのなら、それはあまりに傲慢な見方であろう。むしろ、この時代にすでに文化、さらには教養の基盤が存在したと考えるべきではないだろうか。そう考えるならば、教養の原点は栽培されたものではなく、野生にあると言えるだろう。従来の文化＝教養の語源からは考えられないことではあるが、教養概念が不可能になる地点から教養を考えることで、教養の西欧中心的な枠組みを突き破ることができるのではないだろうか。

2 「アフリカ的段階」

ここでまず検討したいのが「アフリカ的段階」である。この言葉は、もともとヘーゲル『歴史哲学講義』のなかに登場するアフリカを、吉本隆明が再解釈したものである。よく知られているように、ヘーゲルの世界史は自由の実現の過程である。歴史は地理的に東から西に展開される。まず古代アジアでは専制君主一人が自由であり、次に奴隷以外の一部の人たちにしか自由が認められない古代ギリシアとローマを経て、最後にキリスト教ゲルマンで万人の自由が実現されていくのである。ところがよく見てみると、この世界史のなかにアフリカの場所はない。アフリカは世界史から完全に排除されているのである。ヘーゲルは、アフリカの黒人たちには文化もなければ発展することもないと考えている[3]。今日から見れば、ヘーゲルの発言はアフリカの人たちへの偏見と差別に満ちたとんでもないものであるが、アフリカ排除の姿勢はマルクスにも見られる。『資本制生産に先行する諸形態』のなかで、彼は原始時代と古典古代社会をつなぐものとしてアジア社会を考えたが、アフリカはここでも蚊帳の外に置かれていた。私たちの習った高校の世界史にしても、エジプトなどの北アフリカを除けば、大航海時代にヨーロッパと接触してからしかアフリカは歴史の舞台には登場しない。私たちの世界史の見方は、なおもヘーゲル的な呪縛のもとにあるのではないだろうか。それに対して吉本隆明は、こういった世界史を反省し、歴史の外に排除されていたアフリカを歴史の内部に取り込み、しかも歴史の原点として解釈し直している。アフリカに「人類史の母型（母胎）[4]」を見出し、それを起点に歴史を異なるかたちで提示しようとしているのだ。これが「アフリカ的段階」にほかならない。「段階」という言葉を使っているのは、アフリカに「未明社会の世界普遍的な共通性[5]」を見出しているからである。つまり、「アフリカ的段階」は、歴史・地理上のアフリカに特有なものではない。アメリカ大陸の先住民、オーストラリアの先住民、日本でいえばアイヌの人びとなどである。歴史をさかのぼれば、縄文人もその範囲に入っている。吉本がここでかなり大雑把に指し示しているのは、農耕以前の狩猟・採集の人びとのことである。

野生の教養とは、教養をこの「アフリカ的段階」から考えることである。このことによって、教養がそれまで前提としていた歴史を書き換えていくことでもある。栽培する思考に基づいた教養ではなく、野生の思考から開始する文化であり教養なのだ。「アフリカ的段階」を考慮に入れると、歴史を見直すことが教養を見直すことにもつながっていくのである。実際、「アフリカ的段階」の思考は、狩猟・採集の時代から農耕の時代になって完全に消滅したわけではない。呪術、遊び、神話、比喩の言語など、この段階の文化は抑圧されながらも、その次の時代、ひいては現代にまで受け継がれているのである。「野生の眼」で捉えられた芸術作品や子どもたちを虜にするポケモンのなかにも、私たちは「アフリカ的段階」を見出すことができるだろう。(6)

3　ブリコラージュ

「アフリカ的段階」にある狩猟・採集の人びとの思考法として、ブリコラージュが挙げられる。ブリコラージュはもともとフランス語の動詞ブリコレに由来しており、「ボールが跳ね返る」「犬が迷う」「馬が障害物を避けて直線からそれる」ようなときに、この動詞は使われる。本来のあり方からたまたまそれてしまうことを指しているのだ。(7) だから、ブリコラージュとは計画通りに準備されたことを行うことではなく、その場で限られたありあわせの道具や材料を用いてものを作ることである。例えば、冷蔵庫のなかにたまたま見つけたありあわせの食材を使って、即興的に料理を創作するとすれば、これはブリコラージュである。狩猟・採集の人びとの場合は、狩りのときに罠をしかけるのだが、行った先々の森や林の地形を利用して、木の枝を結んだり石を置いたりして罠をつくる。もちろん、設計図などはない。その場その場で、ありあわせの材料を使って罠をつくるのだ。

フランスの人類学者レヴィ＝ストロースは、『野生の思考』のなかでブリコラージュを神話の思考と結びつけている。神話には、現実にはありえない荒唐無稽な逸話が満載されている。神話は種々雑多な要素から成立しているが、どの要素も間に合わせでつなぎ合わされたものである。つまり、神話の創作では、現実の出来事や他の神話の構成要素をもとの文脈から切り離して新しい配列に組み込むことが行われているのだが、それはブリコラージュのやり方でなのだ。だから神話の思考は、概念、仮説、推論、証明の手続きを踏む科学的思考からは程遠いと言えるだろう。しかし、未開の人たちの神話を分析してみると、そこには法則があり構造が見出される。概念的な思考によらないひとつの思考である[8]。レヴィ＝ストロースはこの思考を「具体の科学[9]」と名付け、科学的思考とは異なる独自のあり方として高く評価している。

たしかにその通りである。ただ一点だけ留保をつけると、レヴィ＝ストロースはブリコラージュの思考と科学的思考をきれいに分けているが、科学的思考はつねに概念や推論を使って計画的に準備されたものと言えるだろうか。もちろん、そういう場合もある。例えば、公理や定理から何かを演繹する場合がそうである。しかし、たまたま得られた実験データから法則を発見する場合は、むしろブリコラージュに近い思考なのではないだろうか。科学の概念などを用いていても、そこにはブリコラージュ的発見の思考が介在しているのではないだろうか。実際、生物学、教育学、情報システム学の分野では、自分たちの方法がブリコラージュに近いことが指摘されている。科学における概念的な思考のなかにも、ブリコラージュ的な思考が受け継がれているのではないだろうか。

そうであるならば、教養はどう考えたらいいのだろうか。この場合、教養をデザインしていくことが重要なのではないだろうか。「デザインする」とは表面的に装飾を凝らすことではない。創意工夫を凝らしながら対象をつくりあげていくことなのだ。だから、「教養をデザインする」ということは、あらかじめ決められた教養のモデルやプログラムを適用するのではなく、教養をつくりあげていくことである。そうであるから、この教養のあり方は模範的にブリコラージュ的ではないのか。というのも、「教養をデザインする」ということは、複数の学問分野の知を組み合わせながら、それらの関連を見つけて新しい知を生み出していくことだからである。どの学問もそれぞれの領域と方法をもっている。それらを一度括弧に入れてもとのコンテキストから外して、他の学問分野と関連づけることで、新しい何かが発見できるだろう。教養はすぐれてブリコラージュ的なものなのだ。この意味で、教養は「野生的」であると言えるだろう。

4　カニバリズム

このように「野生の教養」は古い知をその意味やコンテキストから解放して新しいコンテキストに移すことでブリコラージュ的である。「アフリカ的段階」に特有の思考と言われているものが、新しいかたちで「野生の教養」のなかで生きているのだ。吉本によれば、「アフリカ的段階」には人類の母型があるという。この母型から歴史を解釈し直せば、アフリカ排除の歴史が予見できなかった歴史の未来が新たに見えてくるのではないのだろうか。「アフリカ的段階」の知が、その意味を変えつつ現代にまで受け継がれているものはいくつもあるが、ここではカニバリズムの例をとってみる。
カニバリズムという言葉は、スペイン語の「カニバル」に由来する。「カニバル」はカリブ風という意味である。西インド諸島には人肉を食する種族があり、このことからカニバリズムが人肉食を表すようになった。大航海時代のスペイン人による現地人を蔑視した言葉であったが、この言葉が一般化したのである。
ところで、歴史からアフリカを排除したヘーゲルは『歴史哲学講義』のなかで、西欧人は人肉を食べることを本能的に避けるが、アフリカの黒人たちは人肉食がひとつの原則とすらなっていることを述べて、次のような例を挙げている。

感覚的な黒人にとって、人肉はただの肉という感覚的な存在にすぎないのです。王の死に際しては、百人もの人間が殺されて食べられる。捕虜は殺されて、その肉が市場で売られる。敵を殺した勝利者は、原則として死者の心臓を食べる。呪術をおこなうにあたっては、しばしば、呪術師が一番ふさわしいひとりを選んで殺し、えじきとして大勢の人に分けあたえます。(10)

ヘーゲルは同時代の資料を読みながら書いているのであるが、明らかに黒人を蔑視する文章である。ただ、「アフリカ的段階」(あるいはそれに近い段階)に属する人びとのなかには、人肉を食する習慣の部族がいたことは確かである。実際、宣教師や人類学者たちの証言によれば、ラテン・アメリカ、アフリカ、南太平洋の島々では、カニバリズムの風習は確認されている。例えば、パラグアイのインディオであるトゥピナンバ族は、戦いの後に捕虜となった敵の肉を食べる風習があった[11]。また、パプア・ニューギニアのフォレ族は、近親者が死んだときに哀悼の意を表するためにその肉を食べる習慣があった[12]。ヨーロッパでも、先史時代のスペイン北部のアタプエルカの遺跡で、習慣として食人が行われていたことが報告されている[13]。

しかしカニバリズムは、「アフリカ的段階」と見なされる人たちに特有なものではない。文明化された社会にも見出せる現象である。大岡昇平の小説『野火』に描かれているように、第二次大戦で南方に派遣された日本兵たちが、大本営の無謀な戦略の犠牲になり、食糧が欠乏し飢餓にさらされ、なかには敵や仲間の死体の肉を食べて生き延びた者もいたという[14]。また、ピアズ・ポール・リードのドキュメンタリー小説『生存者』は、一九七二年にウルグアイの航空機がアンデス山中で遭難して生存者たちが遺体を食料としていたさまを克明に描いている[15]。これらは生死がかかった例外的な状況での行為であるが、日常においてもカニバリズムは存在している。文明化された中国にも食人の伝統があり、魯迅が『狂人日記』のなかで「四千年の食人の歴史をもつおれ[16]」と嘆いている。ヨーロッパやアメリカでも性的欲望のからんだ人肉食の殺人はいくつも存在してきた。日本でなじみがあるものはフランス留学中の佐川一政がパリでオランダ女性を殺して犯しその肉を食べたという、一九八一年の猟奇的事件であろう[17]。

それらに加えて重要なのは、医療のうえでのカニバリズムである。死体から薬をつくったり、病死でない者の血を飲んだりすることは、古代から治療として行われていた。古代ローマの医師ガレノスの理論によれば、身体の不調は体液のバランスが崩れることにあったから、中世や近世では瀉血が広く行われてきたが、その血は病気の治療のために飲まれてもいた。また、エジプトのミイラも薬として珍重され、粉末にして胃腸薬として使われたり、傷口の湿布薬として使われたりした。中国や日本の漢方では、肝臓や胆のうが薬として調合されたりした。江戸時代には、刑死者の肝臓から丸薬を作り売りに出していたという[18]。

それでは、現代社会におけるカニバリズムはどう考えたらいいのだろうか。私たちの常識においては、カニバリズムは撲滅されていると言っていいだろう。アニメの世界ならいざ知らず、隣で人肉パーティーをしていることなどまず想像もつかない。風習における人肉食も今日ではすたれている。戦争や遭難におけるカニバリズムも存在したが、これは特殊な状況のなせるわざであり、一般的とは言えない。同様に、人肉への嗜好から犯罪に走る者は、社会においてきわめてマージナルな存在であり、特殊なケースと言える。こういったカニバリズムは現代ではほとんど重要性をもたない。

私が注目したいのは、医療カニバリズムである。といっても、現代に生きる私たちが他人の血を飲んだり、死体から作られた丸薬を服用したりすることはまずないだろう。しかし、現代では他人に由来するものを自分の体内に入れる医療が存在するのだ。まずは、輸血である。他人の血が自分の体内に入ってくるのだ。それから、他人の脳下垂体から抽出されたホルモンを注入することも行われている。そして最も関係するのは、臓器移植である。他人の心臓や腎臓などが自分の体に移植されるのだ。こういった治療は、医療カニバリズムの延長上に位置するのではないだろうか。たしかに、輸血もホルモン注射も臓器移植も他人を食べることとは異なる。しかし、他人の体の一部を自分の体内に取り込むという点では同じなのである。つまり、これらの治療では、人は生き延びるために他人の体の一部を体内化するのである。これは、それまでの医療カニバリズムと変わらない治療ではないだろうか。昔は体内化のために口という手段しかなかったが、今日では注射や移植手術のような新しい手段があるのだ。他人の体の一部を自分の体内に入れることにおいて、口という経路を通ろうと、注射や移植という手段によろうと、本質的には変わりはない。科学の発展のおかげで、私たちは新たなカニバリズムの出現を目の当たりにしているのだ。だから、私たちはカニバリズムの定義をさらに厳密にしなければならないだろう。「人が人を喰うこと」という旧来の定義から、「ある人に由来する物質を別の人の身体に移すこと」という厳密な定義に変える必要があるだろう。レヴィ＝ストロースはこう述べている。

時代や場所に応じてカニバリズムの様態や目的は途方もなく多様であるが、肝要なのはつねに、他人の身体に由来する諸々の部位や組織を自発的に導き入れるということである。(19)

この厳密な定義によって、カニバリズムの可能性は未来へとさらに開けていくのではないだろうか。この可能性は現代の再生医療全般にあてはめることができる。再生医療の根本にあるイメージは、イモリの尻尾が切れたとき、その尻尾が再び生えてくるイメージである。ただ、人間の場合はそうはいかない。指を失ったあとまた生えてきたという話は聞いたことがない。そこで、ある特殊な細胞に目がつけられたのである。幹細胞である。これはそこからいろいろな細胞や臓器が出来てくるもとになる細胞である。

そのなかでも特に注目されるのが、まずはＥＳ細胞（胚性幹細胞）である。これは受精卵であり、細胞分裂を繰り返してさまざまな臓器になっていくものである。生殖医療の発展により、精子と卵子のドナーさえいれば人工授精によって受精卵は簡単につくることができる。ここから臓器をつくり、人体に移植すればもう臓器移植をする必要はなくなるのだ。臓器移植の場合、脳死状態のドナーから移植が行われたりするので、脳死は死ではないという視点から、「殺人」と同じではないかという倫理的な批判があるが、ＥＳ細胞によってこういった問題が解決されるのだ。しかし、他人の精子と卵子による受精卵から作成した臓器を自分の体内に入れるという点では、これも厳密なカニバリズムと言えるだろう。ただ、受精卵を壊して幹細胞を取り出すので、子どもとなる可能性のあるものを潰すという倫理的な批判がある。

さらに一歩進んだのが、ｉＰＳ細胞（人工誘導性多能性幹細胞）である。これは「当人」から取得された皮膚の細胞に遺伝子組み換えの特殊な処置を施してつくられた人工的な幹細胞である。これによって、受精卵の使用という倫理的なネックが克服されるのだ。ただし、この場合は他人の一部を取り込むというカニバリズムではなくなる。先ほどの定義をさらに修正して、自分の体の一部を「食べたり」「取り入れたり」することもカニバリズムと見なしてもいいのではないか。「ある人」と「別の人」が同一人物である場合もやはりカニバリズムと見なしていいのではないのだろうか。ｉＰＳ細胞のように、自分の体の一部を成長させて臓器などとして自分の体内に埋め込むとき、これも自分で自分を「食べる」カニバリズムと本質的に変わりはないだろう。現在、ｉＰＳ細胞をある患者からつくって臓器として成長させてその患者に移植する研究は膨大な時間とコストがかかるので、研究は特殊な免疫をもった人からつくったｉＰＳ細胞をストックして実用化しようとしている。この点で他者由来の臓器の作成である。しかし、ｉＰＳ細胞の理想が、自分の細胞からの臓器を自分に取り込むことであれば、いつかはそれも実現可能かもしれない。他者のカニバリズムから自己のカニバリズムに移行する日が来るかもしれない[20]。

今後、臓器移植や再生医療の技術が進んでいくと、他人や自分の身体の一部やそれを成長させたものを自分の体の内に取り込むことが重要になってくる。これこそ未来のカニバリズムなのだ。科学技術の発展が新しいかたちでのカニバリズムを可能にしている。ヘーゲルが軽蔑し、文明人と言われる人たちが眉を顰めた「アフリカ的段階」のカニバリズムは、新しいかたちで再生されているし、人類の未来を担っていると言えるのではないだろうか[21]。

ここでは、語をもとのコンテキストから引き離し、新しいコンテキストに移して意味の内実を変えてしまうという意味でのブリコラージュが行われている。カニバリズムのブリコラージュは、新しい知の発見につながるのだ。しかも、カニバリズムという言葉をあえて使うことによって、私たちは「アフリカ的段階」から受け継いだものを強く意識することができるであろう。また、そのことを通して「アフリカ的段階」を新しく見直すこともできるだろう。

「アフリカ的段階」から受け継いだものを活かしながら新しい知を創造していくこと、ここに野生の教養があるのではないだろうか。

註

（1）A. Breton, *Le surréalisme et la peinture*, Gallimard, folio, 2002, p. 11.〔『シュルレアリスムと絵画』瀧口修造・巌谷國士監訳、人文書院、一九九七年、一四頁。〕
（2）中沢新一『ポケモンの神話学　新版ポケットの中の野生』角川新書、二〇一六年。
（3）G.W.F. Hegel, *Vorlesungen über die Philosophie der Geschichte*, Frankfurt am Main, Suhrkamp, 1986, pp. 128–130.〔『歴史哲学講義』（上）、長谷川宏訳、岩波文庫、一九九四年、一六八―一七〇頁。〕
（4）吉本隆明『アフリカ的段階について――史観の拡張〈新装版〉』春秋社、二〇〇六年、五頁。
（5）同、四頁。
（6）吉本の「アフリカ的段階」の考えを引き継いで展開しているのは、中沢新一である。彼は『吉本隆明の経済学』（筑摩選書、二〇一四年）でも、資本主義の先を考えるにあたっても、「アフリカ的段階」の重要性を指摘している。また、この「段階」を親鸞の思想と結びつけたり（中沢新一・吉本隆明『『最後の親鸞』から始まりの宗教へ』、吉本隆明『親鸞の言葉』中公文庫、二〇一九年、二五三―二八一頁）、俳句のなかの縄文的なものの参照項にしたり（中沢新一・小沢實『俳句の海の潜る』角川書店、二〇一六年）、縦横に展開している。明治大学教養デザイン研究科の特別講義でも、「アフリカ的段階」の重要性について強調していた（『いすみあ』九号を参照のこと）。
（7）C. Lévi-Strauss, *La pensée sauvage*, Paris, Plon, Agora, 1962, p. 30.〔『野生の思考』大橋保夫訳、みすず書房、一九七六年、一一頁。〕
（8）*Ibid.*, pp. 30–36.〔同、二二―二八頁。〕
（9）*Ibid.*, p. 11.〔同、一一頁。〕

(10) Hegel, *op. cit.*, p. 125.〔前掲、一六三頁、訳文は一部変更。〕
(11) マーヴィン・ハリス『食と文化の謎』板橋作美訳、岩波現代文庫、二〇〇一年、二九〇―三〇六頁、弘末雅士『人喰いの社会史』山川出版社、二〇一四年、四七―六三頁。
(12) ハリス、前掲、二八八―二九〇頁、ビル・シャット『共食いの博物誌』藤井美佐子訳、太田出版、二〇一七年、三〇〇―三三六頁。
(13) https://www.afpbb.com/articles/-/2614726
(14) 大岡昇平『野火』新潮文庫、一九五四年。
(15) ピアズ・ポール・リード『生存者』永井淳訳、新潮文庫、一九八二年。
(16) 魯迅「狂人日記」『阿Q正伝・狂人日記　他十二篇〈改版〉』竹内好訳、岩波文庫、二〇〇六年、三一頁。
(17) 佐川一政『霧の中』彩流社、二〇〇二年。
(18) シャット、前掲、二六一―二七三頁、礫川全次「解説編」、礫川全次編『人喰いの民俗学』批評社、一九九六年、一四頁。
(19) C. Lévi-Strauss, *Nous sommes tous des cannibals*, Paris, Seuil, 2013, p. 173.〔『われらみな食人種』渡辺公三監訳、泉克典訳、創元社、二〇一九年、一五九―一六〇頁、訳文は一部変更。〕
(20) 櫛島次郎・出河雅彦『移植治療』岩波新書、二〇一四年、京都大学iPS研究所上廣倫理研究部門編／山中伸弥監修『科学知と人文知の接点――iPS細胞研究の倫理的問題を考える』弘文堂、二〇一七年、浅島誠・阿形清和・中内啓光・山中伸弥・岡野栄之・大和雅之『再生医療生物学』岩波書店、二〇〇九年を参照。
(21) たしかに、「アフリカ的段階」のカニバリズムは新しいかたちで人類の未来を担っている。しかし、再生医療のめざす究極のかたちはもう「アフリカ的段階」のカニバリズムにとどまらない。それは最終的に、脚がちぎれても再生し脳や目の一部が損傷しても再生するイモリの能力を人類が手に入れることである。これはあえて呼ぶならば、「アフリカ的段階」をさらにさかのぼる「動物的段階」とも呼ぶべき段階ではないだろうか。山中伸弥は次のように語っている。「再生医療というと、今の段階では外から細胞を補う。ＥＳ細胞とかｉＰＳ細胞とか作った細胞、またいろいろな組織の幹細胞、それらを外から補って、患者さんの機能回復を図るのが再生医療の今の形です。しかし、究極の再生医療はそうではなくて、もともとある再生能力を復活させて、まあ言ってみたら切断した足をはやす。傷んでしまった脳の細胞を、外から入れるんじゃなくて中で増やす。あるいは何かの薬を入れる。そういうのが本当の意味での再生医療で、それはあくまでもステップで、一〇〇年後もそのままかというと、それはずいぶん変わってくるんじゃないかなという気がします」（ＮＨＫスペシャル取材班編著『生命の未来を変えた男　山中伸弥・ｉＰＳ細胞革命』文藝春秋、二〇一一年、一九八頁）。

貧乏花見のブリコラージュ

畑中基紀

「長屋の花見」という古典落語がある。テレビやラジオに演芸番組の多かった時代には、題名を聞いただけで多くの人がすぐにその内容を思い出せたような演目の一つだ。

貧乏長屋の家主《いえぬし》（大家）が店子《たなこ》たちを引き連れて上野の山へ花見にくり出す。といっても、家主が用意したのは、煮出した番茶を水で薄めた〝お茶け〟に、大根と沢庵を切って詰めたお重。それぞれを、酒、蒲鉾、卵焼きと思え、というわけである。つまり、店子たちは、代用品を本物に見立てる「想像の見立て」（尼ヶ崎彬『日本のレトリック』ちくま学芸文庫、一九九四年、四二―四四頁）を強要される。なかばあきれてヤケになった彼らと家主とのやり取りが次々と笑いをよびおこしていくが、やがて周囲の花見客が実物の酒と料理で花を楽しんでいる中でのこんな遊びに我慢ができなくなり、一騒動まき起こすことになる。

この噺は実は大阪落語として生まれたもので、本来の演題は「貧乏花見」という。見立ての遊びというモチーフや、基本的なストーリー展開は共通するものの、細かく見ていくと、物語上の設定、あるいは登場人物たちの行為や、その意味づけあたりに、意外に重大そうな相違点が目につく。そうした特徴がなぜ、東京に移される際に削ぎ落とされたか、といった問題は、たとえば東西の文化を比較するというような文明論的な視点から何か面白い考察を引き出すかもしれないが、今はふれずにおく。

まず「貧乏花見」には家主が登場しない。朝方雨に降られて仕事に行きそびれた最底辺の長屋の住人たちが、天気が回復した日差しの中を花見に行くとおぼしき人びとの姿を見ながら、いわば自発的に発案し、実行するのである。各家庭の土瓶のお茶を二斗樽に集め、〝ご馳走〟は番菜の残り物を持ち寄る。出し雑魚《じゃこ》が〝尾頭付き〟、飯の焦げたの、が蒲鉾ならぬ〝釜底〟、切らず、つまりおからを〝鰆の子〟に見立てるという具合だ。よそゆきの着物の代わりには、たとえば、八卦見の先生（易者）は長屋の子どもたちの手習いで真っ黒になった草紙、つまり、反故紙を貼り合わせた〝黒紋付〟で、お上さん連中は襦袢と風呂敷をツーピースとして帯でまとめるなどして、花見というハレの行事の形を有り合わせの素材で整えていく。そうして、筵の〝毛氈〟も抱えて、桜宮にくり込むのである。

感性のおもむくままに有り合わせの材料で全体を作り上げていくそうした行為は、まさに「ブリコラージュ」（クロード・レヴィ＝ストロース『野生の思考』大橋保夫訳、みすず書房、一九七六年、二二—二六頁）であり、実質は無くてもご馳走や晴れ着を記号として楽しむ、知的な遊びである。この長屋の住人たちの見事なブリコルールぶり、そのどこか「粋《すい》」な精神にも通じるような象徴の遊びの自由さが笑いを生み出す仕掛けが、「貧乏花見」ならではの特徴だ。だが、この遊び心は、バーナード・リーチが第二次大戦以前の日本には残っていたとして惜しむ、「潜在意識的な選択が気楽に流れ出」（『バーナード・リーチ日本絵日記』柳宗悦訳・水尾比呂志補訳、講談社学術文庫、二〇〇二年、一七三頁）た職人仕事の魅力にも通じるようだ。野生の知性ともいうべき、庶民の文化の、何かとても大切な部分を誇らかに語りだすことで、観客の共感を引き出そうとする一面が、この落語には潜んでいる。

「貧乏花見」の登場人物たちは、極貧という境遇を恨んだり、金のある連中を妬んだりする素振りは見せない。〝心まで貧乏すなよ〟〝これがほんまの風流や〟と、どこか優雅さすら身につけており、すくなくとも精神的には洗練されている。たしかに、やはり周囲の酔態に堪えきれず、男二人に大勢の〝女子ども〟という座に目をつけて〝相対《あいたい》喧嘩〟つまり偽のケンカを装ってなだれ込み、座の主たちが避難した隙に酒と肴を奪い取るような粗野な振る舞いにもおよぶが、それもまた、たとえ金のある奴らのようには気の利いた趣味を体現できない境遇でも、花見という行為の本当の意味を知っているぞという矜持の誇示でもある。

落語のテクストは文字ではなく，演劇同様に舞台（高座）の上で音声と身振りによって展開していく「芸」である。人間国宝桂米朝の至芸で，日本人の〈野生の教養〉の表象を味読されたい。

　この噺を、たんなる滑稽話しと聞き流してはならない。落語というジャンルの特性上、多分にカリカチュアライズされてはいるが、明治時代の大阪の貧乏長屋の住民たちの、感性と野生の知性とのコンビネーション、つまり野生の思考と、そうして〈現在〉を価値あるものに意味づけていくことへの強い志向性は、先鋭な批判精神をともなって現代の私たちに、生を見つめることの意味を問いかけているのである。

＊画像＝『特選!!　米朝落語全集ＤＶＤ－ＢＯＸ　第三期　全10巻』（販売元：EMI Music Japan Inc.）。「貧乏花見」は、第三十集に収録。

音楽における野生の教養
ブリコラージュ楽器を中心に

加藤　徹

芸術と遊び心

芸術は遊びである。遊び心の本質は「野蛮人」や「子ども」の精神である。
作家の芥川龍之介は「文を作らんとするものは如何なる都会人であるにしても、その魂の奥底には野蛮人を一人持っていなければならぬ」と喝破した[1]。本書に引き寄せてパラフレーズすると、芥川は、文芸の創作には「野生の教養」が必須だ、と達観していた。「野蛮人」という日本語には、暴力を好む残虐な性格の人間という意味もあるが、芥川は「都会人」の対語として使っているので、ここでは「野生人」の意味であろう。

日本語の漢字の「野」にはさまざまなイメージがある。「野に在る、在野ということは肩書に左右されないということです」（本書三五六頁の高遠弘美教授の言葉）。在野の自由さ、闊達さも、野生の属性の一つと言えよう。

子どもは「在野」であり、大人より野生に近い。「子供が夢中になるものにも野生は潜んでいる」（本書一一頁の岩野卓司教授の言葉）。興味深いことに、子どもの無心な遊びが、人間の最高の精神活動に通ずる、という考えかたが昔からある。

鳩摩羅什訳『妙法蓮華経』方便品第二の、

乃至童子戯　聚沙為仏塔　如是諸人等　皆已成仏道
（中略）
乃至童子戯　若艸木及筆　或以指爪甲　而画作仏像
如是諸人等　漸漸積功徳　具足大悲心　皆已成仏道

という「乃至童子戯《ないしどうじげ》」の諦観《ていかん》は有名だ。漢文訓読で読み下せば、(2)
「乃至童子の戯《たわむ》れに、沙《すな》を聚《あつ》めて仏塔を為《な》せる、是《かく》の如き諸人等、皆、已《すで》に仏道を成《じょう》じき」
「乃至童子の戯れに、若《もし》は草木及び筆、或《あるい》は指の爪甲を以って画きて仏像を作《な》せる、是の如き諸人等は漸漸に功徳《くどく》を積み、大悲心を具足して、皆、已に仏道を成じき」

子どもが、おままごと的に砂で仏塔を作って遊ぶ。子どもが、草の茎や木の枝を筆の代わりとして、あるいは自分の指さきで、地面に仏さまの姿を落書き的に描く。そんな他愛のない、ささいな遊びは、そのまま最高のさとりへの道につながっている。この「乃至童子戯」の思想は、「遊びをせんとや生まれけん　戯れせんとや生まれけん」云々の今様を載せる『梁塵秘抄』を編んだ後白河法皇も、いわゆる「赤本法華経」[3]を坐右のバイブルとして数々の童話や詩を書いた宮沢賢治も、バックボーンとしていた。

キリスト教徒の作家であった遠藤周作も、人間は老境になると童心を渇望する、という不思議な機微を述べている。

どなたかが書いておられた。

「夜なかに街では街路樹がたがいに連絡しあったり、話しあったりしています」

それを読んだ日から私は夜ふけの静寂な路をポケットに手を入れて歩きながら、昼の排気ガスや乾いた地面で痛めつけられた街路樹や邸宅の庭の樹々が話しあっているのを感じた。

幼年の頃に信じていたこと、動物も樹々も話をするという童話の世界は、少年になって失われ、それが長く続いた。そして老いた今、ふたたびそのように失った世界を私はせつに欲しがっている。なぜだろう。

シュタイナーという思想家がこう言っていた。人間は青年時代は肉体で世界を捉え、壮年の時は心と知で世界を捉えるが――老年になると魂で世界をつかまえようとすると。そして私もその三番目の魂の年齢になったからだ。[4]

ルドルフ・シュタイナー（Rudolf Steiner 一八六一―一九二五）は教育者でもあった。二〇〇一年公開のジブリのアニメ映画『千と千尋の神隠し』のエンディングで、木村弓氏が弾き語りした歌「いつも何度でも」の伴奏楽器は、ゲルトナー・ライアー（Gärtner Leier）という竪琴である。これはシュタイナー教育の運動から生まれた楽器だった。[5] ジブリのアニメ映画は童心や遊び心に満ちている。「いつも何度でも」の歌詞も、魂で世界をつかまえるような不思議な雰囲気である。

飲酒音楽と素面音楽

よい年齢の大人が、一時的に子どもや野生人になる方法は複数存在する。その一つは、エタノールを経口摂取し、薬理作用によって脳を一過性の変性意識状態に置くことだ。

筆者の個人的見解では、音楽文化は二種類に分けられる。歌舞演奏の表現者が酒を飲みながら演奏してもよい「飲酒音楽」と、表現者は酒を飲めない「しらふ音楽」（以下「素面音楽」）である。この二つとも筆者の造語なので、学術的な定義はない。

飲酒音楽とは「酒を飲んで演奏したり、踊りながら演奏したり、食器など楽器以外のものを楽器として使うなどの行為が許される、ないし奨励される音楽」を指す。飲酒は必須条件ではなく、下戸や未成年は、しらふの状態で飲酒音楽を演奏してもよい。

日本の義務教育の音楽の授業で扱う教材は素面音楽だが、日本の成人が実社会でたしなむ音楽は、神話時代の「天岩戸」から現代のカラオケまで、飲酒音楽の比率が高い。

一九九七年の米国の映画『タイタニック』では、飲酒音楽と素面音楽の対比を、巧みにストーリーに織り交ぜている。この映画で一等船室の上流階級がたしなむのは、弦楽四重奏も日曜礼拝の賛美歌も、素面音楽である。一方、主人公であるジャックとローズが三等船室の「本物のパーティー」(real party) で踊る場面の伴奏は、飲酒音楽である。

素面音楽は、上品でまじめだ。いわゆる「大伝統」(great tradition) の範疇に属す[6]。文字で書かれ固定化された歌詞や、規範的な楽譜が存在し、学校の座学で教師が学生に教授することができる。表現者の国籍や社会階層を問わず、誰がパフォーマンスをしても似たようなものになる。

飲酒音楽は、下品で奔放で、いたずらっ子のような遊び心に満ちている。いわゆる「小伝統」(little tradition) である。文字化された歌詞や楽譜は、昔は存在しなかった。練習曲はなく、酒場で先輩や師匠にまじって本番の演奏に加わることで、自然に身につける。即興やアドリブも歓迎される。同一の楽曲でも、地方や酒場ごとに微妙な違いがある。

映画『タイタニック』の三等船室のシーンで音楽を演奏したのは、ゲーリック・ストーム (Gaelic Storm) というバンドである (バンドのメンバー以外もミュージシャン役で映っている)。メンバーは男性四人、女性一人で、当時はまだ無名のバンドだった。「ゲール族の嵐」というバンド名のとおり、彼らの演奏曲はアイルランドの伝統音楽 (Irish traditional music)、いわゆる「ケルト音楽」ないし「アイリッシュ」であった。

なお「アイルランドの伝統音楽」は、語義からすればアイルランドの教会音楽やクラシック音楽も包含するはずであるが、実際には、酒場やホームパーティーで大衆が伝承してきたダンス音楽や歌のみを指す。つまり昔ながらの飲酒音楽だけを指す。

ゲーリック・ストームの拠点は、米国のサンタモニカのアイリッシュ・パブだった。彼らはアイルランドの飲酒音楽の伝統を遵守し、ギネス・ビールを何杯も飲んで酔っ払い、勢いのあるハチャメチャな演奏をしていた。その酒場に偶然、音楽プロデューサーであるランディ・ガーストン（Randy Gerston）が居あわせた。彼は、これから撮影する超大作映画『タイタニック』にふさわしいワイルドな演奏だと思い、この無名のバンドを起用した。

演奏収録の当日、ゲーリック・ストームの面々は、しらふで臨んだ。演奏はまじめで静かだった。ガーストンはダメだしをした。

「ずいぶんおとなしくなったもんだな。こないだオレが聴いたオマエらの演奏とは、まるで違う。そこでだが、こういうのはどうだい。飲んでから演奏するってのは」

こうして一九九六年八月、ゲーリック・ストームは六ケースのビールとともにスタジオに入り、酒を飲みながら一〇時間にわたり一三曲を収録した。(7) この、酔った勢いのハジけた演奏の音源は、映画『タイタニック』で効果的に使われた。なお、ゲーリック・ストームの面々が一九一二年当時のミュージシャンに扮して登場する映像は、セットでの別撮りである。

ブリコラージュ楽器

酔っ払えば何でもアリである。飲酒音楽はブリコラージュと相性がよい。

映画『タイタニック』の三等船室のパーティーの場面は五分間ほどだが、その間に、

The Blarney Pilgrim

John Ryan's polka

The Kesh Jig

Drowsy Maggie

の四曲が演奏される。二曲目のジョン・ライヤンズ・ポルカの演奏シーンで、ジャックとローズの踊りの合間に、一瞬だが、バンドの男性が「スプーンズ」（spoons）をカチカチと打ち鳴らす映像が映りこむ。

アイルランドの伝統音楽で使う打楽器は多彩だ。バウロン（bodhrán）という片面太鼓は普通の楽器だが、スプーンズやコインズ（coins）、ボーンズ（bones）は、手近なカチカチと鳴るものを打楽器に転用したブリコラージュ楽器である。

スプーンズは、市販の普通の食器のスプーンである。コインズはポケットの中の小銭そのものだ。ボーンズは二本の牛のあばら骨をゆでて乾かしたもので、食べ残しの再利用もあれば、マホガニーの木で専用の楽器として作られたボーンズもある。ボーンズは片手で握り、カスタネットのようにカチカチと鳴らす。スプーンズの演奏法は映画『タイタニック』に一瞬、映り込んでいるとおりである。より詳しく書くと、

スプーンズは、片方の手の指の間にしっかりと握り、それらをもう片方の手か、膝や、テーブルか、

あるいは何度か目撃したのだが、脇の下や、靴や、他人の頭などにぶつけて演奏される。スプーンズ奏者たちの、その臨機応変の才には頭が下がる。たとえ、楽器をどこかに置き忘れてきたり、盗まれたりしても、彼らはビン二本を一緒に動かしてカチャカチャ音をたてたり、一握りの硬貨をチャラチャラ鳴らすという手段に訴えるであろう。不運なことに、今日の十進法の硬貨は、十二進法時代の銅貨と同じだけの満足のいく響きが得られない(8)。

補足を書くと、二本のスプーンは丸くふくらんでいるほうを向かい合わせにもつ。一〇〇円ショップで売っているスプーンをそのまま使えるが、凝る人は、自分の気に入った音色を求めて、スプーンを削ったりテープを巻いたり工夫をこらす。スプーンズの表現能力はあなどりがたく、歯切れの良いリズムを猛スピードで刻むにはコツがいる。

バイオリンとフィドルの違い

このほか、アイルランドの伝統音楽（素面音楽を除く、酒場音楽に限る）で使う楽器は、おおむねブリコラージュ的性格をもつ。食器を楽器に「格上げ」する場合もあれば、クラシック音楽の楽器の「格落ち」品を飲酒音楽に採用する場合もある。

紙数の都合上、ここではバイオリン（violin）とフルート（flute）だけを取り上げる。

映画『タイタニック』ではフィドル（fiddle）を弾く女性フィドラー（fiddler）が一瞬、映る。タイタニックが沈んだ一九一二年当時に普通に女性フィドラーがいたかどうか、時代考証はさておき、このフィドルという楽器は、外見はクラシック音楽のバイオリンそっくりである。というより、楽器屋でバイオリンとして売っている楽器を、フィドルとして演奏している。

フィドルとバイオリンの違いは、ヨーロッパの階級社会の独特の感覚に由来する。労働者階級も資本家階級も貴族も、それぞれ自分の文化にプライドと自負を持っている。

日本人はバイオリンとフィドルの区別がつかない。米国の名作ミュージカル *Fiddler on the Roof*（一九六四年）の日本語タイトルは『屋根の上のバイオリン弾き』だ。実際、フィドラーが弾くフィドルは、物理的にはバイオリンと同じ楽器である。が、社会的、文化的には、フィドルとバイオリンは、弾きかたも、美意識も異なる楽器である。もちろん、一人の音楽家が一台の楽器で両者を兼ねることは不可能ではない。音楽ホールで素面音楽を弾くときはバイオリニストだが、酒場で飲酒音楽を弾くときはフィドラーになることも可能だ。ただし、一人の人間が同時にバイオリニストとフィドラーになるのは、しらふと酩酊の状態を両立させるくらい難しい。

昔のアイルランドにあったフィドルは、バイオリンとは形も音色も別の擦弦楽器だった。その後、スコットランドからバイオリンがアイルランドに伝わると、飲酒音楽ではフィドルとして使われるようになった。(9)

アイルランドの伝統音楽で使われるアイリッシュ・フルートは、一九世紀前半までクラシック音楽で使われていた古いタイプの木製の横笛と、基本的に同じである。

現代のクラシック音楽で使われる金属製のベーム式フルートは、一九世紀前半に開発された精巧な器械式楽器で、レバーやばねやパッドを使った複雑なキーメカニズムを持つ。

一九世紀半ばまで、上流階級のあいだではシンプルな木製のフルートが使われていた。が、ドイツ人音楽家のテオバルト・ベーム（Theobald Böhm）が発明した金属製のベーム式フルートがクラシック音楽の花形楽器の座を占めるようになると、「古いタイプのフルートは上流階級においては見捨てられてしまい、そして、おそらく大邸宅の裏口から伝統音楽の世界へと流れてきたわけである」(10)。またアイリッシュ・フルートの演奏者に対する英語での呼称は、フルーティスト（flutist）、フルート・プレイヤー（flute player）、フルーター（fluter）の三種類がある。フルーティストは素面音楽的、フルート・プレイヤーやフルーター（アイルランド英語独特の表現）は飲酒音楽的なニュアンスがある。

このほかの楽器、例えば今でこそアイルランドの伝統音楽に欠かせないアコーディオン（accordion）やコンサーティーナ（concertina）、ブズーキ（bouzouki）も、近現代にアイルランドに伝わった外来の楽器を現地の酒場音楽のミュージシャンが採用したものであり、広義でのブリコラージュ楽器である。

酒場音楽の特徴は「その場主義」である。その場にたまたま集まったミュージシャンが、その場で弾ける曲を、その場にある鳴り物で演奏する。このブリコラージュ的な面白さが、酒場音楽の真骨頂である。二一世紀の現代も、酒場音楽でわざわざスプーンを打楽器として使う理由は、遊び心であり、自由奔放でラフなスタイルを是とする在野的な美意識であり、そんな美意識をもつ自分への矜持である。

次に、東洋の酒場音楽の例を見てみよう。

沖縄の酒場音楽

一九九九年公開の日本映画『ナビィの恋』は、現代の粟国島を舞台にした名作である。沖縄民謡の伝説的音楽家である登川誠仁（一九三二―二〇一三）や嘉手苅林昌（一九二〇―一九九九）、山里勇吉（一九二五―二〇一八）、嘉手苅林次（一九五六―）、大城美佐子（一九三六―二〇二一）、ケルト音楽の左利きのフィドラーであるアシュレイ・マックアイザック（Ashley MacIsaac 一九七五―）、オペラ歌手の兼島麗子など、多くのミュージシャンが劇中人物としてそれぞれの役を演じつつ、歌舞演奏を披露する。登川が演ずる農民が畑仕事の合間に三線を弾くシーン、嘉手苅林昌が演ずる本家の長老が自宅の居間で妻（大城美佐子）と息子（嘉手苅林次）といっしょに沖縄民謡『十九の春』を弾き語るシーン、老翁の面をつけた流しの三線弾きアブジャーマー男（山里勇吉）が街角でアイルランド出身のフィドラー（マックアイザック）や現地のミュージシャンたちと出くわし即興セッションを始めるシーン（曲目はアイルランドの伝統音楽の曲「クレイグニッシュ・ヒルズ」Craignish Hills）、など、沖縄の音楽は日常生活の外ではなく、生活とともにある様子を活写していた。

本作が遺作となった嘉手苅林昌は「飲酒音楽」のコンセプトの体現者でもあった。こんな逸話がある。

ある唄会で、マイクの前に立った嘉手苅は開口一番、

「唄、聴ちが来ゆーるフリムンぬ居ぐとぅやー！」

と言い放った。「歌を聴きに来るバカ者がいる」という意味だ。会場は騒然となった。

すかさず司会進行役がフォローし、説明した。嘉手苅の真意は、観客に対して「今日はこれから大いに歌いまくるので、一緒に歌ってほしい、歌わないまでも、ハヤシ、手拍子で参加してほしい」という呼びかけだった。観客は納得し、その日の唄会はいつになく盛り上がった。

嘉手苅は戦前の沖縄の「毛遊び」(もうあしび)の体験者であった。彼にとって沖縄の唄は、おたがいに唄いあうためのもので、一方的に拝聴するものではなかったのだ。(11)

「毛遊び」は、沖縄諸島の昔の交際習俗で、歌垣の一種である。「毛」は野原の意で、「遊び」は歌と踊りを指す。昔の沖縄の村落では、夕方から夜にかけて、未婚の青年男女が野外に集まり、飲食をともにし、三線や太鼓にあわせて唄や踊りを楽しむという異性交遊の習俗があった。毛遊びの唄は、既存の歌詞や曲をなぞるだけではなく、相手にあわせる即興能力も求められた。毛遊びは、男女交歓の場であっただけではなく、歌舞音曲のセンスを磨く実践的な学びの場でもあった。

嘉手苅林昌も、彼の世代の常として、毛遊びで「野生の教養」を磨いた。そんな彼にとって、観衆に一方的な拝聴をしいる素面音楽のスタイルは「島唄」になじまなかった。

今の沖縄には、昔のような毛遊びの習俗はない。が、飲酒音楽は健在である。町のあちこちに、アイリッシュ・パブに相当する民謡居酒屋が存在する。無料で泡盛を観客にふるまう「コザ名物　毛遊びコンサート」のようなイベントも行われている。

もちろん沖縄にも素面音楽はある。昔の琉球王国の宮廷音楽の流れを汲む琉楽（琉球古典音楽）は、貴族的・士族的で上品な音楽だ。西洋で、素面音楽のバイオリンと飲酒音楽のフィドルが截然と区別されるのと同様、沖縄でも、琉楽の三線と民謡の三線は、社会的にはそれぞれ別次元の楽器と見てよい。本土の人間は「蛇皮線」という俗称でいっしょくたにしてしまうが、三線は雅俗にわたる多種多様な流派が存在する奥深い楽器であり、その形状はバリエーションに富む。

筆者の失敗談を告白しよう。筆者の専門は、京劇を中心とする中国の芸能文化である。沖縄の御座楽や唐躍、打花鼓は中国芸能と関係が深い。現地調査で初めて沖縄本島に行き、現地のある音楽家と話をしたときのこと。筆者は映画『ナビィの恋』の音楽をほめた。すると彼女は憤然として「本土の人が、ああいう離島を舞台としたフィクションの映画を見て、沖縄の音楽がみなあのようだと思われてしまうのは、とても心外です」と言った。筆者はたじたじとなった。ふと一九一一年の河上肇舌禍事件を思い出した。京大の教員だった河上肇が、沖縄で「新時代来る」という講演を行い、沖縄の歴史と文化の独自性を好意的に強調したところ、沖縄人から猛反発され問題となった事件である。

あとで沖縄に詳しい研究仲間に聞くと、そりゃそうだ、と笑われた。彼によると、沖縄には長い歴史がある。琉球王国時代の身分制度では、王族、士族、平民がそれぞれさらに細分化され、地域ごと、身分ごとにプライドを持って生きていた。沖縄には今もその気風が残っているのだという。

東京の人間から見れば、沖縄の那覇と首里の区別や、九州の博多と福岡の区別は、よくわからないかもしれない。しかし現地の人間にしてみれば、那覇と首里、博多と福岡を混同されては、たまらない。プライドを傷つけられる。沖縄も、本島と離島では、さらに同じ離島どうしでも、微妙な対抗意識が存在する。沖縄の音楽文化も例外ではないらしい。

沖縄音楽は重層的で、奥深い。これから取り上げる沖縄の「カンカラ三線」も、三線の奥深さを示すものである。

ブリコラージュ楽器の常として、カンカラ三線の定義や歴史について信頼できる一次資料は少ない。ここでは、ある通販サイトの「カンカラ三線キット　自分で作る手作りキット　七、七〇〇円（税込み）」の広告文を引用しよう。

> **沖縄三線の原点　カンカラ三線**
>
> カンカラ三線（かんからさんしん）とは、胴が〝空き缶〟でできた三線です。沖縄戦で沖縄の人々の命である三線が焼けて無くなってしまいますが、戦後の捕虜収容所の中でも歌と三線を忘れることなく、米軍支給の空き缶と米軍のベッドの木部を使って作ったのが「カンカラ三線」です。
>
> 戦前も蛇皮の三線は高価だったため、子供たちが遊びで作っていたとも言われています。
>
> 「カンカラ三線」には沖縄の人々の歌三線への思いや平和への願いがたくさん詰まっています。そして「音を楽しむ」という音楽の原点がここにあります。(12)

沖縄の三線の価格相場は、一説に、一万円—一〇万円が初心者向け、一〇万円代後半—三〇万円代後半ならそれなりに良い三線、四〇万円―一〇〇万円以上は著名製作者による高級黒木を材料とした三線、とされる。[13] カンカラ三線は、廃材を使って手作りすれば無料、自作キットを購入しても一万円未満である。一〇〇万円以上の蛇皮の三線と、おもちゃ楽器に等しいカンカラ三線は、バイオリンとフィドル以上に別の楽器である。

アイルランド音楽でスプーンズが愛用されるのと同様の理由で、プロの音楽家の一部は、今もカンカラ三線を愛用する。戦後の沖縄の工芸品には、物資不足からブリコラージュ的に生まれ、物資不足が解消したあとも、独特の味わいやこめられた思いが評価され作り続けられているものがある。米軍の廃瓶の再利用と職人芸の融合から生まれた琉球ガラスも、カンカラ三線も、そうである。

その他のブリコラージュ楽器

世界のブリコラージュ楽器は多い。そのコンセプトはさまざまである。上述の遊び心や童心、飲酒音楽にとどまらない。

ドラム缶の廃材利用から作られたスティールパン（steelpan）。ガラスの杯に水をいれたものを並べて旋律をかなでるグラス・ハープ（glass harp）。日本の神道の石笛は、穴のあいた自然石で、これを笛のように吹く。チベット仏教の儀式で演奏に用いるカンリン（kangling）は人間の大腿骨で作った笛であり、ダマル（skull damaru）は男女の頭蓋骨を二つ背中合わせにつけた打楽器である。

これらの楽器のコンセプトはさまざまである。神道がいわゆる「アフリカ的段階」を彷彿とさせる石笛を使う理由や、チベット仏教が、「カニバリズム」とは違うものの、あえて人間の遺体を加工して楽器とする意図は、「野生の教養」と通底する部分があるように思われる。これを論ずるのは、紙数の都合上、他日を期したい。

おわりに

ブリコラージュ楽器は、遠くて近い存在だ。明治大学から歩いてゆける範囲でも、いろいろ見つけることができる。

明治大学和泉キャンパスの正門から南東一五〇メートルのところにある「ハナムラ楽器」は、客の注文に応じてオリジナルの創作楽器を作ってくれる楽器店だ。店頭には、コーヒー豆の罐を胴にしたギター的な絃楽器など、多様なブリコラージュ楽器がつるしてある【図①】。

正門から西に八〇〇メートル余りのところにある「三線とぅるるんてん」は、代田橋の沖縄タウンの中にある三線の専門店で、本格的な三線もカンカラ三線も扱っている【図②】。気さくな店主は登川誠仁の弟子で、琉球民謡登川流師範である。

アイルランド音楽のセッション（その場かぎりの合奏）も、正門から歩いてゆける範囲に複数、存在するアイリッシュ・パブで見ることができる。

「足は知識を生み出す。世界を歩くということは、世界を知るということである」（本書三〇七頁の川野明正教授の言葉）と言うとおり、ブリコラージュ楽器の探索の旅は、散歩の範囲から始めて、世界を

図①　ハナムラ楽器店主が製作したブリコラージュ楽器（図①②　撮影＝加藤徹）

図②　三線とぅるるんてん店頭の多種多様な三線

一周できる。

和泉キャンパスの正門近くにあるアートワーク「スタートライン・ゴールライン」のコンセプトと同じである。地面に横たわる東西二本の石柱は、一メートルの巾で平行して置かれ、東西それぞれの石柱に英語で「スタートライン」「ゴールライン」と書いてある。要領のよい学生は、東から西に一メートルまたいで旅を終える。そうでない学生は、東のスタートラインから出発して、地球を一周し、四万キロメートル引く一メートルの距離を旅したあと、西のゴールラインに戻ってくる。

学問の目的は、おのれを知ることである。そのために、世界をまわり、最後に出発点に戻る。この、教養教育の拠点である和泉キャンパスの理念を示すアートワークについて、肝心の学生は無関心であるように見える。そもそもこれがベンチではなくてアートワークだと気づかぬまま卒業する学生も多いらしい。

ともあれ、現代は一寸先も見えにくい混沌とした時代だ。座学と実技からなる従来型の教養だけでなく、「野生の教養」を構築し、想定外の未曾有の事態に遭遇しても生き残りの道を見つけるブリコラージュ的センスを磨く必要があるであろう。

飲酒音楽は、私たちの無意識に潜む野生を呼び起こしてくれる。世界のブリコラージュ楽器は、人類の発想の柔軟さや、生き方のしたたかさ、あえて道なき道を選ぶ矜持の心など、さまざまなことを教えてくれる。

註

（1）芥川龍之介『侏儒の言葉』文藝春秋社、一九二七年。
（2）島地大等『漢和対照　妙法蓮華経』明治書院、一九一四年、六八―六九頁の読み下し文に準ずる。
（3）前掲書『漢和対照　妙法蓮華経』の通称。
（4）遠藤周作「命のぬくもり」『万華鏡』朝日新聞社、一九九三年、九六―九七頁。
（5）木村弓公式サイト https://youmi-kimura.com/leier.html（閲覧日二〇二二年三月三一日）
（6）一九九七年の映画『タイタニック』で、沈み行くタイタニック号に最後まで残り甲板で賛美歌「主よ、みもとに近づかん」（Nearer, My God, to Thee）を演奏したのは弦楽四重奏の四人の音楽家だった。これは映画の脚色で、史実で最期まで演奏し続けたのはウォレス・ヘンリー・ハートリー（Wallace Henry Hartley　一八七八―一九一二）ら八人のバンドであった。
（7）以上の挿話は、ＣＤ「Gaelic Storm」（カタログ No: TOCP50733）の日本語解説（署名は「１９９８年８月25日　高橋晃浩」）による。
（8）キアラン・カーソン『アイルランド音楽への招待』守安功訳、音楽之友社、一九九八年、九四―九五頁。
（9）前掲『アイルランド音楽への招待』三五―三六頁。
（10）前掲『アイルランド音楽への招待』五四頁。
（11）松村洋『唄に聴く沖縄』白水社、二〇〇二年、二三〇頁。
（12）https://item.rakuten.co.jp/okinawa2/kankara-sanshin01/（閲覧日二〇二二年三月三一日）
（13）https://www.okinawa34.info/ 三線をはじめる前に / はじめに / 三線の値段の目安 /（閲覧日二〇二二年三月三一日）

野生と現代アート

瀧口美香

野生という語から、伐採も植林もされていない鬱蒼とした森を思い浮かべたり、家畜化されていない（人によって手なずけられていない）動物を思い浮かべたりするなら、人の手によって作り出されたアートは、野生とは対極にあるもの、ということになるだろう。

野生の動物は理性を持たず、弱肉強食を生き抜くことができるものだけが生き延びていく。一方、人には理性が備わっているから、欲望に駆られて本能のままに生きる野生動物とは根本的に異なっている。人は、理性を持って自らの手で秩序を作り出し、それに則って生き、森を離れ、都市を作り、そして文化を構築してきた。しかし一方で、自らの手で作り出した制度、規範、倫理によって縛られ、時にその歪みに押しつぶされそうになることがある。

アートは、そんなふうに人を縛っている既存の規範や価値観を打ち壊し、新たな何かを創造しようとする。その点において、アートは人が野生に立ち返ろうとする営みと言えるかもしれない。

美術館という施設（これもまた人が作り出した制

度の一つである）の中におさめられたアートを、外へと解放する試みが近年多くなされるようになった。いわゆる野外芸術祭である。宮城県石巻市で二〇一七年以降ほぼ二年に一度開催されている、リボーンアート・フェスティバルもその一つで、リボーンとは「震災からの再生」を意味している。同時にリボーンは、野生を失ってしまっているところからの（野生への）再生、あるいは回帰と解釈できるかもしれない。

リボーンアート・フェスティバルの中から、ヴィジュアル・デザイン・スタジオWOWの手によるインスタレーション *Emerge* と、名和晃平作 *White Deer*（*Oshika*）の二点を以下に紹介したい。

牡鹿半島荻浜の山の麓に、旧日本海軍が格納庫として使用していた洞窟がある。長年放置されていたために、洞窟の入口は木々や蔦によって覆われ、岩は苔に覆われている。その暗がりの中で光がランダムに瞬き、うごめき、時に激しく火花を散らすように見えるというインスタレーションである。

長靴に履き替えて洞窟の暗がりへと踏み込み、飛び交う光の筋が目に飛び込んで来たとき、おお、ここは神さまの脳内、という気がした。脳内でニューロン間を忙しく行き来する、電気信号を視覚化しているかのように見えたからだ。神さまは今ものすごくたくさんのことを同時に考えている。そう、一体どんな世界を創造しようかと神さまは考えていて、鑑賞者はまるでその頭の中を覗き込んでいるかのようだ。ビビビッと雷のようにアイディアが降ってきて、一気呵成に世界を創造していく。おそらくアーティストが作品を作り上げるときの頭の中も、天地創造のときの神さまの頭の中に近いものなのかもしれないと思った。

その洞窟を出ると、目の前に大きな浜が広がっており、青い海の方に向かって大きな白い鹿が立っている。名和晃平の *White Deer*（*Oshika*）である。鹿は古来神の乗り物とされてきたが、この鹿もまた、神さまをここ牡鹿の地に連れて来たのだろうか。

白い鹿の巨大な体軀には、等高線のような筋が幾

名和晃平 *White Deer*（*Oshika*）
撮影＝中野幸英
写真提供＝ Reborn-Art Festival

重にも刻まれている。まるで竜巻の渦中にいるかのようである。この筋状の渦巻きは、リボーンアート・フェスティバルの舞台である、石巻市の地名を想起させる。巨大な岩の周りに渦巻く水から、「石巻」という地名が生まれた。それゆえ、海辺に立つ白い鹿は、渦巻く白波が高く高く立ち上がり、それが鹿の形を作っているように見えてくる。石巻という地名がまだなかった頃の、この地のことを思い起こせ。水と地が創り出された原初へと立ち戻れ。かつて神を乗せていた白鹿は、今や鑑賞者のイマジネーションを乗せて彼方へと向かう。

アートには、わたしたちを原初へと引き込む力がある。アートは野生そのものにはなり得ないが、野生に立ち戻るための道筋を示してくれる。

身体とテクノロジー

鈴木哲也

「身体論」というテーマを抱えて、少し、気後れを感じています。というのも、医学、生命科学、脳科学、さらには人工知能（ＡＩ）などの領域で新しく画期的な知見が積み重ねられ、私たちの人間観や生命観が大きくかわりつつある、そうした現在、人文科学と呼ばれる領域で仕事をしている自分などに何か語る資格があるのだろうかという思いにとらわれるからです。

かつて、〈身体〉は哲学の重要なテーマでした。まず、デカルトは身体と精神を対比的にとらえ、精神を人間にとってより本質的だと考えました。デカルトの基本的な考え方は「心身二元論」と呼ばれます。時代は下り一九世紀から二〇世紀にかけて現象学やハイデッガー哲学の達成を踏まえて、メルロ＝ポンティの心身相関論へと展開してゆきます。かつて明治大学商学部で教鞭を執っていた、市川浩教授の『精神としての身体』は日本における心身相関論の優れた業績です。

身体は自明のものであり、捉えることに何の難しさもないように感じます。健康状態が良いかぎり、自分の身体を気にかけることはないでしょう。しかし、時として他ならぬ自分自身の身体が自分に限界を課してくるものだと実感することがあります。病気や怪我をすると自分の身体が一〇〇パーセント自分の意思どおりになるわけではないことを自覚します。性同一性障害に苦しんでいたら、身体は自己の意識を閉じこめる呪わしい牢獄かもしれません。おそらく、死に直面したとき、この限界がどうにも克服しがたい困難として感じられるのでしょうし、多くの哲学者や思想家がこの困難を直視しながら、それを超える人間的価値を探ったのだと思います。ところが、近年、この困難が徐々に克服されつつあるのではないか、そんな印象を持ちます。

もちろん、最初にふれた生命科学や医学的技術の発展からその印象を受けます。最も分かりやすい例はクローン技術です。クローン技術が一般に知られるようになったのは一九九六年にイギリスで子羊ドリーが誕生してからです。当時、相当の衝撃を社会に与えました。人間にクローン技術が適用されて人造人間がつくりだされるのではないか、人間は「神」の領域に足を踏み入れたのではないか、そうしたセンセーショナルな発言がなされていました。その後、二〇一八年の南方科技大学准教授によるゲノム編集の例を除けば、クローン技術が人間に適用されたという報道はありません。ただし、日本国内でもいくつかの研究所ではクローン家畜がつくりだされているようです。

率直に言えば、私はクローン技術や遺伝子操作のニュースに触れるたびに不安を抱きます。私には信仰はありませんので、神の領域を侵したというような感覚はありませんが、この世界には人間が侵してはならない領分があって、安易にその境界を越えてはいけないのだという漠然とした感覚があります。遺伝子操作やクローン技術によって〈自然〉の秩序が壊されてしまうのではないかという不安を感じるのです。

しかし、〈自然〉とは一体何か、という疑問がすぐに浮かび上がってきます。人間はつねに自分に課せられた限界を超出してきた、科学の発展にしたがってその限界の突破が人間の誕生と死に及んできただけだ。そう考えることもできます。

一 フランケンシュタイン

科学技術の危険性を初めて鮮やかに描き出した文学作品として、私はイギリスの小説家メアリー・シェリーが書いた『フランケンシュタイン』を思い出します。この小説のタイトルは〈怪物〉というものの代名詞として、あまりにも有名です。この小説が映画化されたときに怪物役を演じた俳優ボリス・カーロフのイメージは有名であり、誰でもどこかで目にしたことがあると思います。そのため怪物の名前がフランケンシュタインだと誤解されるほどですが、フランケンシュタインは「怪物」をつくりだした若い科学者の名前です。

フランケンシュタインは人間を創造したいと考え成功します。墓場に埋葬された死体から利用可能な部位を集めてきて、それをつなぎあわせて新しい人間をつくりだすことに成功するのです。ところが、フランケンシュタインは自分がつくりだした人間の醜さに恐怖を覚え、自分の研究室を逃げ出してしまいます。

自分の創造主＝父に捨てられた怪物は、迫害と排除を受けながらも一人で生き延びます。怪物には高度な知性が備わっていて、逃避行のさなかに物陰に隠れながらある一家の会話を観察し、言葉を身につけてしまうほどでした。怪物は父＝創造主に自分を受け入れてほしいと願い追いかけます。フランケンシュタインと会うことに成功した怪物は、フランケンシュタインに、自分の存在承認を求めますが、拒絶されます。絶望した怪物は復讐を誓い、フランケンシュタインが愛する人たちを次々に殺してゆきます。小説の終幕部分で、息絶えていくフランケンシュタインを目にした怪物は「北極で自分の身体を炎で焼き尽くして死ぬ」と宣言し姿を消します。以上が、必要最小限の粗筋です。

この作品はメアリー・シェリーという女性のイギリス人小説家が書いたものです。最初に出版されたのは一八一八年でした。筆者のシェリー自身は当時一九歳で、かなりスキャンダラスな生活をしていました。両親はイギリスを代表する思想家でしたが、母親はメアリーを産んだ一一日後に死んでしまいます。父親のところには当時のイギリス文学界のスターであったパーシー・ビッシュ・シェリーがたびたび訪問していました。メアリーはパーシーと恋に落ち、既婚者であったパーシーと駆け落ちをすることになります。これが一八一四年のことでした。翌一八一五年にパーシーとの子供を出産するのですが、この子は生後まもなく死んでしまいます。つづく一六年には第二子を出産することができました。ところが同じ年にパーシーの妻が自殺をしてしまいます。その結果、メアリーはパーシーと結婚をすることができました。このような状況のなかでメアリーは一八一七年に小説『フランケンシュタイン』の最初の稿を書き上げます。この間のメアリーの心情はどのようなものだったでしょうか。一途な生き方であると言えます。ただ、あまりにも破壊的な生き方でした。

メアリーは作家志望だったわけではありません。駆け落ちで逗留した場所で、パーシーと同様、時代の寵児だった詩人ロード・バイロンの「みんなを楽しませる物語を作ろう」という何気ない提案を受けて書き始めたものでした。才気に溢れた若いアーティストたちの気まぐれな遊びが歴史を超える作品を生み出したのです。

当時の詩人は現代社会における詩人とは性格が異なります。コンピュータもテレビもなく、映画の原形となる映写技術をエジソンが完成するのが一八九〇年を過ぎた頃ですから、物語を人々に伝える表現様式は一九世紀の初めには演劇か言葉を使った詩しかありませんでした。現代的に言えば当時の詩は、映画のストーリー性とポップスのグルーヴやリリックを文字で再現したものだと言えるかもしれません。また、英語の詩ではリズムや韻が重要な役割を果たしていて、「読む」よりも声に出して「朗読」するものでした。今日のラップを想像してもらえれば、当時の詩のイメージに近づくと思います。

そう考えると、『フランケンシュタイン』誕生のエピソードは、才能溢れる若いアーティストたちの良識を逸脱した奔放な生き方の一場面とも見えてきます。けれど、『フランケンシュタイン』という小説の底には、一〇代最後の未熟な女性の眼前で繰り広げられた生と死の交錯、それにまつわる罪の意識、それらを超えて自分を解放してくれるかもしれない新しい世界への激しい憧れ、それらが潜んでいるだろうと想像できます。

死体の部位を集めて人間を創りだすというフランケンシュタインの野心は、会うこともできなかった母や、育ててあげることのできなかった自分の子供、そして、自殺してしまった女性、そうした人たちを取り戻したいというメアリーの悲しみと悔恨の念が形を変えたものかもしれません。

この悲しみをそのまま言語化すれば優れた悲歌になったかもしれませんが、小説『フランケンシュタイン』は思わぬ展開をします。フランケンシュタインは自分が創りだしたものに激しい恐怖を感じて逃げ出してしまい、最後は追い詰められて滅びてゆきます。

フランケンシュタインの人物像を具体的にイメージ化しようとすると、アメリカの科学者ロバート・オッペンハイマーを思い出します。オッペンハイマーは一九四三年、原爆開発のためにマンハッタン計画のリーダーになりました。後年、大量破壊兵器を開発してしまったことを後悔し、その気持ちをヒンドゥー教のシヴァ神に言及しながら語っています。シヴァ神は創造と破壊の神で、オッペンハイマーは自分が原爆を開発したことを後悔しているのですが、彼の憔悴した表情は印象的です。

二　フランケンシュタインの時代

ここで『フランケンシュタイン』が書かれた時代について考えてみます。前に言ったようにこの小説は一八一七年に書かれました。この時期は産業革命のまっただなかでした。

産業革命は一八世紀半ばから一九世紀の半ばにかけて、イギリスを中心にして進んだ技術開発と産業・経済構造の一大変化であるとされています。アーノルド・トインビーによれば、産業革命による変化は急激で、ほぼ前時代との「断絶」と呼べるほどであり、「蒸気機関」と「力織機」による新しい生産のあり方によって、それ以前の経済秩序は一気に放逐されたとのことです。

産業革命を推し進めたテクノロジーは蒸気機関でした。言うまでもありませんが、蒸気機関は熱エネルギーを運動エネルギーに変化させるシステムです。石炭を燃やして熱エネルギーを産出し蒸気を発生させる。その蒸気の力を使ってピストン運動を生み出し、列車などを動かす。おおむね、そのようなメカニズムです。

このエネルギー利用法は人間を土地から切り離しました。それ以前、人が利用するエネルギーは風車を回す風力、あるいは、水車を回す川の流れでした。これは、人が特定の風土的条件のなかでしかエネルギーを生み出すことができず、人と土地が分離できないことを意味します。ところが、産業革命期の蒸気機関の完成によって、人は土地の条件いかんにかかわらず、熱エネルギーを産出し動力を生みだせるようになりました。そして、蒸気機関車が生まれ鉄道網が敷かれ、商品の原材料や製品の流通網が近代的なあり方に変わってゆきます。

そこで重要であるのが、土地から掘りだして輸送できる、石炭という燃料でした。蒸気機関車をはじめ、近代的なさまざまな生産物の構造を支えた鉄鉱石も同じです。地中から掘り出した鉄鉱石を異なった土地に輸送し、鉄道や建築、その他さまざまな用途に使える鉄材として精錬したのです。

この時代に「自然」を「資源」として大規模に利用することが始まりました。墓地という地下に埋められた死体を掘り出して使用可能な部分を利用してもう一人の人間を作る、そうした『フランケンシュタイン』の着想が、産業革命というテクノロジーと社会構造の変化のさなかで書かれたことは単なる偶然とは思えません。〈自然〉や〈身体〉が神聖な侵すべからざるものではなく、人間が利用できる〈資源〉の堆積に変わっていったのです。

産業革命は一八五一年に「完成された」と言われています。というのも、一八五一年に、国際博覧会の前身である、万国博覧会の第一回目がイギリスのロンドンで開かれたからです。この第一回万国博覧会はハイドパークに建設された「水晶宮」が会場となったのですが、この巨大な建築物自体が最大の展示品だったと言われます。水晶宮は要するにガラスと鉄骨でできた大規模な温室のようなものでした。この「温室」の中に、各国のブースが配置されました。ドイツの思想家ヴァルター・ベンヤミンはこの水晶宮こそ人間が自然を超越した証明だったと言っています。どういうことでしょうか。

中世の大規模な建築物は石を使って建設されていました。ヨーロッパの教会建築を想像してください。あの大きな建物は重力を受けた石と石とが互いに支え合うように石積みを工夫して直立しています。石はただ積み重ねただけでは重力の影響を受けて倒れてしまいますが、倒れそうな石積みと逆方向に倒れそうな石積みとのバランスをとることで、あの教会建築が可能になるわけです。この建築が成立するためには石材と重力という、まさに、自然が与えてくれた素材と力が必要でした。

ところが水晶宮はどうでしょうか。この建築物は鉄とガラスで構成されていました。鉄もガラスも熱を加えて人間の望むとおりに加工できます。鉄とガラスによって建築は自然条件を超越したのだ、そしてそれが近代性の一つの現れだ、そのようにベンヤミンは考えています。

さて、身体に関する知識はどうだったでしょうか。一八世紀の初頭にさまざまな医学教科書がオランダなどで出版され、医学的知見が広まってゆきます。また、生命を考えるうえで重要な知識もこの時期に発見されたようです。例えば、「近代科学の父」と呼ばれるアントワーヌ・ラヴォアジェが、燃焼の本質は酸素と他の物質の結合であることを発見し、燃焼を引き起こす物質を「酸素」と名づけたのは一七七九年だということです。こうした発見によって人間の呼吸のメカニズムも少しずつ明らかになってゆきます。細胞が生命の最も基本的な単位であるという細胞説が提唱されたのは一八三〇年代の末頃だったといいます。

『フランケンシュタイン』を考えるうえで興味深い事実を二つ紹介します。一つはイタリア人医師のルイージ・ガルヴァーニの発見です。ガルヴァーニはカエルの足を使って電流によって筋肉に運動が起きることを一七七一年に発見しました。小説の中ではフランケンシュタインが雷の電気を利用する場面が描かれています。また、当時のイギリスでは医学教育の制度が他のヨーロッパ諸国ほど整備されておらず、大学の医学部の外部に医学学校が開かれ講義と人体解剖の機会が提供されていたそうです。合法的な解剖体は、法廷で死刑か解剖の刑を宣告された死者のものだけで、解剖体の入手は困難だったようです。そのため、遺体が売買されたり、罪人や埋葬された人の遺体を掘り起こすことが行われていたようですが、一八三二年に「解剖法」が制定されそれらの行為は禁止されます。なんともグロテスクですが、そうした現実のもとで『フランケンシュタイン』は書かれました。いわば、自分の時代の現実をリアルに描きつつ、近未来の悲劇の物語を作るようなものです。メアリー・シェリーが当時の先端的な医学的知識をどのくらい知っていたかは分からないのですが、解剖学が体系化されつつある時代に、部分を集めて全体を再創造することを思いついた想像力には、時代の先をいっているという印象を受けます。

三　炎と知と技術の神話

さて、次に注目したいのは、怪物の最後です。自分が創りだした怪物との葛藤に憔悴したフランケンシュタインは、怪物を自分で滅ぼすという意思を実現することもできず、また、怪物に殺されることもなく死んでしまいます。その死に様を見ていた怪物は、これも前に書いた通り、北極に行って自分を焼き尽くすと言って姿を消します。

この小説が書かれた当時には人間は北極点に到達していませんでした。初めて人間が到達したのは一九〇九年のことでした。そこで、怪物が口にする北極とは当時はいまだ人間が見たこともない未知の領域を暗示しているだろうと考えることができます。

同じ宣言に出てくる炎はどうでしょうか。この小説のタイトルを正確に言うと『フランケンシュタイン――あるいは現代のプロメテウス』(*Frankenstein: or The Modern Prometheus*) です。プロメテウスはギリシア神話に登場する神です。プロメテウスの神話は以下の通りです。プロメテウスは自分を支配する神ゼウスの意志に逆らって、人間に火を与えた。火を獲得した人間は、狩猟のための武器や農耕器具をつくり、寒さから身を守った。しかし、ゼウスの怒りをかったプロメテウスは絶壁に鉄の鎖で縛りつけられてワシに肝臓を喰われるという罰に処せられた。この罰から解放されたのは三万年後だった。以上のようにプロメテウスの物語は語られます。
プロメテウスが人間に授けた「火」は、知性や文明を象徴すると考えられています。そうだとすると、メアリーは自分自身が描くフランケンシュタインが人間に新たな知やテクノロジーを与える存在として神にも等しく、それゆえに罰せられたということを副題で示したのかもしれません。

実に興味深いのは紀元前の時代から西洋では新しい知やテクノロジーが人間に、いわば、災厄を与えるものだという考えがあったことです。ギリシア神話の例をもう一つ挙げるならばダイダロスの話があります。ダイダロスは工匠、職人、発明家などと説明されます。王の命令で雌牛の像や迷宮を造っていますので、今日的に言えば、アーティスティックな建築家のようなものかもしれません。詳しい説明は省きますが、ダイダロスは王の寵愛を失って幽閉されてしまうのですが、翼をつくり息子のイカロスとともに、空を飛んで幽閉されていた島から逃げようとします。うまく翼が完成し飛び立とうとするときに、ダイダロスは息子に「あまり低いところを飛ぶと海のしぶきで翼が重くなり、あまり高いところを飛ぶと太陽の熱で翼が溶ける」からほどほどの高さを飛ぶように注意を与えます。ところが飛び立ったとたん、若いイカロスは喜びで空高く飛んでしまいます。すると、翼を貼りつけた蠟が溶け海に落ちて死んでしまいます。

こうした神話を並べてみるとあらためて驚きが湧いてきます。まるで紀元前のギリシアの人たちが人間のテクノロジーが必ず何らかの災厄をもたらすことを知っていて、時代を越えた忠告をしているように思えます。また同時に、古典期のギリシアの人々には可能なはずもなかった空を飛ぶことが現代では実現していて、さらに宇宙空間にまで人間が飛び出したことに驚愕します。人間は思い描いたことは必ず実現してしまうのかもしれない、そんな気さえしてきます。

さて、現在の生命科学や医療技術の進歩をどう考えればよいでしょうか。強調しておきますが、私自身は科学技術の発達を肯定的に捉えますし、現在の医療技術がさらに進歩してほしいと思います。現在は治療不可能と思われている「難病」が治療可能になることが悪いことだなどとはまったく思いません。ただし、人間の遺伝子が人間によって自由に操られることには危険を感じます。

しかし、そう思いはするものの、もし遺伝子の研究者であったら、同様の不安を感じたとしても、同時に、研究の最先端に立ちたいと強く願うだろうとも思います。また、そうした衝動がなければ優れた研究も生まれないでしょう。

著名な進化生物学者で特に遺伝子論で有名なリチャード・ドーキンスは、アメリカ政府の求めに応じた文書でクローン技術について次のように言っています。ダーウィンが進化論を唱えたとき、彼の理論は当時の社会や一般の人々の世界観を根本的に覆すものだった。クローン技術も同じことである。自分はクローン人間をつくってみたい。ただし、このことを公的な場で科学者として自分の研究計画として語るとなると、ダーウィンと同様、殺人を犯したことを白状するような勇気が必要だろう。そう言うのです。

また、ドーキンスは「不自然なもの」に人々は反射的に嫌悪感を持つが、クローン技術についても同じことである、だが、本を読むのもスキューバダイビングをするのも「不自然」ではないか、とも言っています。その通りだと思います。

プロメテウスやダイダロスまで遡る必要もなく、人間は自分に与えられた「自然」な条件を変えつづけてきたのは明らかです。私は前に遺伝子操作やクローン技術が〈自然〉の秩序を決定的に壊してしまうのではないかという不安を表明しました。ですが、さまざまな留保をつけたうえで、人間は決して〈自然〉なままではいられない生物種であるということも認めます。例えば、心臓にペースメーカーをつけたり人工透析を行うことが〈不自然〉だからという理由で禁じられたりすることは決してあってはならないことです。いったい、どこまで人間はこれまでの生存の条件を超え出ていくのでしょうか。

四　新しい身体?

さて、『フランケンシュタイン』が描いている身体の利用は今日から見ると、きわめて素朴です。現代の想像力がどのような身体像を提示しているか一つだけ例を挙げて検討したいと思います。検討したいのは一九九五年に公開された押井守監督の『Ghost in The Shell／攻殻機動隊』です。このアニメーション映画では、〈自然〉な身体を備えた人間も登場しますが、ほとんどの人物の身体はすでに完全に人工的で、取り替え可能な「義体」です。精神はコンピュータのメモリを連想させるデヴァイスに記憶情報を記録し装塡できるという設定です。身体は交換可能ですから、人間のアイデンティティは精神、つまりはある種のデヴァイスに保存された〈情報〉によって成立しています。

この設定が破綻をはらんでいることは、すぐに了解できると思います。この義体は成長するのだろうか、そう考えただけで破綻が明らかになります。当然ながら従来の「人間」という概念は成立しません。

ただ、その設定は作品が制作された当時の先端技術をよく反映しています。一九九五年にはウィンドウズ95が発表され、ネットワーク社会が本格的に動き始め、コンピュータが急速に身近なものになった時期です。それから十数年後にＡＩが一般に認知されるようになってゆきます。

前に触れたリチャード・ドーキンスが最初の著作『利己的な遺伝子』を出版したのが一九七六年でした。またクローン羊の誕生は一九九六年ですから、『攻殻機動隊』は遺伝子に関する知識が一般市民にも知られ始めた頃の作品です。ただ、生命活動がひとまとまりの〈情報〉をもとに展開しているとしたら、デカルトの心身二元論から心身相関論を経て、次は情報としての生命として精神と身体を一元化して捉えることができる、そう『攻殻機動隊』が言っているように感じたことを覚えています。もちろん、実際にはそんなことはありません。最後にその理由をお伝えします。

五　言葉と身体

コンピュータを使ったいわゆる人工知能研究は、認知科学という領域を生み出しました。そして認知科学の影響を受けて、言語研究の分野でも認知言語学という領域が生まれました。その中で「メタファー研究」の領域が人間の精神について新鮮な考察を与えてくれることになりました。

メタファーとは「喩え（たとえ）」のことで、この喩えには二種類あります。まず、「〜ような」という言い回しを使う「直喩」＝シミリ、もう一つがそれを使わない「隠喩」＝メタファー、この二種類です。実例を挙げると、ある人物について「あいつは狼のようだ」と言えば直喩で、「あいつは狼だ」と言ったら隠喩です。「ようだ」を加えておけばそれはある人物の性格や容貌の特徴が狼を連想させるということを伝えます。ところが「あいつは狼だ」というと、まるで、ある人物の正体が狼そのもの、あるいは、性格特性が本質的に狼と同様である、という調子がこもり、表現として強くなります。生物学的な分類に従えば「あいつは狼だ」という表現は誤りなのですが、ある人物についての認識を感覚的に表現することができます。

メタファーが人間を考えるときに重要なのは、こうした修辞的機能ではありません。人間は実体のない経験を伝えるときには、必ず、メタファーに頼り、しかも、メタファーは身体性を帯びているのです。

例えば、「温かい言葉をいただいた」とか「冷たい言葉をかけられた」という表現が可能です。しかし、言葉そのものは温かくも冷たくもありません。ある人物が思いやりに溢れていて安心感を与えるならば「温かい」という形容をしますし、逆に、いかにも相手に興味がない態度で共感のかけらも見せない、そうしたときに「冷たい」という形容をすると思います。

そもそも、「思いやりに溢れる」とか「共感のかけらも」という言い方もメタファーです。私たちは形のないもの、目に見えないもの、手で触れられないものを表現するときに、必ず、メタファーを使います。そして、これが身体感覚に基づいていることは明らかです。私たちが身体を通して外部の物理的世界を共有していることが、精神世界の共有の基盤となるのです。こうした例はいくらでも見つかります。「冷・温」「硬・軟」「大・小」「明・暗」など物理学的な指標と考えられる言葉が、客観的には描写できない対象に対してメタファーとして適用されている例はいくらでも見つかることでしょう。私たちの精神が成立し他者と関係を築くためには、身体によるこの外部世界の経験が必要なのです。

メタファーによって人間は他の動物種には見られない無形で抽象的な精神世界を構築してゆきます。そして、驚くことにこうした表現は文化の境界を超えた共通性を示すことが確認されています。

この身体が今人間に備わっている身体である必要はないのかもしれません。しかし、外部と内面を媒介する〈身体〉は他者と同じ性質を持っていなければなりません。そのことは幼児の言語習得プロセスの研究からも明らかになっています。幼児は言語を習得することに先立って、身近な養育者との間に身体的な同調を経験します。例えば、幼児を抱いているときに、母親が何かに視線を向けると幼児もその視線に同調し、同じ方向に視線を向けるとします。このとき、母親が「猫ちゃん」などの言葉を口にすると、幼児は母親の視線が捉えている小動物を猫だと次第に認識するようになりその経験が言語の修得をもたらします。この言語に先立つ同調を「間主観性」と呼びます。言語は自己と他者が共同で作る主観性に宿り、その共同の主観性は身体的同調によってもたらされる。そうしたメカニズムです。

そしてこの身体には独特な記憶が刻まれます。よく知られているのは、特定の身体部位を失った人が、失った後でもその部位の感覚を残しているという事実です。また、フランス文学の重要作『失われた時を求めて』では、口にした紅茶とマドレーヌが語り手の記憶を蘇らせます。記憶はメモリーに記録された情報ではありません。多分、脳の海馬のどこかにその情報が残っているのでしょうが、それは自由に取り出せるものではなく、私たちの身体が感覚器官を通して取り込んだ外部の情報との関係によって賦活されます。おそらく攻殻機動隊で描かれているようには、身体と精神を自由に入れ替えることはできないでしょう。

メディア論で有名なマーシャル・マクルーハンは、テクノロジーは身体的機能の拡張であると言っています。テレビの登場に驚きメディア論に取り組み始めたマクルーハンには、テレビをはじめとした情報流通のためのメディアの全体は人間の中枢神経系の拡張だと見えました。また、馬車や自動車は歩いたり走ったりする人間の能力の拡張であり、文字や書物の発明は記憶力の拡張でした。

マクルーハンはテクノロジーについて興味深いことを言っています。テクノロジーがそれ自体で良いとか悪いということはない、大切なのは人間がそれをどう使うかということだ、というよくある考え方をマクルーハンは冷笑し、次の言い方を考えてみろと私たちに問いかけます。「銃それ自体は良くも悪くもない、その価値を決めるのはその用い方だ」という言い方です。この言い方は銃弾が標的とした人間に当たれば良いと考えているに過ぎない、そもそも、人を殺すテクノロジーをどう考えているのか、この言い方では何も言っていない、というわけです。

『フランケンシュタイン』の時代から、人間は自然から資源を採りだしテクノロジーを生みだしつづけ、自分たちを限界づけていた条件を超えつづけてきました。そのことは人間に恩恵をもたらしました。他方で、テクノロジーが人間にそれまでは想像もしていなかった災厄をもたらしたことも事実です。

遠い昔、私たちの祖先は食糧を確保するために弓をつくりだしたのかもしれません。私たちの祖先にとって、弓は自分たちの生命をつなぐ重要な道具だったかもしれません。けれど矢は人を標的とするようになりました。さらに標的を捉える正確さと殺傷能力を高めるために銃がつくられるようになりました。それらのテクノロジーの誕生と発展は誰が誰のためにもたらしたものでしょうか。

グレゴリー・ストックという、遺伝子テクノロジー推進派の科学ジャーナリストは「人類の歴史は自制の物語ではない」と言って、現在の遺伝子科学の未来に明るい展望を見ようとしています。本当かどうか私にはわかりません。それよりも、「自制」という言葉を使ってストックが言おうとしたことの向こうに透けて見える、現代の経済活動、生産・消費のあり方とその背後の私たちの欲望のあり方のほうが私には興味深いです。

冒険をしつつ、人間は同時にそこに潜んでいる危険も本能的に察知していたのではないかと、古い物語や神話を読んでいると感じます。『フランケンシュタイン』の怪物は未熟な技術が生み出した犠牲者だと思います。あるいはつねに過剰へと踏み出してしまう人間そのものの運命を科学者と怪物の物語が伝えているかもしれません。これ以上、誰かの生命を奪わず犠牲を最小限にとどめるために、いったん立ち止まり慎重に考え直す叡智と勇気と、ただ自分の欲望の成就だけを願うような自己中心性に陥らない賢明さを失ってはならないと思っています。

比喩の彼方

虎岩直子

アラン諸島を初めて訪ねたのは二〇代のはじめ、アイルランドという国に行ったのもそのときが初めてだった。当時とりわけアイルランドに興味を持っていたわけではなかった。ゲール語で「暗い水溜まり」という意味を持つ街ダブリンで、文豪たちの足跡を辿ったかどうかは記憶が曖昧だ。アイルランドのゲール語の国名Eire《エール》は「流れる水」という意味を持つと言われる。首都がさまざまな水流が集まって淀み滞留する場所という意味の名を持つというのは頷ける。底の見えない暗い水底から神秘の薔薇が花開く——想像力の比喩だ。

ことさらアラン諸島を目指していたわけでもないが、復活祭休暇で留学先のスコットランドから、一二世紀にアングロ・ノルマンがそうしたようにウェールズ経由でアイルランドに渡った私は、ダブリンから西へ西へと、黄色いハリエニシダに覆われた荒野クレア州The Burren《バレン》高原《》をバスで横切る。窓外の景色はうたた寝した前後でも変わらない。ゴツゴツと露出している石とハリエニシダ、灰色と黄色の帯が続く。緑の国と呼ばれるアイルランドの森林率は意外にも八・九パーセント程度で、ＥＵのなかで最も小さい。この国の人気を支える妖精神話や伝説とも結びつく森林が激烈に伐採されたのは、チューダー朝エリザベスＩ世統治の時代、新大陸へ渡り、また異文化の神話を英語文化の中に広げることにもなった帆船が造られた時期だ。切り出された木々が大西洋を渡り、森に代わって荒野が現れた。

　だが、造船のせいだけではなかった。三五〇〇年以上も前のこと、人々が農耕地を求めて木々を切った時代にはすでに荒地化は始まっていたのだ。ゲール語で‘burren’《バレン》は「石でゴツゴツした土地」を意味する。ブリテン島からの大掛かりな渡来以前、すなわち英語話者到来以前から、すでにこの土地の木々は失われていたのである。

　大きな停車場で降りて、ヒッチハイクをした。カトリックの国だからヒッチハイクは安全と言われてはいたが、なんせ車の通りは少なく、春の嵐の中を途方に暮れている頃、ポンコツのファミリーカーに家族七人ぎゅうぎゅう詰めに座っている一家が拾ってくれた。兄姉が膝に弟妹を抱えて私の座る場所をつくってくれた。まったく予定外の鍾乳洞に寄ることになり、彼らがテントを張ってキャンプする予定のアラン諸島のなかで一番小さいイニシイア《東の島》に渡ったが、当てにしていた定期船は激しい風雨のために欠航。家族が漁師に交渉して軽快な音を立てて走る小さなモーター船に乗り、海水を指で触りながら島に着く。車が一台もないという島の浜には五歳くらいの少女が立っていて、夏までは閉めているけどおばあちゃんが民宿をやっている、英語話すよと、「おばあちゃんの家」にわたしを連れていく。夕闇はすでに色濃く、低い石塀が小さな土地を囲い込み迷路のように入り組んでいる景観は、翌朝雨風に洗われた日差しが照らすまで目に入らない。

　これがわたしのアイルランドへの入り口だった。その後、ふたつの国家に分かれ、ふたつの言語が生きているこの土地を何度も訪れ、アラン諸島の一番大きな島イニシュモア《大きな島》に行ったときには、こんな話を聞いた。ある日本の娯楽テレビ番組制作で「取材

イニシア島の砦と石塀　写真提供＝ © Fáilte Ireland, Tourism Ireland

中は英語ではなくアイルランド語だけを話すように、そして一九世紀のアランの人々がそうしたように、海藻を運んで野菜や家畜を育てるための囲い地の土を作るやり方を役者に教えるように」とスタッフから依頼されたという。島の人々はおおらかにnoble savage《高貴な野蛮人》を演じる。'savage'の語源が含意する森はこの島にはないのだが。

　いくつか挙げたように、土地の名前には地形やその土地の自然に関連したものが多い。しかし当然言語は土地そのもの、自然そのものではなく、人間がつくった表象記号である。アイルランドにはゲール語起源の土地の名前が多いが、デリー州のMoneymore《マニーモア》のように、それ以前の土地の名Muine Mor《大きな丘》に似た音の英語の単語を組み合わせ、ずいぶん違う意味を英語話者に喚起させる町の名もある。意味のズレによって、言葉という衣装に覆われたものが見えてくる。

　もとより自然を覆い尽くす言語などなく、自然は人間的な意味からいつだってはみ出しているし、

イニシュモア島　撮影＝虎岩直子

意味づける人の立ち位置によって名前は変化する。イニシイア《東の島》は、より大きなアラン諸島の島からは東にあるが、アイルランド本島から見れば西にある。名付けることでそれを我がものにする幻想を享受する人間と、小手先の概念化をすり抜ける平然とした自然が見えてくる。以下は二〇世紀末にノーベル文学賞を受賞したアイルランドの詩人 Seamus Heaney《シェーマス・ヒーニー》による ‘Parable Island’《比喩の島》 のなかの詩行。

移り変わる名を持つ山がそこにある。
占領者たちはそれを玄武岩岬《ケープ・バサルト》と呼ぶ。
太陽の墓標《サンズヘッドストン》、東部の農民はそう言う。
酔っ払いの西のものたちは孤児の乳首《オーファンズティット》と呼ぶ。

比喩の彼方、言語が覆い尽くせない自然を夢想する言葉がある。

ベケットにおける動物性のエクリチュール

井上善幸

一

サミュエル・ベケットは長篇小説『マーフィー』(一九三八)を刊行するに際し、作品の表紙もしくは口絵頁に『デイリー・スケッチ』(一九三六年七月一一日発行)掲載の、チンパンジーが対面でチェスを指す場面をえがいた写真を採用しようと目論んでいたことがある。ベケットは当時エージェント役を務めていたジョージ・リーヴィーに宛てて、美術館巡礼ともいえる旅先のドイツから二度にわたってその掲載を依頼している(1)。新聞には数葉の写真が掲載されていたが、その一枚のキャプションには次のようなセリフも添えられていた。

えっ！　クイーンを手放すつもりだって？　狂気の沙汰だよ、まったく！(2)

実際この小説の後半には、主人公マーフィーが勤務していた精神病棟の一室で患者のエンドン氏とチェスを指す場面があり、二人が沈黙の中でどのような手を指しつつ一戦を交えたかが、チェス駒の動きを示す文字と記号で示されている。(3) チェス・ゲームという文化的な営為をチンパンジーの遊戯になぞらえることに、人間の行動を戯画的にとらえようとする作家の諷刺的な眼差しを感ぜずにはいられない。しかし、最終的にこのアイディアは採用されずに終わる。

実はベケットがこのような着想を得るに至ったのは、それなりの理由がある。最初期の批評「ダンテ・・・ブルーノ・ヴィーコ・・ジョイス」（一九二九）において、ベケットはすでに「パブロフ氏の不運な犬たち」と記すことで、(4) 動物に対するある種の関心を行動主義的心理学との関連で示しているとみることができるばかりでなく、すでに指摘されているように、(5) ベケットは三〇年代半ばに夥しい研究ノートをとっており、その一つに「心理学ノート」と呼ばれるものがあり、その中でベケットはウッドワースの『心理学の現代学派』という研究書の一部をノートに引き写している。その中でも比較的よく論じられるのが、ゲシュタルト心理学で有名なヴォンフガング・ケーラーの存在であり、彼の『類人猿の心性』（英訳初版一九二五年）をみると、一九〇〇年代初頭に当時スペイン領であったカナリア諸島の一つであるテネリフェにおいて行われたチンパンジーなどを用いた動物実験に関する研究であることが分かる。なぜこれが重要なのかといえば、『勝負の終わり』（一九五七）とともにセットで発表された『言葉なき行為I』という短いマイム劇があって、それがこの研究と関連するからである。そこでは舞台に後ろ向きにつき飛ばされてひとりの男が登場し、訳も分からぬままホイッスルの音とともに天井からさまざまな事物が降りてきて、その中には水と書かれたカラフが降りてきたり、大きさの異なる箱が一つずつ降りてきて、事情が飲み込めぬ男は何度も熟考を重ね、箱を積み上げて安定を確認しつつそのカラフを得ようと格闘する。しかし最終的にそれに成功することなく、水は再び天井へと消えてゆき、男は黙ったまま鋏を喉にあてがって自殺のまねごとをしたり、それで指の爪を切ろうとする。[6] 実はケーラーにこれと似たような実験があり、[7] ベケットはそれについて解説したウッドワースの書物をヒントに、このマイムを執筆したのだろうと言われている。[8]

そこで実際に『類人猿の心性』をみると、その重要性はより一層説得力をもって感じられる。類人猿を使った実験である以上、そこにはいくつかの道具が用いられることは想像がつくのだが、その中にはベケット作品でお馴染みの小道具も登場する。具体的には、杖のような棒切れだったり、マイムで重要な役を果たす箱であったり、さらには脚立や梯子が用いられたりする。この梯子については、『人べらし役』（一九七〇）という小説においてきわめて重要な小道具として登場し、円筒内に棲まう「リトル・ピープル」が使用する唯一の道具がまさにこれなのである。この梯子を手がかりに、リトル・ピープルは段の欠けたこの梯子を昇り降りする。続けて二、三段欠けていることも多く、昇降にはちょっとしたアクロバットが必要とされる。[9] さらにチンパンジーたちは目的物を得ようとして「目で〔目標との〕距離を測定する」こともあり、ケーラーはこの「測定する」という語について、これは少しも動物を「擬人化」することにはならない、と註で断っているが、[10] このような態度も少なからずベケットの関心を引いたにちがいあるまい。なぜなら、これらのノートを取っていた頃、ベケットは書簡等において、視覚芸術における擬人化問題を批判的に取り上げていたからである。[11] それゆえ、この「リトル・ピープル」は、円筒という一種の遊技場に隔離されたサルやチンパンジーのような存在と見なすこともできるのであって、まさにこのような特殊状況下におかれた動物たちと重なるところがあるのである。以下のケーラーの記述と『人べらし役』の世界との逕庭《けいてい》は限りなく小さい。[12] スルタンやレーナがチンパンジーであることを知らずに読むと、それは人間の描写と異なるところがない。これらの描写を読む限り、リトル・ピープルの行動と動物の行動の間にはいかなる差異もないと判断せざるを得ない。

長い竿や棒切れを補助手段として用いてジャンプすることはスルタンによってあみ出され、最初はおそらくレーナがその模倣をしたものと思われる。動物たちは棒切れ、長い竿状のもの、あるいは板を真っ直ぐにあるいは少し角度をつけて地面に立て掛け、できるだけ早く両手両足を使ってそれによじ登り、それからときにはある方向にそれと一緒に倒れかかったり、弾みをつけてそれが倒れるまさにその瞬間にそこから身を離したりする。

〔中略〕

最終的には、大抵彼女はうずくまって、棒切れが地面に転がるに任せ、ぼんやりと回りをじっと見つめたままである。[13]【図①】

このように見てくると、ベケットはこの書物自体にも目を通していたのではないかと思えてくるのである。「序論」に描かれたFig. 1などは『言葉なき行為I』の場面そのものを彷彿とさせるばかりでなく【図②】、第一章に示されたFig. 5をみると、ベケットの『フィルム』(一九六五)と題された映画のスクリプトや、自身の芝居を演出する際にベケットが用意した演出ノートにもそのときの読書経験が活かされているのではないかと思えてくるのである。[14] 実際『フィルム』には小型で尾の長いサルが登場し、カメラの知覚にはまったく関心を示すことなく飼い主の顔を見上げている。[15] ウッドワースの解説ばかりでなく、ケーラーの著書そのものの重要性は、もっと論じられてよいのではあるまいか。

図① 竿を操るチカ，地面にはうずくまってそれを見守るレーナ（ケーラー著『類人猿の心性』より）

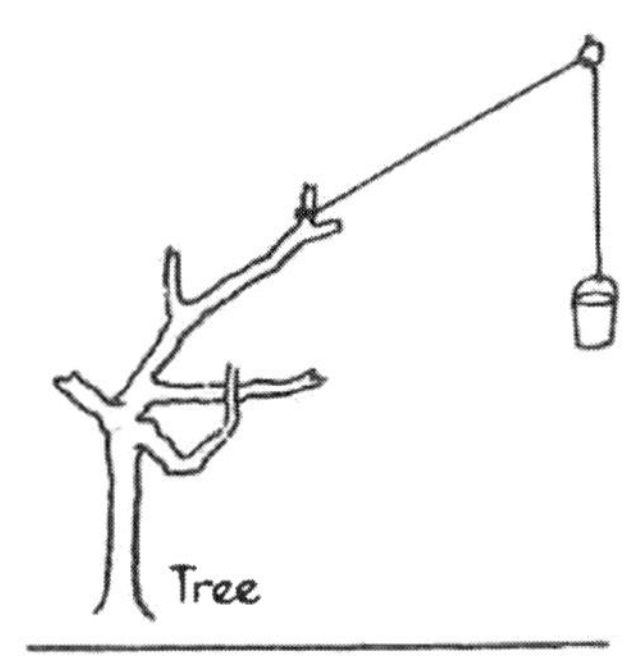

Fig. 1.

図② 実験では，バケツには水の代わりにバナナが入っている（ケーラー著『類人猿の心性』より）

二

人間の行動と動物のそれをパラレルに見る視線、それは実に動物寓話などに見られる眼差しとほとんど変わるところがない。そのような実例を示すこともできる。ベケットの書架にはラ・フォンテーヌの『寓話集』が存在していたことが知られている。[16] その第二巻第十四寓話には野兎と蛙を描いたものがみられる。その二行目には、

. . . que faire en un gîte, à moins que l'on ne songe ? [17]

とあり、ねぐらにいて、夢想する以外になにをすればよいというのか？ といった意味である。この寓話は、ノウルソンの伝記によれば、ベケットが書き留めていたものの一つで、[18] ベケットはこの詩人による動物の擬人化を面白く読んだのではあるまいか。この寓話には「この動物は悲しいのだ」と野兎を描いたり、「憂鬱症の動物」といった表現もみられ、さらにはわれらが野兎は「推論」までするのである。このような臆病者の兎が池の蛙には「猛将」となって立ち現れ、自分よりもっと臆病な蛙の存在に気づく、といったことが描かれている。[19] ここからどのような教訓を引き出すにせよ、この文中に現れる野兎の巣（gîte）という語に着目するならば、のちにベケットが発表する『連れ』（一九八〇）にその影響を見てとることができる。そこには闇の中に横たわっているものがいて、そのものはどこからとも知れず聞こえてくる声に耳をすますのだが、その声と語りによりこの闇の中にいくつか

の動物表象が呼び起こされる。死んだ蝿や鼠、ハリネズミなどが登場し、最短コースを表現するのに蜜蜂の飛翔イメージが用いられ、闇の中を這って歩く創造者が描かれたり、馬術でいうところの側対歩という進み方が描写され、さまざまな動物のイメージが喚起される。先ほどのねぐらを意味する語は、動詞 gêsir から派生し、これは横たわったり横臥するといった意味を持つが、これこそまさに闇の中の存在を記述する際にしばしば用いられる言葉なのである。ベケットの手になるフランス語翻訳版をみると、「彼は薄闇の中で横たわっていた（gisait）」とか「おまえは闇の中のこの新たな光の中に横たわっている（gis）」と表現されるのである。[20] しかも闇の中の存在もまた野兎のように「推論」するのだが、低いレヴェルの精神活動しか発揮することなく、かつ間違った推論しかできない。ベケットはそれを「彼は推論し、しかも間違って推論する」と描いている。[21] この推論が人間による推論なのか、それともラ・フォンテーヌ描くところの野兎によるそれなのか、にわかには判断しがたい状況にこの存在はおかれている。かつてヒュー・ケナーは『モロイ』（一九五一）との関連で自転車に乗った人間を「デカルト的ケンタウロス」と呼んだが[22]、ここでは自転車はもはやなく、闇の中の存在はデカルト的懐疑に晒された動物的主体のなれの果てと見ることもできよう。あるいはベケット自身の表現を借りれば、ここには究極の「思考存在」が描かれている、と言っていいかもしれない。[23] 思考しているのは人間に限定されるものではない、という条件を暗示するものとして。あるいはまた「〔公式などによって〕明確に表現することのできない精神の手探り」には、フランス語版では soubresauts という語が採用されており[24]、これは馬などが突然跳ね上がる動作を示唆している。このような細部もまた、この散文における動物性の重要な一部をなしているといえよう。それはまるで『ガリヴァー旅行記』

（一七二六）で描かれるフウイヌムという理性的存在としての馬の国に突然迷い込んだかのような印象を与えるのである。[25]

以上のような細部をみても、ラ・フォンテーヌの寓話がこの散文に占める意義は小さくないと言えるのだが、実際のところ、この小説の終わり近くには、まさに fable という語が複数回登場する。

顔を上方に向けたまま、永遠におまえの作り話の骨折り仕事も空しく。ついにとうといかにして言葉が終わりに達しつつあるのかを聞く。意味のない空ろな一言一言のたびに、少しずつその終わりへと近づいてゆくのを。そしてまたその作り話がどんなふうに終わりに近づいてゆくのかも。闇の中でおまえと一緒にいるものについての作り話。闇の中でおまえと一緒にいるものについて作り話をしているものについての作り話。[26]

ここで「作り話」と訳したものこそ、まさに fable にほかならない。断るまでもなく、この語は虚構としての物語といった意味と同時に、動物を主人公とした、教訓を含む短いお話といった意味をもあわせもつ。

三

ジョルジュ・バタイユはベケットの『モロイ』についていち早くその独創性を見抜いた作家の一人

であるが、彼は「モロイの沈黙」と題した批評の中で、主人公が松葉杖を鉤竿のように用いつつ母親の居場所を求めて森の中を這って進む場面に着目し、それを「ナメクジの旅」と呼んだが、ベケットはその様子を具体的に描き、それを「爬虫類の運動」と捉えている。[27] いずれにせよ、このような場面を取り上げて、このベケットの小説に見出される動物性に早い段階で着目していたことは注目に値する。このような運動もしくは移動方法は、先ほど問題にした『連れ』にも通底するもので、そこでは創造者は闇の中を這って進み、それがどのような移動となっているのかを具体的に描き、それを今度はすでにふれた馬にみられる側対歩ととらえ、しかもそれを這いながら行うという。

這いそして倒れる。また這いまた倒れる。〔中略〕そのように這って進むことが、声とはことなり、どのようにこの場所を地図化するのに役立つか工夫すること。〔中略〕まず這って進む単位は？　直立して移動するときの歩幅に対応している。彼は起き上がって四つん這いになり出発の準備をする。両手と両膝は幅とは無関係に二フィートの長さの長方形の角度。ついにたとえば左膝が六インチ前に進み、このようにして左膝と左手との間の距離の半分を二等分する。当然の順序をおって今度は同じ分だけ左手が前に進む。長方形が今や偏菱形になる。しかしその状態は右膝と右手が先例にならうのにかかる時間より長くは続かない。ふたたび長方形にもどる。このようにして倒れるまで続く。あらゆる這って歩く進み方の中で、この匍匐性の側対歩こそがおそらくもっとも珍しいものだろう。[28]

このように記述したうえで、これを「這って進む創造者」と呼び、それが臭いを発するかどうかを問題にする。[29]この存在は四つんばいで這って進み、そのように這いながら「そういったすべてのこと」を連れのために案出するのだというう。[30]このようにみてくると、ベケットの描くこの闇の中に映し出される世界は、なるほどダンテ的な要素に満ちているとはいえ、[31]決して神聖なコンメディアなどではなく、バルザックの『人間喜劇』をもじっていえば、「動物喜劇」とでも呼びたくなるような様相を呈している。[32]

この動物性という観点から見たとき、バタイユの重要性はさらなる考察に値する。バタイユの『エロティシズム』（一九五七）をみると、その第一部第九章は「性的過剰と死」と題されており、そこには生物学用語として、単細胞生物の「分裂増殖」という語が見出される。[33]この書物の初版は一九五七年で、しかもベケット作品のフランス語版をほぼすべて刊行してきたミニュイ社から出版されており、その発表から二年足らず後にベケットは『事の次第』（一九六一）に着手する。この小説には以下のような一節がある。

> migration de vers de vase [. . .] ou à queue des latrines frénésie scissipare les jours de grande gaîté[34]
>
> アカムシの大移動〔中略〕あるいは簡易便所などに湧く、尾をもった幼虫たちのまったく陽気な分裂増殖熱狂時代

Ver de vase とはアカムシと呼ばれる釣りの餌に使用される虫で、後者は長い尾のようなものをもった、

トイレなどに湧く虫の幼虫を指すようだ。これら二つの虫については、ベケットが所蔵していたレオン・ベルタン著『動物の生』という百科図鑑があり、[35] その「水棲の双翅目」の項目中にこれら二つの虫の記述が見られる。[36] 後者はéristaleというナミハナアブという昆虫の幼虫で、この書物にはそれを図示したものが掲載されており、ベケットはこの図鑑を参照しつつ、これらの記述を行なっている可能性がある【図③】。と同時に、『事の次第』の中の'scissipare'という語こそ、まさにバタイユの『エロティシズム』に見出される言葉なのであって、[37] ベケットはこのバタイユを介して、ここでこの語を用いている可能性がある。

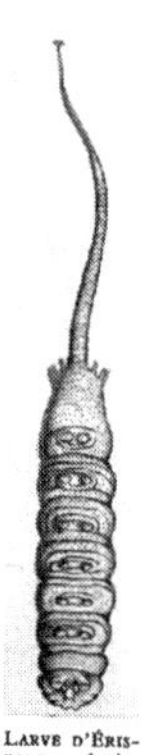

図③　ナミハナアブの幼虫。『事の次第』にみられる表現と同じ語句 'ver à queue des latrines' が用いられていることに注目（ベルタン著『動物の生』より）

四

このように動物性の観点からベケット作品をみたとき、『ワット』（一九五三）という作品（というより、その草稿）は動物のイメージに事欠かないことが重要な事実として浮上してくる。テキサス大学オースティン校人文科学研究センター所蔵のベケットの草稿類を目録化したカールトン・レイクもその記載において述べているように、『ワット』の手稿はこのセンターの誇る「白鯨」であって、そこにはベケットの母校の図書館の一室に展示されている『ケルズの書』の装飾写本を思わせるような、動物に似た sauvage な存在がさまざまに描かれているのである。[38] この草稿をみると、とりわけその左頁の余白（ベケットは執筆の際、通常右側の頁に文章を記し、左頁は余白として使用せず、加筆修正もしくは悪戯書きをする場合のみ、こちらの頁を用いていた）には、動物的イメージ、あるいはデイヴィッド・ヘイマンの言葉を借りれば、それらを中心とした、さまざまな「イメージの複合体」が見られる。[39] あるいはまたベケットの『メルシエとカミエ』（一九七〇）の草稿に現れるさまざまな生き物や事物のイメージを分析したメアリ・ブライデンによれば、動物および「混成的生物」が見られるのである。[40]

上記論文より少し前に発表された論考では、『ワット』草稿におけるベケットの素描についてヘイマンはより詳細に分析している。そこにはより多くの図版も示されており、それらを参照することにより、ベケットがどのような野生的ともいえる動物や事物をそのノートのおもに左頁に描きつけているのか、その一端を窺うことができる。動物と思われるものや人間的形象などが多いものの、それ以外にも、文字や記号の組合せ、計算式、幾何学的図形などなど、さまざまなものが描かれ、記されている。人物と記号が重ねられているものや、帽子をかぶった人喰い鬼のようなもの、鳥に似たもの、再びヘイマンの説明を借りれば、「ダックスフント人間」「小麦の束人間」「蟻男」、歩く頭部や小山羊、馬のようなもの、などなど、いわば「ラスコーの壁画に描かれたような動物や人間が、アラベスク文様を描くような姿で群集っている」のである[41]【図④・⑤】。

ブライデンの『メルシエとカミエ』の分析をみても、ベケットは動物をいわば紋章のように描き、多様なものを手稿や小説に描いていることが分かる。植物や昆虫、鳥などの体に人間の頭部をつけた、人間をも含めたさまざまに異なる種（species）が混合的な生物として描かれ、中にはメルシエの身体

図④　動物相と植物相の中間に位置するような，どこかコミックなエイリアンたち。数によって分割された頭部をもつ類人的存在や闊歩する雄牛などを描いたもの。『ワット』草稿，第1冊，108頁（ヘイマン論文［1997］より）

図⑤　ラスコーの壁画にも比せられた，執筆時のみに現われる左頁余白のいたずら書き。『ワット』草稿，第2冊，46頁（ヘイマン論文［1997］より）

が大文字のSに比せられたり、鸚鵡が魚に喩えられたり、雨傘が傷ついた大きな鳥のようなイメージで描かれたりしている。これをブライデンは種から種へと変換されるダイナミックな精神力学と呼び、種を横断するような論述が展開されているとみる。[43] それはまさに『メルシエとカミエ』の中の一節を借りれば、「ありもしない形のもの〔中略〕あるいは奇妙な動物たち〔中略〕それらが突然暗闇の中から現れ出てくる」のである。[44]

しかも重要なことは、これらの絵模様をたんなるいたずら書き（doodles）、創作過程において一時的に現われる、作品本体にとっては付随的で、二次的な意義しか持ち得ぬもの、とは見なさないことである。その意味で、『ワット』や『メルシエとカミエ』などの手稿におけるこれらの図像がもつ独創性に着目したヘイマンやブライデンの研究は素晴らしいと言えよう。ベケット研究において、草稿研究といえば、もっぱら言葉や語句の変遷のみに多くの注意が払われるばかりで、これらの図像そのものに着目した研究はほとんど存在してこなかった。それに引き換え、ヘイマンもブライデンも、これらの図像の意義に着目した点は注目に値する。思えば、一九七一年の時点で、このベケットのいたずら書きに注目していた研究者がいた。それがベケットから『マーフィー』における無の重要性を指摘する書簡をひき出すことになったシーラ・ケネディである。彼女は『マーフィーのベッド』において、トリニティ・カレッジ図書館蔵のベケットの創作ノート「カリュプソー」のノート余白に描かれた図案の一つを示し、部分を拡大して複製し、この素描とベケット作品はともに「ダンテ・・・ブルーノ」の中で展開されるジョイスの作品構造の定義を具現化したものにほかならない、と捉えているのである。[45] ベケットはこの批評において、ジャンバッティスタ・ヴィーコの『新しい学』（一七二五）を参照しつつ、言語を三つ、すなわち聖なるものとしてのヒエログリフ、詩的で隠喩的なもの、抽象化と一般化が可能な哲学的言語の三つに分類しており、ここではとりわけ最初のヒエログリフ的なものに注目する必要がある。ベケットは当時「進行中の作品」と呼ばれ、のちに『フィネガンズ・ウェイク』（一九三九）となって結実するこの長篇小説について論じ、ジョイスにおける「直接的表現」を問題にし、ここでは「形式は内容であり、内容は形式である」と主張する。[46] ジョイスのこの小説は「よく見、よく聞」かねばならない、とその視聴覚的重要性を指摘し、それは何かについて書かれたものなどではなく、「何かそのもの」であって、意味が踊っているときは言葉もダンスするのだという。「つねに形式の表面に浮かび上がり、形式それ自体へと生成してゆく意味」を、鳥や小動物を捕らえるように罠にかけようなどと期待してはならない、と警告し、ここには象形文字という「野生的な自然秩序」があるのだ、と主張する。ベケットは以下のように述べている。

〔『フィネガンズ』の言葉〕は、生きている。それは肘で押し分けて頁の表面にまで進み出てきて、白熱して輝き、ぱっと燃え立ち、次第に薄れて消えてゆくのである。[47]

ベケットの手稿に描かれた多様な形象もまた、まさにこのような野生的秩序を具えた象形文字のようなものとして、あるいはベケットにおける沈黙のエクリチュールの舞台に現われては消えてゆくファンドールやホーンパイプなどの断片的表象として、[48] その積極的意義を認識する必要があるのではあるまいか。

五

しかしながら、ベケット作品はこのような自然的秩序にとどまり続けるものではない。ベケットの執筆過程はまだそのほんの端緒についたばかりなのであって、稿が進むにつれ、次第にこれらの混成的生物はその姿を消し、ヴィーコの言語分析でいうところの詩的で隠喩的なものから、知覚された現実のかわりとなる記号群に抽象化されて、幾何学的思考や徹底した結合分析的消尽、さらには代数学的思考に至るまで、そのエクリチュールの力動的な変質過程は変貌をとげてゆく(49)。

このダイナミズムを推進する力の根源には、フリッツ・マウトナーによる言葉への懐疑や(50)、唯名論にもつながる言語の解体学が大きく作用しているのだが(51)、そのことを論じようとすれば新たな論考が必要となる。それはまた別の機会に譲りたいと思う。

註

（1） Beckett 2009, 381, 382 n5, 406.

（2） Bair, between 174–75. ただしベアのものは、そのドイツ語版からの転載である。以下、訳文はベケット作品からの引用も含め、すべて筆者による。本稿で言及したベケット作品のすべては、白水社、河出書房新社、書肆山田などから各種邦訳が刊行されているが、書簡集については未訳である。また作品の邦題は既訳のものを採用したが、『連れ』（邦訳『伴侶』）のみは、本論の内容からして既訳のものは用いず、『連れ』としたことをお断りしておく。

（3） Beckett 1957, 243–44.

（4） Beckett 1929, 13.

（5） Ackerley 37, 55; Feldman 2006, 105–06.

（6） Beckett 1967, 113–24.

（7） Köhler 7–8, 135–72; Woodworth 124.　とりわけチンパンジーが複数の箱を積み重ねる可能性を指摘した以下の記述は興味深い。“When a chimpanzee cannot reach an objective hung high up with one box, there is a possibility that he will pile two or more boxes on top of one another and reach it in that way”（Köhler 135）.

（8） Feldman 2006, 106.

（9） このアクロバットという語も両者には見られる。Beckett 1970a, 9; Köhler 72.

（10） Köhler 46 n1.

（11） Beckett 2009, 222.

（12） 筆者は以前この小説の「リトル・ピープル」について一八世紀との関連で考察し、そこに蜜蜂やモグラ、ダニ、微小動物などのイメージが潜んでいる可能性を指摘したことがある。梯子をよじ登る存在をベケットは“grimpeur”と呼んでいるが、この語には攀禽類《はんきんるい》の意味もあり、その姿も重ねられていることを指摘した。Inoue 223–33.

（13） Köhler 69, 73.

（14） See Köhler 8, 20–21; Beckett 1969, 57.

（15） Beckett 1969, 16.

（16） Van Hulle and Nixon 52–53, 270.

(17) La Fontaine 13.
(18) Knowlson 646.
(19) La Fontaine 13.
(20) Beckett 1980b, 22, 32, 33.
(21) Beckett 1980b, 14.
(22) Kenner 119–21.
(23) "[L]'être pensant" (Beckett 1970a, 35).
(24) Beckett 1980a, 30; Beckett 1980b, 29.
(25) ガリヴァーはフウイヌム国滞在中、馬のようなだく足(trot)で進むようになる。ノウルソンの伝記によれば、『連れ』執筆中にベケットが読んでいたものの中に、ラ・フォンテーヌなどと並んでスウィフトの名も記されている。またクローニンの伝記によれば、このフウイヌム国の描写をベケットはことのほか称賛していたようである。Swift 279; Knowlson 653; Cronin 565.
(26) Beckett 1980a, 89; Beckett 1980b, 87–88.
(27) Bataille 1951, 393; Beckett 1981, 149.
(28) Beckett 1980a, 67–68; Beckett 1980b, 66–67.
(29) Beckett 1980a, 72; Beckett 1980b, 71.
(30) Beckett 1980a, 36; Beckett 1980b, 35.
(31) 途中まで「おまえ」に同伴する「父の影」は、地上楽園まで道案内をつとめるウェルギリウスを想起させるし、膝を抱えてその腕の半円の内側に顔を埋める「彼」の姿勢は、『煉獄篇』第四歌でダンテが出会うべラックワの姿を髣髴とさせる。最終近くでは、この人物のことが「身を清めるためにすわって待っているあの老いたリュート職人」として言及され、「ダンテに最初のかすかな微笑を浮かべさせる原因となった男」

として描かれている。

（32） “Why *human* comedy?”（Beckett 1992b, 120）.

（33） “Scissiparité”（Bataille 1957, 104）.

（34） Beckett 1992a, 175.

（35） Van Hulle and Nixon 264.

（36） Bertin 229–30.

（37） Bataille 1957, 104–05.

（38） Lake 76.

（39） Hayman 1999, 214.

（40） Bryden 47.

（41） Hayman 1997, 180.

（42） Beckett 1970b, 50.

（43） Bryden 53, 56.

（44） Beckett 1970b, 175.

（45） Kennedy, between 64–65.

（46） Beckett 1929, 13–14. ジョイスは『フィネガンズ・ウェイク』執筆中、ある種の記号（sigla）を用いてこの小説について語っていた。アルファベットの文字やそれらを反転・逆転させたもの、幾何学記号などを用いて登場人物に置き換えたのである。これらはヒエログリフと文字記号の中間形態のようなものと見なすことができるのではあるまいか。『フィネガンズ』自体は□で、「ダンテ・・・ブルーノ」を収めた論集は○で示していたのである。See Joyce 213, 252, 279.

（47） Beckett 1929, 14, 15, 16.

(48) 『ゴドーを待ちながら』（一九五二）のラッキーは、かつてはこれらのダンスを踊ることができたのである。Beckett 1968, 65.

(49) ベケットが残した「哲学ノート」をみれば、ラモン・ルルやブルーノを経由し、ホッブズからライプニッツへといたる哲学計算の系譜を作家が明確に意識していたことがわかる。See Matthews and Feldman 312–13. その具体的議論は、井上（二〇一八）を参照。

(50) マウトナーは、思考におけるあらゆる概念や言葉は人間の気息による単なる発声に過ぎないとする。Mauthner III, 615.

(51) Feldman 2015.

引用文献

Ackerley, C. J. *Demented Particulars: The Annotated* Murphy. Edinburgh: Edinburgh UP, 2010.

Bair, Deirdre. *Samuel Beckett: A Biography*. London: Vintage, 1990.

Bataille, Georges. “Le Silence de Molloy”. *Critique*, No. 48 (15 Mai 1951): 387–96.

Bataille, Georges. *L’Érotisme*. Paris: Minuit, 1957.

Beckett, Samuel. “Dante... Bruno. Vico.. Joyce”. *Our Exagmination Round his Factification for Incamination of Work in Progress*. Paris: Shakespeare and Company, 1929. 1–22.

Beckett, Samuel. *Murphy*. New York: Grove, 1957.

Beckett, Samuel. *Fin de partie, suivi de Acte sans paroles I*. Paris: Minuit, 1967.

Beckett, Samuel. *En attendant Godot*. Paris: Minuit, 1968.

Beckett, Samuel. *Film*. New York: Grove, 1969.

Beckett, Samuel. *Le Dépeupleur*. Paris: Minuit, 1970a.
Beckett, Samuel. *Mercier et Camier*. Paris: Minuit, 1970b.
Beckett, Samuel. *Company*. London: John Calder, 1980a.
Beckett, Samuel. *Compagnie*. Paris: Minuit, 1980b.
Beckett, Samuel. *Molloy*. Paris: Minuit, 1981.
Beckett, Samuel. *Comment c'est*. Paris: Minuit, 1992a.
Beckett, Samuel. *Dream of Fair to Middling Women*. Eds. Eoin O'Brien and Edith Fournier. Dublin: The Black Cat Press, 1992b.
Beckett, Samuel. *The Letters of Samuel Beckett*. Vol. I. Eds. Martha Dow Fehsenfeld, and Lois More Overbeck. Cambridge: Cambridge UP, 2009.
Bertin, Léon. “Diptères aquatiques”. *La Vie des animaux*. Tome premier. Paris: Larousse, 1949.
Bryden, Mary. “The Beckettian Bestiary”. Bryden, ed. *Beckett and Animals*. Cambridge: Cambridge UP, 2013. 40–58.
Cronin, Anthony. *Samuel Beckett: The Last Modernist*. New York: HarperCollins, 1997.
Feldman, Matthew. *Beckett's Books: A Cultural History of Samuel Beckett's 'Interwar Notes'*. London: Continuum, 2006.
Feldman, Matthew. “Samuel Beckett, Wilhelm Windelband and Nominalist Philosophy”. Feldman, and Karim Mamdani, eds. *Beckett / Philosophy*. Stuttgart: *ibidem*-Verlag, 2015. 151–84.
Hayman, David. “Beckett's *Watt*—the graphic accompaniment: marginalia in the manuscripts”. *Word and Image*, Vol. 13, No. 2 (April-June 1997): 172–82.
Hayman, David. “Nor Do My Doodles More Sagaciously: Beckett Illustrating *Watt*”. *Samuel Beckett and the Arts: Music, Visual Arts, and Non-Print Media*. Ed. Lois Oppenheim. New York: Garland Publishing, 1999. 199–215.
Inoue, Yoshiyuki. “'Little People' in *Le Dépeupleur*: Beckett and the Eighteenth Century”. *Samuel Beckett Today / Aujourd'hui* 19. Amsterdam: Rodopi, 2008. 223–33.
Joyce, James. *Letters of James Joyce*. Ed. Stuart Gilbert. London: Faber and Faber, 1957.
Kennedy, Sighle. *Murphy's Bed: A Study of Real Sources and Sur-Real Associations in Samuel Beckett's First Novel*. Lewisburg:

Bucknell UP, 1971.
Kenner, Hugh. *Samuel Beckett: A Critical Study*. London: Calder, 1961.
Knowlson, James. *Damned to Fame: The Life of Samuel Beckett*. London: Bloomsbury, 1997.
Köhler, Wolfgang. *The Mentality of Apes*. Trans. from the sec. rev. ed. Ella Winter. London: Routledge and Kegan Paul, 1973.
La Fontaine, Jean de. *Œuvres complètes. Nouvelle édition*. Paris: Igonette, 1826.
Lake, Carlton. *No Symbols Where None Intended: A Catalogue of Books, Manuscripts, and Other Material Relating to Samuel Beckett in the Collections of the Humanities Research Center*. Austen: Humanities Research Center, The University of Texas, 1984.
Matthews, Steven, and Matthew Feldman. *Samuel Beckett's 'Philosophy Notes'*. Oxford: Oxford UP, 2020.
Mauthner, Fritz. *Beiträge zu einer Kritik der Sprache*. 3 vols. Leipzig: Felix Meiner, 1923.
Swift, Jonathan. *Gulliver's Travels, 1726*. Ed. Herbert Davis. Oxford: Blackwell, 1959.
Van Hulle, Dirk, and Mark Nixon. *Samuel Beckett's Library*. Cambridge: Cambridge UP, 2013.
Woodworth, Robert S. *Contemporary Schools of Psychology*. London: Methuen, 1931.
井上善幸「死せる頭の代数学――ベケットの想像力批判」『明治大学人文科学研究所紀要』第八三冊、二〇一八年、一―三一頁。

野性と文明の狭間で

斎藤英治

　今回、「野生」または「教養」についてコラムを書いてほしい、という依頼。どちらも、普段あまり考えないワードなので、やや途方に暮れてしまった。

　その後、あれこれ考えているうちに思い出された作品が二つある。どちらも、個人的にとても好きな作品だ。

　一つは、一九七〇年のフランス映画『野性の少年』だ。フランソワ・トリュフォーが監督した作品で、一八世紀末にアヴェロンの森で発見・捕獲された獣じみた少年を描いた作品だった。少年は、読むことや話すことはもちろん、発声もうまくできない。いや、立って歩くことすら覚束ない。ぼさぼさに髪を伸ばし、真っ裸のまま、四つん這いで素早く動くその姿は、新種の若い獣のようだ。

　当時の社会では、このような風変わりな生き物は、ふつうサーカスの見世物になるのが落ちだったかもしれない。しかし、パリの聾唖学校の教授が、この少年に可能性を見出す。イタール教授は、少年を引き取ると、自宅で寝食をともにしながら、人間として生きていくうえでの基礎的な教育を授けようとするのだ。服を着ることや、食事の仕方を指導し、意思を伝えるための簡単な単語も覚えさせようとする。はたして、少年は人間として生きることができるのだろうか？

この作品で印象的だったのは、博士の教育に対して少年が示す苛立ちや拒絶反応だった。服を着ることも、立って歩行することも、少年にとっては不自由な拘束にほかならない。それはときとして教育というよりも、悪意ある「矯正」に思える。そんな少年に対して、どこまでも粘り強く接する博士の姿勢も印象に残った。

もう一つの作品は、有名な小説『野性の呼び声』（一九〇三）だ。ジャック・ロンドンによるこのアメリカ文学の古典についてはいまさら説明は不要だろうが、セントバーナードとシェパードの雑種犬バックが、文明社会での安逸な生活から追放される物語だ。裕福な荘園で飼い犬のリーダーとして誇り高い暮らしをしていたバックは、悪質な使用人の手で業者に売られてしまい、その後そりを引く犬として過酷な労働の日々を耐えることになる。その現実社会のなかで、バックは自然を生きるための「棍棒と牙の掟」を学んでいくことになる。酷寒の大地で重労働に耐えるバックの描写が圧倒的な作品だ。

この小説は、『野性の少年』とは対極の物語と言えるかもしれない。『野性の少年』が、文明社会の規律に合わせることの痛みを伝えるのに対し、『野性の呼び声』は自然のなかで生きることの厳しさを伝えるからだ。少年にとっては、安逸な文明生活が耐えがたい拘束なのに対し、犬にとっては大いなる自然こそが過酷な試練なのだ。ただ、どちらも、文明と自然の境界線を越える者たちの体験をまざまざと伝える物語であると言えるだろう。

なお、ジャック・ロンドンは『白い牙』（一九〇六）では、『野性の呼び声』の物語を反転させるかのように、荒野で生まれ育った狼と犬の雑種が、文明生活に同化していくときの苦痛を描いている。

ちなみに、映画では、『野性の少年』以外にも、野性の人間が文明に順応するために苦闘する姿が好

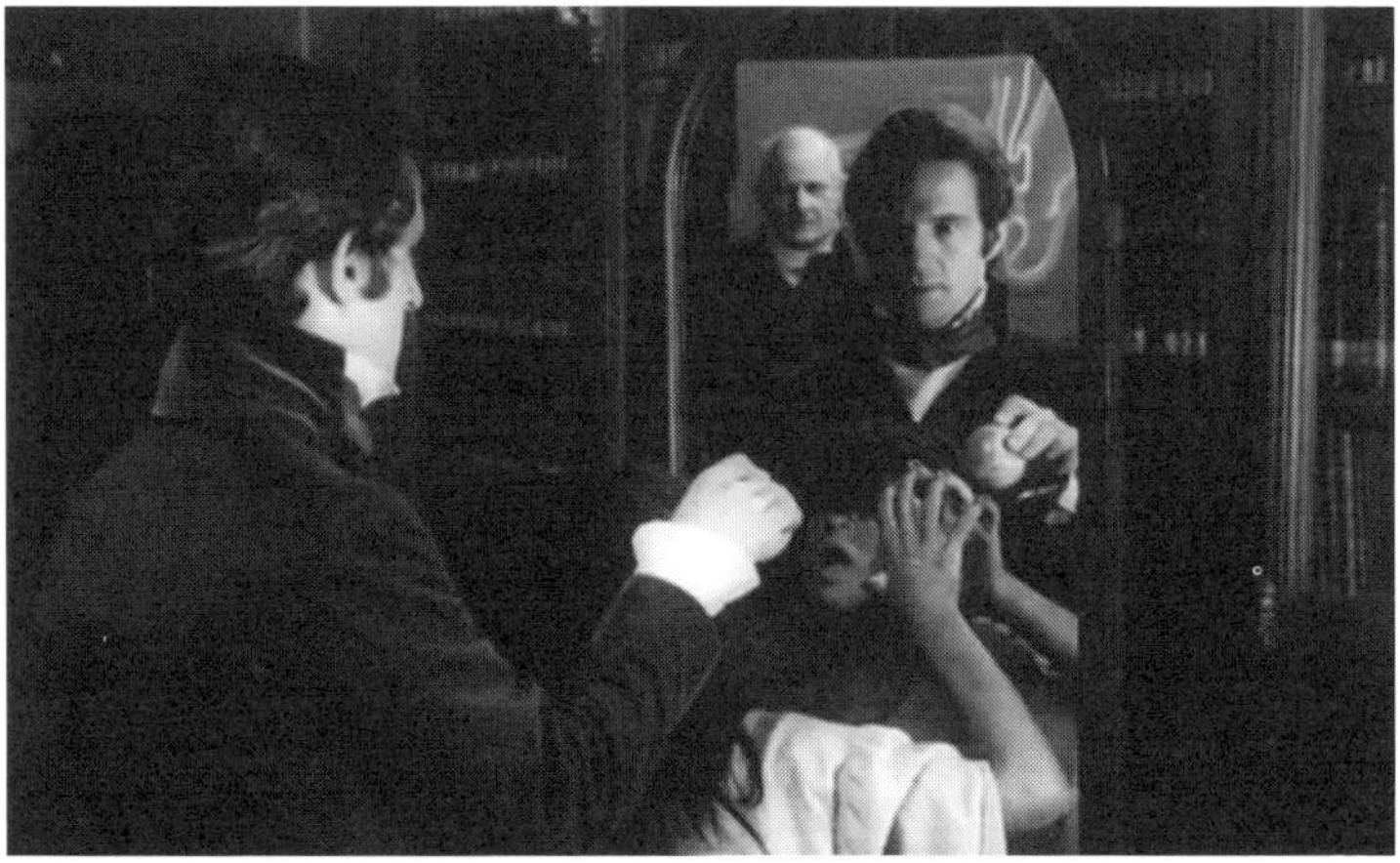

映画『野性の少年』のワンシーン。イタール博士役はトリュフォー自身が演じた（Internet Archive より）

んで描かれてきたように思われる。ヴェルナー・ヘルツォーク監督も、やはり人間社会と隔絶して育った自然児を主人公にした『カスパー・ハウザーの謎』（一九七四）を撮っている。

最後に、トリュフォーの映画で、今も印象に残っているシーンがある。少年が初めて「ミルク」（lait）を発音するシーンだ。彼はいかにも辛そうに、苦しそうに、喘ぐように、「レ」という音を発するのだ。文明生活に順応するには、必要な教育を身につけるには、いつでもこのような痛みが伴うのではないだろうか。

ブリコラージュとしての風景

永井荷風と「煙突」

嶋田直哉

一　一枚の写真から――「映え」ない写真

一枚の写真【図①】を見ることから始めよう。遠くまで広がる平原の中にそびえ立つ鉄塔。これを中央に据え、向かって右手奥には水門が並び、左には二本の煙突から煙が出ている。どのように考えても「映え」ている写真ではない。むしろ荒涼とした印象を受ける。下に添えられた俳句「稲つまに追はれて走るつつみかな」の内容とも一致せず、なんとも不思議な味わいがある。

この写真、実は永井荷風が撮影したものである。荷風は大正期から写真に親しんではいたが、本気で凝るようになるのは昭和一一年一〇月下旬頃からである。荷風の日記『断腸亭日乗』によれば昭和一一年一〇月二六日に「安藤氏に託して写真機を購ふ金壱百四円也」とあり、以後翌年までの『断腸

図①　永井荷風『おもかげ』(岩波書店，昭和 13 年 7 月）より

亭日乗』には、荷風が写真機を携えて町を散策している様子が記載されている。さらに撮影だけではなく、自宅で現像までしているのだから荷風の写真熱は半端ではない。図①の写真もこの頃に撮影されたと考えられる。

この写真は永井荷風の作品集『おもかげ』（岩波書店、昭和一三年七月）に所収のオペラ台本「葛飾情話」（七九―一一二頁）の冒頭に挿入された写真（八〇―八一頁の間に挿入）である。「葛飾情話」はバスの運転手西村太郎と女車掌大森よし子の物語である。二人は恋仲であるが、ある日、東京からやって来た映画監督がよし子を見初め、映画女優にスカウトする。興味を持ったよし子は西村を捨てて上京。よし子に逃げられた西村は、彼のことが好きだった茶屋の娘お梅と結婚し、家庭を持つ。そこへ映画女優の夢やぶれたよし子が帰ってくる。その頃、お梅の父が選挙違反で逮捕され、弁護士の費用を工面するために、花柳界へお梅を身売りする話が進んでいた。それを聞いたよし子は自分がお梅の身代わりになる、と言い出すところで幕が下りる。

そもそも『おもかげ』には荷風が撮影した写真二七葉が分散される形で、計二四頁にわたって挿入されている。そのうち「葛飾情話」には写真五葉の計三頁が挿入されている。図①の他の二頁には「葛飾情話」上演時の舞台写真、上演劇場（浅草公園六区オペラ館）の外観の写真などが、一頁あたり二葉の写真でレイアウトされている（八六—八七頁、九八—九九頁の間にそれぞれ挿入）。挿入の三頁のうち、二頁が実際の作品上演に関連する写真であるなかで、この図①のみが風景写真である。なぜここに風景写真が挿入されているのか。それは、この写真が「葛飾情話」の冒頭部分に挿入されていることからもわかるように、作品の舞台背景の説明となっているからである。「葛飾情話」第一場冒頭のト書きに「後一面広漠たる放水路。東岸より東京方面を見たる景。鉄道鉄橋、瓦斯タンク、電柱、烟突、浮洲など見ゆ」とある。「放水路」は荒川のことを指す。また「東京方面」は、荒川が境界をなす現在の墨田区と葛飾区の葛飾区側から南西の方角を指す。昭和七年一〇月一日に大東京（三五区）が編成され、その時に葛飾区が誕生した。それゆえ「葛飾情話」上演当時、「葛飾」は行政的には「東京」であった。荷風もこのことは当然理解していた。しかし、荷風にとって「葛飾」は荒川の「東岸より東京方面を見たる」といった距離感で認識されていた場所であった。このような距離感があるからこそ、「東京」の映画監督にスカウトされて、「葛飾」から「東京」へ出奔するヒロインよし子、という設定が可能となったのだ。

ともあれ、「鉄道鉄橋、瓦斯タンク、電柱、烟突」といった背景の説明に挿入されたなんとも「映え」ないこの写真が、当時の行政区画としては「東京」であり、荷風の意識のなかでも「東京」との連続／断絶によって捉えられていた風景であったことは間違いない。そうだとするならば荷風はなぜこのような荒涼たる鉄塔と煙突といった「映え」ない風景をカメラに収めたのか。本論ではこのような荷風の意識が形成されていく過程を明らかにしていく。

二　荷風と江東——昭和六年一一月二〇日

荷風が隅田川を渡り、江東の工業地帯を散策するようになるのは、『断腸亭日乗』によれば昭和六年一一月二〇日以降のことである。それ以前より荷風は持病の腹痛を抱え、主治医である大石貞夫（一八八三—一九三五、『断腸亭日乗』には「大石国手」と記載されることが多い）の中洲病院に定期的に通っていた。中洲病院は隅田川沿い、清洲橋の袂に位置し、昭和二年五月に竣工した建物であった。この病院は三階建てで、サンルーム、屋上庭園まである。モダニズムの建築として有名で（宮川守蔭設計）、いかに最先端の建築物であったかは、『最新建築設計叢書　中洲病院』（第一期第二輯、建築資料研究会、昭和二年五月）に詳しい。この本は中洲病院の写真と設計図、さらに建築設計した宮川守蔭、病院長である大石貞夫の文章も収録している。この建築物にかける当事者たちの意気込みが伝わってくる。

そして、当時の荷風の交際相手であった関根歌（一九〇七—一九七五）が荷風の差配で入院したのが、まさしくこの中洲病院だったのである。彼女は、荷風との感情的なもつれから体調を崩し、昭和六年六月二六日—七月二七日の一ヶ月間入院した（なお彼女は、この時仮病を使ったことを戦後告白している）。

この一ヶ月間、荷風はほぼ毎日彼女を見舞っている。荷風は彼女を見舞ううち、病院からの見晴らしを気に入るようになる。『断腸亭日乗』六月三〇日には「病院屋上の庭園に登り河上の眺望を喜ぶ」の記載がある。この病院の屋上庭園からの眺望に、荷風が関心を高めている様子がわかる。

関根歌の退院後も、荷風は定期的に中洲病院に通い、大石貞夫の診察を受けている。そして昭和六年一一月二〇日、荷風は中洲病院で受診後、隅田川の東側に渡り、江東地区へ足を運ぶ。ここに足を踏み入れるのは関東大震災後、初めてのことである。同日の『断腸亭日乗』には以下の記述がある。

新大橋を渡り電車にて錦糸堀終点に至る。四之橋より歩みて五の橋に出で、溝渠に沿ひて大嶋橋に至る、新道路開かれ電車往復し工場の間には処々公園あり、余震災後一たびも此辺に杖を曳きたることなければ興味おのづから亦新なるを覚ゆ、震災前には菊川橋より以東は工場の煤烟溝瀆の臭気甚しく殆歩む事能はざるほどなり、然るに今日来り見るに、工場の構内も余程清潔になり、道路もセメント敷となり、荷車走過るも塵烟立迷はず、溝渠の水も臭気を減じたり、扇橋を渡り、新開道路を往復する電車に乗る、小名木川岸より洲崎遊郭前に至る間、広々したる空地あり、堀割幾筋となく入り乱れ、工場の烟突遠く地平線の彼方に屹立す、目黒渋谷あたりの郊外とは全く別様の光景なり、　（傍線・波線は引用者）

隅田川に架かる橋としては、中洲病院のすぐ傍に架かる清洲橋があった。しかし、この日の荷風はその一つ北側に架かる新大橋を渡って、江東地区へ歩を進めている。市電で「錦糸堀」（現在の錦糸町）まで出た後、「大嶋橋」、「扇橋」と横十間川沿いを歩いている。その後、「新開道路を往復する電車」

に乗る。この電車は大正六年一二月三〇日に開業した城東電車（当初の開業は本線にあたる錦糸堀〜小松川間）である。この電車は錦糸堀駅を起点として、大正一〇年一月一日―昭和三年六月三日にかけて水神森〜洲崎間（砂町支線＋洲崎線）、大正一四年一二月三一日に東荒川〜今井間（江戸川線）と順次路線を開業し、拡大していった。東京郊外の発展ぶりがよくわかる。城東電車は、昭和一七年二月一日に東京市が買収し市電、昭和一八年に都電と名称は変わり、昭和二七年五月二〇日に一部区間がトロリーバスの設置に伴って廃線となっている。その後、昭和四七年一一月一二日まで都電として活躍していた（枝久保達也『城東電気軌道百年史』一八四頁、Happiness Factory、第二版、平成三〇年八月）。この日、荷風が乗車したのは城東電車洲崎線で、「新開道路」（現在の明治通り）沿いを運行していた。

先に引用した『断腸亭日乗』における都市観察の特徴は以下の二点である。一点目は川を中心とする空間把握だ。荷風の記述は横十間川に架かる橋と、小名木川を横断する城東電車を中心に構成されている。このことから、荷風は江東地区を南北（横十間川）、東西（小名木川）の川を基準にして、空間を把握していることがわかる。そして、このような空間把握のなかで、風景として描写されるのが傍線部の「工場の烟突」なのである。

二点目は昔と今の風景を二重写しにする時間感覚だ。「余震災後一たびも此辺に杖を曳きたることなければ興味おのづから亦新なるを覚ゆ」とあるように、荷風は関東大震災を基準とする時間軸で江東地区を捉えている。この時浮上するのが「工場」の風景なのである。引用箇所の波線部で明らかなように、関東大震災以前は「工場の煤烟溝瀆の臭気甚しく殆ど歩む事能はざる」ほどのものであったのが、以後は「工場の構内も余程清潔になり、道路もセメント敷となり、荷車走過るも塵烟立迷はず、溝渠の水も臭気を減じたり」というように、「工場」の変化を荷風は的確に捉えている。その方法は、波線部のように、眼前に展開される今の「工場」の風景と、昔のそれとを二重写しに眺める、というものであった。一見あたりまえのように思えるこの方法だが、嗅覚を起点として「工場」の清潔さと、関東大震災以前以後の対照性を捉えている点が実にユニークだ。これら二点の都市観察の特徴、つまり空間感覚といった横軸と、時間感覚といった縦軸の交点に出現するのが「工場」と、そこに屹立する「烟突」なのである。

三　荷風と煙突――『断腸亭日乗』のイラストから

この日以降、昭和七年五月頃まで、荷風の江東地区の散策は断続的に続く。昭和六年一二月二日、愛犬只魯《シロ》の狂犬病注射のあと、荷風は洲崎から城東電車で小松川まで行き、その後、「放水路」（荒川）沿いを散策している。やがて葛西橋までたどり着き、そこから眺める風景を「荒涼寂寞として、黙想沈思するによし、橋上に立ちて暮烟蒼茫たる空のはづれに小名木川辺の瓦斯タンク塔の如く、工場の烟突遠く乱立するさまを望めば、亦一種悲壮の思あり」と描写している。荷風が立つ葛西橋は荒川に架かる橋で、現在の葛西橋より三〇〇メートル上流に架かっていた。未完成だった荒川の掘削に合わせて昭和三年に完成したものである。また荒川放水路自体はその二年後の昭和五年に完成している。このことを考え合わせてみれば、昭和六年の葛西橋は時代の尖端だったのである。そしてこの地点から、荷風は小名木川辺の「瓦斯タンク」に重ねるように、「工場の烟突」を眺めている（この「瓦斯タンク」については後述する)。荷風と「烟突」及び「ガスタンク」については、既に川本三郎『荷風と東京『断腸亭日乗』私註』(都市出版、平成八年九月)の「十七　煙突の見える新開地―砂町」において検討されているが、本論ではその成果を参考にしながら、『断腸亭日乗』に描かれたイラストについて検討していきたい。

それでは『断腸亭日乗』から「烟突」が登場する箇所を挙げてみよう。この時期の『断腸亭日乗』には「烟突」が頻出している。一二月四日洲崎遊郭周辺の堤防から「工場の烟突二三本盛に烟を吐きたり」といった風景、昭和七年一月二九日には荒川を東に渡り、西船堀側から眺めた荷風の手による風景のイラスト「西船堀放水路水門下」【図②】が収められている。このイラストは手前に荒川と中川の川辺に生える蘆が何ともいえない抒情をかもし出している。しかし、注目したいのは遠景に煙突が描き込まれている点である。川面に映る蘆とは全く場違いとしか言いようのない人工的な物体が、当然の如く存在しているのである。同様の構図は荒川方面を散策するうちにいつしか四ツ木方面に出てしまい、その過程で後の『濹東綺譚』(岩波書店、昭和一二年八月)の舞台となる玉の井私娼街に初めて足を踏み入れた昭和七年一月二二日「堀切橋辺より四木橋を望む」【図③】、深川公園周辺を木場方面に散策した同年四月一日「木場町若木橋ヨリ南ノ方」【図④】、仙台堀川に架かる橋を検証した同年四月四日「大榮橋上ヨリ見ル所」【図⑤】にも認められる。いずれも遠景として煙突が描き込まれていることがわかる。

近景として、煙突そのものを対象として描いた構図となると、砂町の火葬場の煙突を描いた同年三月一八日「砂町亀高火葬場」【図⑥】を挙げることができる。この日、荷風はいつものように中洲病

右：図② 『断腸亭日乗』昭和7年1月29日

左：図③ 『断腸亭日乗』昭和7年1月22日

図⑤ 『断腸亭日乗』昭和7年4月4日

図④ 『断腸亭日乗』昭和7年4月1日

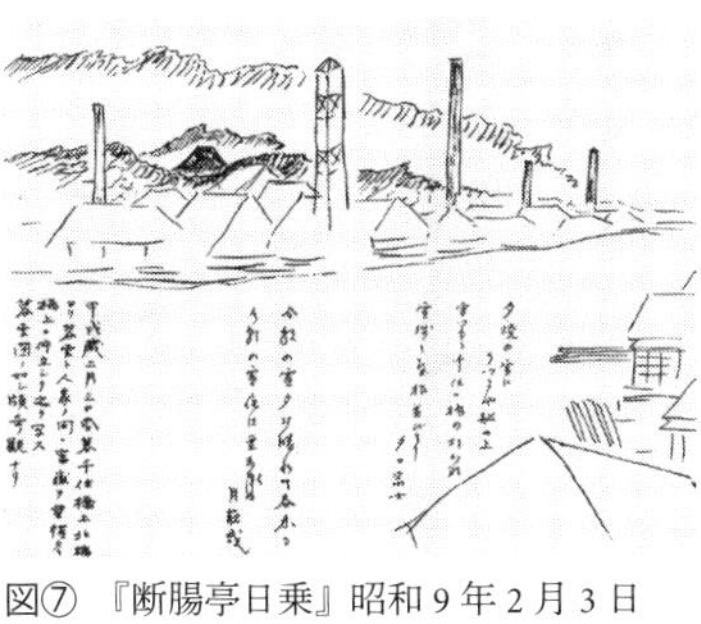

図⑦ 『断腸亭日乗』昭和9年2月3日

図⑥ 『断腸亭日乗』昭和7年3月18日

院で受診し、その後、砂町付近を散策し、火葬場に行き着く。「一条の小道境川運河の方へ通ずる処、枯蘆茂りたる荒地の中に二本の大なる烟突の聳立ちたる一構あり。是博善会社火葬場なり」と記載されている。この火葬場は東京博善の経営によるもので、明治二七年頃から昭和四〇年一〇月三一日まで稼働していた。現在の江東区立亀高公園の南で、江東区北砂六丁目二七番地に位置していた（浅香勝輔「都市化域の拡大に伴う火葬場の変容に関する研究」一七一―一二三頁、博士論文、平成四年四月）。よほど印象的な煙突だったのだろう、イラストは二本の煙突を中心として構図が決められている。

このような煙突のスケッチとして決定的なのは、昭和九年二月三日「千住橋上北端ヨリ暮雲ト人家ノ間ニ富嶽ヲ望得タリ」【図⑦】である。この日、荷風は浅草から乗合自動車（バス）で千住まで移動し、隅田川に架かる千住大橋北詰から風景を眺めている。「北斎が描きし三十六景の中にも千住の図あれど、余は大橋の上より富士を見しは始めてなれば、珍しき心地して手帳取出し橋の灯をたよりに見たる処を描きぬ」という記述から、このイラストは向かって左奥に黒く塗られた富士山を構図の中心に決めていることがわかる。しかし、それ以上に『断腸亭日乗』に記載のない何本もの煙突のスケッチが印象的だ。この煙突は通称「お化け煙突」と呼ばれていた。菱形に配置された四本の煙突が、角度によって本数が異なって見えたことが「お化け」と呼ばれた起源である。正確には千住火力発電所という名称で、東京電力が所有し、大正一五年一月二八日から昭和三八年三月三一日まで稼働した（姫野和映『お化け煙突物語』一六四―一六七頁、新風舎、平成一九年一一月）。このイラストが不思議なのは富士山とお化け煙突が一つの風景として切り取られている点である。千住大橋北詰から富士山を眺めた時、荷風は南西の方角を向かなければならないので、北西に位置したお化け煙突は方角的に視界に入ってこないはずである。つまり富士山を中心的な被写体として風景を描こうとした時、絶対に視野に入り込むことのないお化け煙突がこのイラストには描かれているのだ。ただ荷風はこの時、実際に「お化け煙突」そのものを認識していたのか、そもそもこのイラストに「お化け煙突」が描かれているのかどうかには議論の余地がある。なぜなら『断腸亭日乗』昭和一五年一一月二六日には「西新井橋お化烟突の事」というタイトルでこの煙突のことがまとめられ、そこにはこのイラストを描いた日のことが一切触れられていないからである。本論ではこのような疑問があることを指摘するにとどめ、この日のスケッチを「お化け煙突」として考えていくこととする。

このスケッチでも、荷風は先述同様に、縦軸（時間）と横軸（空間）の二つの軸で風景を捉えようとしている。千住大橋から発見した富士山の姿は、葛飾北斎の富嶽三十六景のうち、千住から眺めた富士を描いた「武州千住」「従千住花街眺望ノ不二」との時間的連続性（縦軸）のなかで眼前の風景を捉えられている。これと同時に、この土地のランドマークを意識した空間把握（横軸）によって、千住大橋からは富士山と絶対に同一の画面に収まることのないお化け煙突が認識され、描き込まれていく。それゆえ、このイラストは当時における荷風の風景の認識をわかりやすく提示しているといえるのだ。

四　荷風の随筆より——「深川の散歩」「元八まん」「放水路」を中心に

このような風景の認識によって、荷風は随筆や小説を執筆していく。本節では同時期の随筆を検証していこう。「向嶋」（『中央公論』昭和二年六月）は江東地区への本格的な散策を始める前（昭和六年一一月二〇日以前）の随筆作品である。この随筆で荷風は「江戸往昔の文化を追慕し、また併せてわが青春の当時を回想」している。そのなかで、自身の外遊した青春時代を、隅田川とセーヌ川を重ね合わせて回想している場面がある。レニエの詩を引用し、そこに登場する蘆を縁にして、荷風は青春時代を回想する。そして川辺に蘆が生えている箇所を求めてさまよい、江戸川の沿岸までたどり着く。その過程で「中川の両岸も既に隅田川と同じく一帯に工場の地となり小松川の辺は殊に繁華な市街となつてゐる」とあるように、ここでは自身の回想を阻むものとして「工場」が登場している。

江東地区を散策するきっかけとなった中洲病院について、荷風は「中洲病院を訪ふ」（『中央公論』昭和二年一二月）という随筆を残している。ここで荷風は主治医であった大石貞夫の筆による関東大震災の記録「中洲病院震災遭難」を引用し、彼の人となりを読者に知らせようとしている。この随筆で注目したいのは、冒頭近くの以下の箇所である。

そして病院再建の工事は今年（引用者注――昭和二年）の五月に至つて竣成し隅田河の水涯に臨んで塔の如き四層の楼閣を聳かせた。病院の傍には遠からず深川に渡るべき新橋が架せられるので、その工事の畢る暁には、曾て震災前酒楼茶亭の軒を連ねた中洲河岸の光景は、病院の楼閣と新しき鉄橋との二つを得て別天地の観をなすであろう。

この引用を読んでわかるように、荷風にとっても中洲病院が大変印象的な建築物であったことがわかる。また同時に、この一節は約四年後に始まるであろう本格的な江東地区の散策を予感させる。なお「病院の傍」に建築される「深川に渡るべき新橋」というのは清洲橋のことで昭和三年三月の竣工である。それゆえ、この随筆はまさに清洲橋竣工直前に書かれたことになる。この清洲橋と中洲病院を一緒に描いたイラストが『断腸亭日乗』昭和七年四月一八日【図⑧】である。先の引用部分の「病院の楼閣と新しき鉄橋との二つを得て別天地の観をなす」といった興奮がそのまま描写された印象がある。

中洲病院と清洲橋。この二つを起点として荷風の江東地区散策は始まる。荷風の江東地区散策を遺憾なく堪能できる随筆は「深川の散歩」（『中央公論』昭和一〇年三月）と「元八まん」（同前）である。「深川の散歩」は冒頭部分に、大石貞夫が中洲病院から移った土洲橋袂（現中央区日本橋蛎殻町）の大石産婦人科医院（中洲病院のすぐ近くに位置していた）での受診後、清洲橋を渡って江東地区の散策に出かける様子が記述されている。その後、「清洲橋をわたつた南側には、浅野セメントの製造場が依然として震災の後もむかしに変らず、かの恐しい建物と煙突とを聳かしてゐる」とある。この浅野セメントの工場は、現在（二〇二二年三月現在）も、アサノコンクリート深川工場として操業し、隅田川沿い清洲橋の袂に位置している。浅野セメントは浅野総一郎（一八四八—一九三〇）が官営のセメント会社の払い下げを受け、大正元年に浅野セメント株式会社を設立したことに端を発する。ここでの成功が後の浅野

図⑧　『断腸亭日乗』昭和7年4月18日

財閥の発展へ大きく寄与していった。荷風が目にした昭和初頭の浅野セメントは関東大震災復興といった時期とも重なり、セメントの需要が一気に増大していた時期でもある。この頃の荷風の随筆に「セメント」という単語が頻出するのは、まさしく震災後の都市復興を象徴的に表しているといえよう。その「セメント敷の大道」を通り、荷風が目にするのは「遠くに架つてゐる釣橋の鉄骨と瓦斯タンク」といった風景で、その背景には「遠い工場の響が鈍く、風の音のやうに聞え」ている。そして「わたくしは夕焼の雲を見たり、明月を賞したり、或はまた黙想に沈みながら漫歩するには、これほど好い道は他にない」という確信を得るに至る。さらに荷風は、このような江東地区の風景とともに、「亡友A氏」を回想している。A氏というのは井上啞々（一八七八―一九二三）を指す。編集者、小説家であり、荷風の数少ない親友の一人であった。大正七年七月に四六歳で没している。荷風は『断腸亭日乗』、小説作品などで彼の存在について数多く触れている。この随筆では、荷風が編集していた雑誌『文明』に、井上啞々が寄せた文章を多く引用することで、当時の深川の様子を描写している。

「元八まん」は、現在の江東区南砂七丁目にある富賀岡八幡宮（通称元八幡）を、荷風が偶然発見した喜びを記した随筆である。この随筆で、荷風は「深川の散歩」よりもさらに東に歩を進めている。「深川の散歩」は「折があつたら砂町の記をつくりたいと思つてゐる」と結ばれており、「元八まん」はその「砂町の記」に当たると考えられる。荷風は「洲崎から木場を歩みつくして、十間川にかゝつた新しい橋」を渡る。「セメントのまだ生々しい一条の新開道路」が目に入る。そして「ところぐ〵会社らしいセメント造の建物と、亜鉛板で囲つた小工場が散在してゐるばかり」というように、ここでもやはり「セメント」が頻出する。「小名木川の瓦斯タンク」を遠方に眺め、やがて「砂町海水浴場」の掲示板を見ながら歩を進めると、「見るも哀れな裏長屋」「普請中の貸家」に連なって、富賀岡八幡宮（元八幡）が出現する。「近寄つて見ると、松の枯木は広い池の中に立つてゐて、其の木陰には半ば朽廃した神社と、灌木に蔽はれた築山」がある。さらに、「軒の傾いた禰宜の家の破障子」を過ぎ、荷風は「朽廃した社殿」とそこに記された「「元富岡八幡宮」といふ文字」を発見する。このように富賀岡八幡宮（元八幡）は人目を忍ぶかのように存在し、荒廃したボロボロのたたずまいである。現在も江東区においては富岡八幡宮が有名だが、それの元となったとも言われる富賀岡八幡宮（元八幡）の発見を喜ぶのが、いかにも荷風らしい。この神社発見の一年後、荷風は再び同所を訪ねる。しかし「古い社殿はいつの間にか新しいものに建替へられ、夕闇にすかし見た境内の廃趣は過半なくなつてゐた」のである。廃墟がなくなったことに荷風は痛く落胆する。そして末尾近くに「わたくしは最初の印象を記憶するためにこの記をつくつた」と記していることからもわかるように、神社の荒廃ぶりに大きく気持ちを昂ぶらせたことが推測できる。事実、この富賀岡八幡宮（元八幡）の発見については『断腸亭日乗』昭和七年一月八日、同年二月二日に記載があり、特に一月八日には「南葛飾郡砂町八幡神社冬の景」と題するイラストまで残しているのである。またこの随筆は「元八幡宮のことは江戸名所図会、葛西志、及び風俗画報東京近郊名所図会等の諸書に審である」と結ばれている。「江戸名所図会」は江戸時代天保年間の刊行、「葛西志」は三島政行（一七八〇―一八五六）が作成した江戸期の地誌である。特に「葛西志」は『断腸亭日乗』でたびたび登場し、この資料を参考に荷風が江東区の散策をしたと考えられる。江東地区に広がる「セメント」の新道路と、小名木川の「瓦斯タンク」、散在する「工場」を背景として、江戸時代の資料に残された文献を辿るように荷風は富賀岡八幡宮（元八幡）を発見しているのである。
もうひとつ随筆作品を検証してみよう。「放水路」（『中央公論』昭和一一年六月）である。題名となっている「放水路」は荒川のことを指す。以下はこの作品の冒頭である。

隅田川の両岸は、千住から永代の橋畔に至るまで、今はいづこも散策の興を催すには適しなくなつた。已むことを得ず、わたくしはこれに代るところを荒川放水路の堤に求めて、折々杖を曳くのである。

荷風の関心が隅田川から荒川に移ったことが明確に示されている。この箇所の直後、荷風は荒川の工事が始まった当初（大正三年頃）のことを回想し、「わたくしは江戸時代から幾年となく、多くの人々の歩み馴れた田舎道の新しく改修せられる有様を見たくなかつたのみならず、古い寺までが、事によると他処に移されはしまいかと思つた」ために、以後荒川を散策しなくなってしまう。この荷風の関心がよく表現されているのは、昭和五年に荒川と中川の二つの放水路に架かる船堀橋を渡った時の描写である。荷風は以下のように述べる。

長い橋の中程に立つて眺望を恣にすると、対岸にも同じやうな水門があつて、その重い扉を支へる石造の塔が、折から立籠める夕靄の空にさびしく聳えてゐる。其形と蘆荻の茂りとは、偶然わたくしの眼には、仏蘭西の南部を流れるロオン河の急流に、古代の水道《アクアデク》の断礎の立つてゐるのを憶ひ起させた。
来路を顧ると、大島町から砂町へつゞく工場の建物と、人家の屋根とは、堤防と夕靄とに隠され、唯―

林立する煙突ばかりが、瓦斯タンクと共に、今しも燦爛として燃え立つ夕陽の空高く、怪異なる暮雲を背景にして、見渡す薄暮の全景に悲壮の気味を帯びさせてゐる。

図①の写真で確認した放水路の水門がここに登場する。この引用箇所における時間は錯綜している。当時の東京府内でも最長であった船堀橋の中央に、荷風は最初に江東地区砂町側を背に立ち、船堀側の風景を眺めている。その風景にフランス外遊時代（明治四〇年七月—四一年七月）の風景を想起し、重ね合わせている。そして次は今まで歩んできた道を振り返って、船堀側を背にして視線を反転させ、アングルを砂町側に切り替えている。そして傍線部「煙突」と「瓦斯タンク」を視野に入れている。先ほど検証した「深川の散歩」でも登場した「瓦斯タンク」が、ここでも再び記述されている。この「瓦斯タンク」は、戦前、小名木川沿いにあった東京瓦斯砂町製造所の二基のガスタンク「砂町製造所」【図⑨】である（『東京瓦斯五十年史』二五頁、東京瓦斯株式会社、昭和一〇年一〇月）。現在の江東区北砂一丁目に位置していた。『断腸亭日乗』にもたびたび登場するので、よほど荷風の印象に残った建造物だったのだろう。

ともあれ、一つの風景に様々な層の時間と、視線の反転によって多角的な空間が重ね合わされる。また、この引用のあと

図⑨　『東京瓦斯五十年史』（東京瓦斯株式会社，昭和10年10月）より

の箇所に、「わたくしは或日蔵書を整理しながら、露伴先生の讕言中に収められた釣魚の紀行をよみ、又三島政行の葛西志を繙いた」とあるようにその時に見た風景を、江戸期と明治期の文人の言葉によって位置づけようと試みている。このことを考え合わせるなら、荷風は縦軸（時間）と横軸（空間）の切り替えと交差によって、巧みに風景を観賞していることがわかる。さらに決定的なのは、以下の箇所である。

四、五年来、わたくしが郊外を散行するのは、曾て「日和下駄」の一書を著した時のやうに、市街河川の美観を論述するのでもなく、又寺社墳墓を尋ねるためでもない。自分から造出す果敢い空想に身を打沈めたいためである。平生胸底に往来してゐる感想に能く調和する風景を求めて、瞬間の慰謝にしたいためである。その何が故に、又何がためであるかは、問詰められても答へたくない。唯をり〳〵寂寞を追求して止まない一種の慾情を禁じ得ないのだと云ふより外はない。

この目的のためには市中に於て放水路の無人境ほど適当した処はない。絶間なき秩父おろしに草も木も一方に傾き倒れてゐる戸田橋の両岸の如きは、放水路の風景の中その最荒涼たるものであらう。

自身の過去作品『日和下駄』（籾山書店、大正四年一一月）を否定的に文脈化しながら、荷風は「寂寞を追求して止まない一種の慾情」を満足させるのに、最もふさわしい場所は放水路の「荒涼たる」風景だった、と述べる。ここには江戸文明に遊び、戯作者を自認する荷風の姿は身を潜めている。かわって登場するのは、縦軸（時間）と横軸（空間）を駆使しつつ、風景を鑑賞する技術を磨き上げた荷風の存在である。確かに荷風は一般には江戸趣味の人間であり、このような「煙突」と「瓦斯タンク」といった荒涼たる風景に慰謝を求めるイメージは似つかわしくないように思われる。しかし、既に『日和下駄』「第六水　附　渡舟」に以下のような箇所があることを見逃してはならない。

> 大川筋一帯の風景につきて、其の最も興味ある部分は今述べたやうに永代橋河口の眺望を第一とする。吾妻橋両国橋等の風景は今日の処、あまりに不整頓であつて到底永代橋に対する如く、其の感興を一所に集注する事が出来ない。例へば浅野セメントの工場と新大橋向に残る火見櫓の如き、浅草蔵前の電燈会社と駒形堂の如き、国技館と回向院の屋根の如き、或は橋場の瓦斯タンクと真崎稲荷の老樹の如き、其等工業的近世の光景と江戸名所の悲しき遺跡とは、いづれも個々別々に私の感想を錯乱させるばかりである。されば私は此の如く過去と現在、即ち廃頽と進歩との現象のあまりに甚しく混雑してゐる今日の大川筋よりも、寧ろ既に全く工業地に変形してしまつて、江戸名所の名残も容易くは尋ねられぬ程になつた深川の小名木川や猿江裏の堀割の如き光景を選ぶ。
>
> （傍線は引用者）

荷風は既にこの時点で、近代と江戸が混在する場所よりも、傍線部のように、徹底して「工場地」となった場所を選ぶと明言しているのである。このような荷風が、最終的に到着した風景は、放水路から眺めることができる「煙突」であり、「瓦斯タンク」であった。つまり「荒涼」そのものであった。本論冒頭で確認した「映え」ない写真【図①】こそ、まさしく昭和一〇年前後における荷風が求めた「荒涼」たる「慾情」の在処なのだ。

五　同時代における「工場」と「煙突」――『建築の東京』と『女工哀史』

しかし、このような「工場萌え」とも言える荷風の姿は、同時代の「工場」をめぐる言説と付き合わせてみた時、実はそれほど突飛なものではなかった。以下、同時代の「工場」をめぐる言説を確認していこう。

昭和一〇年六月八日、日比谷公会堂で都市美協会主催による「大東京建築祭」が開催された。これは、関東大震災からの復興を祝うとともに、東京の建築美と建築文化の普及を目的としたイベントであった。モダニズム批評家である板垣鷹穂（一八九四―一九六六）制作による映画『建築の東京』も上映され、大盛況であったという。そして、このイベントに合わせて刊行された写真集が石原憲治（一八九五―一九八四）編『建築の東京』（都市美協会、昭和一〇年八月）である。冒頭に諸氏の論考、それに続き四九八件にわたる建築物の写真が収録され、見応えのある写真集となっている。収録された写真は完成したばかりの「帝国議会議事堂」（現国会議事堂、昭和一一年七月竣工）に始まり、官公庁舎、郵便局、校舎、デパート、劇場、病院、アパート、個人宅など広範に及ぶ。そして、そのなかに工場の写真も二〇点ほど収録されているのである。荷風がたびたび言及している小名木川沿い砂町の瓦斯タンク「東京瓦斯株式会社砂町製造所・瓦斯タンク」【図⑩】、浅野セメントの煙突「浅野セメント工場」【図⑪】もしっかりと収録されている。特に図⑪は清洲橋越しに浅野セメント工場の煙突を捉えており、荷風が「かの恐ろしい建物と煙突」と表現した風景を実際に荷風が見たままに確認することができる。

左：図⑩　石原憲治編『建築の東京』(都市美協会，昭和10年8月)より
上：図⑪　同書より

工場が震災復興後の東京を代表する建築と言われてもピンとこないかも知れない。しかし、先述した「大東京建築祭」で映画制作を担当した板垣鷹穂は「寺院より工場へ」(同『新しき芸術の獲得』所収、三三―六一頁、天人社、昭和五年五月)のなかで、「「工場建築」を、西洋美術史の中に織り込んで、その多面的な歴史関係を素描」(六一頁)することを試み、以下のように述べている。

> 然し、美術史上に課せられた工場建築の使命は、伝統的な諸要式を、此の「殺風景」な目的に応用するところにあるのではない。むしろ逆に、「殺風景」な目的そのものを造形化したところに、工場建築の史的意義は見出さるべきである。(四五頁)

板垣はさらに「現代文化の創造的使命は「工場」に課せられつつある」(五一頁、傍点ママ)とし、「「明日」の時代を代表するものは工場ではあるまいか?」(五七頁、傍点ママ)とさえ述べるのである。つまり、昭和五年前後において、「工場」こそ「殺風景」であるがゆえに、文化的創造的使命を負った最尖端の建築だったのである。これは荷風が「荒涼」な風景ゆえに、「慾情」がそそられたことと重なってくるだろう。

加えて荷風が足を踏み入れた昭和初頭の江東地区は、東京府内でも最大の工業地帯であった。当時の東京の地理を概説した天沼俊一他編『日本地理風俗大系第2巻　大東京篇』（新光社、昭和六年一〇月）の江東地区（本所区・深川区）の概説には、「工業地江東」という項目が立てられている。そこには「江東の特色は水であり河であると共に煙である」（三一八頁）とし、同頁の下に浅草側の吾妻橋河畔に建つ地下鉄ビル（地下一階地上六階、高さ四〇メートル、昭和四年竣工、平成一八年解体）から本所方面を撮影した煙突の写真が掲載されている。なお撮影地点となったこのビルは、雷門の隣に位置し、地下鉄浅草駅の出入り口となっていた。この写真には「本所の工業地帯」とクレジットされ、「江東の生命は黒煙を常に吐く煙突を擁する工場にある」と解説されている。また同様の趣旨で編纂された石橋五郎他編『日本地理大系3巻　大東京篇』（改造社、昭和六年四月）には、田中啓爾・桝田一二「地理的地域（住宅区域）」の項目があり、そのなかで江東地区の様子が説明されている。そこでは、「東京の東西断面」の小見出しにつづいて、「今試みに飛行機上の人となつて、東京市の東方船橋町から真一文字西に向つて東京市の空を飛ばんか、」（三五六頁）として、鳥瞰的に街の様子を記述する箇所がある。市川、江戸川の様子が西から東の順序で綴られ、以下の箇所につづいていく。

> 中川を渡れば煙突林立して黒煙濛々天を蔽ふ。これぞ江東の大工業地帯で放水路から西方へ約四粁位の間全く煙の町、煙の中からかすかに縦横に通ずる大小の運河に拠って或規則立つた配列の大小工場の屋

根や、集団する職工の住宅長屋が目につく。（三五六頁）

この文章が掲載された同頁の下には、「浅草の地下鉄タワー上より駒形橋及び砂町の瓦斯タンクを望む」とクレジットされた写真【図⑫】が掲載されている。撮影場所の「地下鉄タワー」は前述と同じ地下鉄ビルを指す。確かに写真には、ガスタンクらしきものが遠方に写っているような気もするが、いささか心許ない印象だ。ともあれ、ここでの解説は、文章では西から東に鳥瞰的に記述し、写真では東から西に向かって撮影し、文字通り多角的かつ鳥瞰的に江東地区を捉えようとしている。

これらの概説からわかる当時の江東地区の特色は以下の二点である。一点目はランドマークとしての砂町の「瓦斯タンク」が認識されていたということである。荷風の記述には、これまで検証してきたように、『断腸亭日乗』や随筆作品を問わず、「煙突」とならび「瓦斯タンク」が頻出する。それは先述したように砂町にあった小名木川沿いの二基のガスタンクのことを指している。当時工場建築物と

図⑫『日本地理大系3巻大東京篇』356頁（改造社，昭和6年4月）より

して印象的であったこのガスタンクは、先に確認したように、図⑩のように被写体として捉えられている。そして図⑫に付されたクレジットから理解できるのは、この「瓦斯タンク」が建築物として印象的だったからこそ、砂町からやや距離がある浅草の地下鉄ビル屋上からも、（被写体として実際に写真に写ったかどうかは別問題として）南東方面の中心的な目標物として撮影された、という事実である。江東地区の工業地帯を、隅田川の東側から俯瞰した時に、まずランドマークとして注意が払われるのが「瓦斯タンク」であったのだ。つまりランドマークの「瓦斯タンク」はもちろん、その風景を「荒涼」と捉えた荷風のまなざしは、同時代のそれに見事なまでに重なっているのである。

二点目は、江東地区がとにかく煙が充満している「煙突」の町であった、ということだ。ここで検証した二つの概説書がいずれも強調する「煙突」の姿は、「黒煙を常に吐く煙突」であり、「煙突林立して黒煙濛々天を蔽ふ」様子である。荷風は「煙突」を記述し、そこから煙が上る様子をイラストとして描いても、ここまで夥しい「黒煙」の描写には及んでいない。つまりその意味において荷風は江東地区の最も印象的な風景を描いてはいないのである。

このように荷風が描き得ない「煙突」の様子は、いささか年代はさかのぼるが、例えば紡績工場のルポルタージュである細井和喜蔵（一八九七―一九二五）『女工哀史』（改造社、大正一四年七月）に描かれた「工場」の実態と通じるものがあるだろう。実際に紡績工場の女工であり、妻であった高井としを（一九〇二―一九八三）への聞き書きをもとに、細井が執筆した『女工哀史』には、「工場」の内部の過酷極まりない実態が余すところなく書き尽くされている。例えば、本書の「第九　工場設備および作業状態」には「もしその工場に私設電話がありとすれば、受話器をぴったり片方の耳へ当てて、片方の耳は手の平で塞がなかったら聞こえない」といった騒音の大きさが報告されている。同項目にはさらに、「塵埃については言うまでもなく戦慄すべきものがある」とし、「機械および工場の掃除は随分やかましく、一日に三回くらいは是非ともやらされるがその度ごとに普通の人家の大掃除以上の塵が出る。そしていかにしてもこの塵埃を吸わねば仕事が出来ないのだ。この項については余りひどすぎてもう何とも言うことが出来ない」というように、工場内の劣悪な環境に細井自身が言葉を失っている。また細井は「第十六　女工の心理」のなかで、「遠く父母の膝下を離れて来た彼女たちにホーム・シックな感情が多分に宿っていることは極めて当然である」として「愁郷病」を解説している。このなかで細井は「わしはいにますあの家さして／いやな煙突あとに見て」（傍点ママ、／は改行）といった唄を紹介している。この唄は巻末に筆者蒐集の「附録女工小唄」にも収録されている。この小唄からもわかるように、騒音喧しく、言語を絶するほどの塵埃の中で働かなければならなかった女工たちが、ホームシックにかかり、工場を逃去る時、まず目にするのが「煙突」なのである。ここでの「煙突」は単に荷風が風景として、外から捉えた建造物とは異なり、「工場」内部の劣悪な環境から、女工たちの悲痛のまなざしによって捉えられている。それゆえ『女工哀史』の表紙を飾った柳瀬正夢（一九〇〇―一九四五）のイラスト【図⑬】は、実に示唆的だ。工場の機械群の断面図を中心に、塵埃と煙が飛散するイラストは、抽象的ではあるが、それゆえに

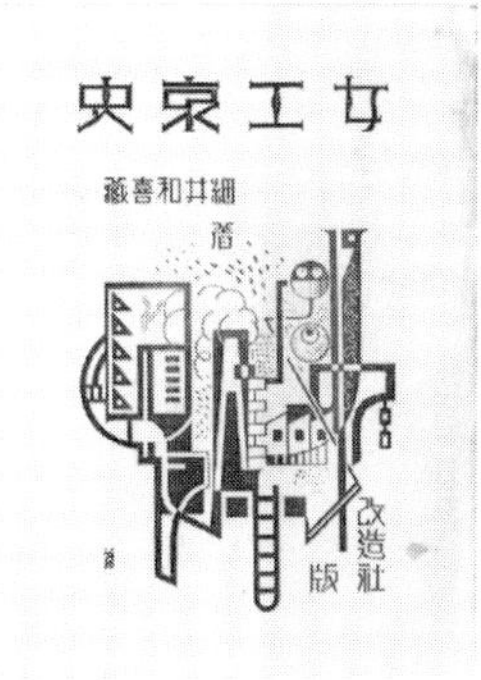

図⑬　細井和喜蔵（装幀：柳瀬正夢）『女工哀史』表紙（改造社，大正 14 年 7 月）『柳瀬正夢全集第 1 巻』（三人社，2013 年 12 月）より

工場における女工たちの感性を見事なまでに視覚化している。『種蒔く人』『文芸戦線』の運動に参加し、多くのプロレタリア作家作品の単行本を装幀してきた柳瀬は、「工場」をめぐって、まさに荷風とは正反対のまなざしを獲得していたといってよい。細井が『女工哀史』で試みた工場内部の実情を暴露する志向と、柳瀬のイラストはまさに共鳴していたのである。

六　明治期の荷風――「闇の叫び」と「深川の唄」

それでは散策の途上、「工場」や「煙突」のイラストを数多く描いた荷風は、このような女工たちの苦しい境遇を、全く理解していなかったのだろうか。

荷風にはアメリカ・フランスへの洋行（明治三六年九月―明治四一年七月）前に発表した小説「闇の叫び」（『新小説』明治三五年六月）がある。広津柳浪（一八六一―一九二八）の悲惨小説の影響が色濃い作品である。悪徳新聞記者の鞍間秀輔は、雇い主に辱められ、妊娠した少女お袖と、彼女の貧しい家庭をネタにして、自身の新聞社の成功をねらっている。彼が貫く利己的な「正義」の在処を問題化している作品だ。この作品の中で、女工であるお袖が務める「工場」は江戸川付近にあり、作品の冒頭近くで「怖しい文明の吠声を轟かして居るばかり」、というように描写されている。お袖が置かれた状況、それは鞍間が記事の構図として求める「女工虐遇と云ふやうな事件」を予感させるには十分な雰囲気である。つまり明治三五年当時、荷風は女工の境遇をしっかりと理解しているばかりか、それをネタにしようとするメディアのありかたをも問題化するほど批判的に「工場」を捉えていたのであった。この時点から三〇年以上を経て、自身の洋行や関東大震災など様々な変化はあれ、「工場」の内実を荷風が全く忘れていたとは考えにくい。確かに本論でも検証したように、昭和六―七年にかけて、『断腸亭日乗』で荷風が描く「煙突」は、ありきたりで表面的なタッチで、一見すると細井和喜蔵や柳瀬正夢の「工場」をめぐるまなざしとは相容れない。しかし、作家論的に捉えた場合、荷風は「煙突」の向こう側に存在する「女工虐遇」の現実をしっかりと把握していたはずなのである。

都市へのまなざしという点から考えた場合、むしろ現実から乖離しているのは、帰朝直後に発表した随筆「深川の唄」(『趣味』明治四二年二月)である。どこへ行く当てもなく「四ツ谷見付から築地両国行の電車に乗った」荷風は、車内の観察をしつつ、深川にたどり着く。「自分は浅間しい此の都会の中心から、一飛びに深川へ行かう――深川へ逃げて行かうと云ふ、押へられぬ慾望に迫められた」とあり、以下のように続く。

> 数年前まで、自分が日本を去るまで、水の深川は久しい間、あらゆる自分の趣味、恍惚、悲しみ、悦びの感激を満足させてくれた処であつた。電車はまだ無かつたとは云へ、既に其の頃から、市街の美観は散々に破壊されてゐた東京中で、河を渡つて行く彼の場末の一劃ばかりは、到る処の、淋しい悲しい裏町の眺望の中に、衰残と零落の、云尽し得ぬ純粋、一致、調和の美が味はれた。

ここには明らかに東京の都心と深川の間に明確な境界がある。深川に到着した時、「心は全く十年前のなつかしい昔に立返る事が出来た」とあるように、「市街の美観は散々に破壊されてゐた東京」

と対比して、「深川」がまるでユートピアであるかのような印象を受ける。そして、このように「深川」が荷風にとって特殊な場所であるのは、以下のような時間感覚があるからである。

日本は永久自分の住む処、日本語は永久自分の感情を自由に云ひ現して呉れるものだと疑はなかつた。自分は今、髯をはやし、洋服を着てゐる。電気鉄道に乗つて、鉄で出来た永代橋を渡るのだ。時代の激変をどうして感ぜずにゐられよう。

永代橋は江戸元禄期に架けられたのが最初で、やがて明治三〇年に日本で最初の鉄橋として竣工する。荷風がこの随筆を発表した当時、隅田川を渡り江東地区へ向かうには新大橋と永代橋を渡るより他に手段がなかった。特に深川へ行くのに永代橋は要衝であった。そして、永代橋を渡れば「深川」がある。「日本」が自身の全てであった洋行前の「深川」と、西洋を内面化した帰朝後の「深川」。この時間軸に沿うように、荷風は「髯をはやし、洋服を着て」いる自身の現在の位置を理解しつつ、昔ながらの「深川」に残された「純粋、一致、調和の美」を発見しようとする。荷風は自身の洋行以前以後を時間意識の隔たりと考え、眼前の現在の風景を、過去との対照によって捉えようとしている。つまり縦軸（時間）のみで「深川」の風景を認識しているのだ。江戸元禄期より存在するこの橋を「鉄で出来た永代橋」というように荷風が強調するのも、この縦軸（時間）を中心に風景を捉えていたからに他ならない。

結　ブリコラージュとしての風景──実践者としての永井荷風

この「深川の唄」と、先に検討した「深川の散歩」及び昭和七年前後の『断腸亭日乗』を比較すると、同じ「深川」の風景を対象としながらも、その筆致は驚くほどに違うことがわかるだろう。そもそも昭和三年三月に清洲橋が完成し、都心部から江東地区へのアクセスが格段によくなったことも大いに関係あるが、それ以上に昭和七年前後にいたって荷風の風景に対する認識が、明治期のそれと比べて大きく変化したのである。この二つの随筆を比較すると、荷風は明治四二年の「深川の唄」では洋行以前と以後を時間的断続と捉え、縦軸（時間）に沿った感覚で風景を認識していたのに対し、昭和一〇年の「深川の散歩」では縦軸（時間）としての過去の風景はもちろん、それに加えて横軸（空間）として「煙突」や「瓦斯タンク」までも交差させて風景を認識していることがわかる。

富士山を視野の中心に収め、そこに入ることのない「お化け煙突」や、眼前に突如現われた火葬場の煙突、そして当時のランドマークだった「瓦斯タンク」に至るまで、視野に入るか否かに関係なく、そして脈絡なく眼前に登場するありとあらゆるものを、ひとまずは鑑賞するべき「風景」として認識してしまうこと。つまり昭和七年前後の荷風の眼前にはブリコラージュとしての「風景」が立ち現れていたのである。それにしても視界に入っていないものまで「風景」として認識してしまう荷風の鑑賞眼には驚くばかりだ。

ＳＮＳの発達により、多くの人がスマホで眼前の光景を「風景」として切り取り、アップロードする。やがて「いいね！」で数値化される承認欲求を昂ぶらせ、次第に眼前のあらゆる光景から「映え」る風景を発見しようとする。このようなデジタル・ピクチャレスクの虜とでもいうべき現代人の感性の原型であり、そしてさらにその先まで到達しているのが荷風の風景鑑賞能力だ。「映え」ようが「映え」なかろうが、さらには「殺風景」で「荒涼」であろうとも、荷風は全てを「風景」として認識し、鑑賞し、そして堪能し尽す。つまり永井荷風こそまさしく「風景」をめぐるブリコラージュの飽くなき実践者であったのだ。

附記

永井荷風作品の引用は『荷風全集』全三一巻［第二次刊行］（岩波書店、平成二一年四月―平成二三年一一月）に拠った。

参考文献

◎城東電車

『江東区史』「第三編明治時代から現代まで～第七章交通～第二節都電」八三九～八五〇頁（江東区役所、昭和三二年一二月）

『江戸川区史　第三巻』「産業編～第三章交通と通信～第二節陸上交通～四都電・五トロリーバス（無軌条電車）」二六九～二七八頁（江戸川区、昭和五一年三月）

ネコ・パブリッシング制作『都営交通１００年のあゆみ』（東京都交通局、平成二三年七月）

枝久保達也『城東電気軌道百年史』（Happiness Factory、平成三〇年八月）
小久保せまき「城東電気軌道百年史」（https://joto-electric-railway.jimdofree.com/、最終閲覧日：令和四年八月三一日）

◎火葬場
浅香勝輔・八木澤壮一『火葬場』（大明堂、昭和五八年六月）
淺香勝輔『都市化域の拡大に伴う火葬場の変容に関する研究』（博士論文、平成四年四月）

◎お化け煙突
木村荘八『東京繁昌記』（演劇出版社、昭和三三年一一月）
澁澤龍彦『記憶の遠近法』（大和書房、昭和五三年四月）
秋本治「こちら葛飾区亀有公園前派出所　五七八話　おばけ煙突が消えた日の巻」（『週刊少年ジャンプ』一九八八年第一八号、昭和六三年四月一一日→同『こちら葛飾区亀有公園前派出所』第五九巻所収、集英社、平成元年八月）
姫野和映『お化け煙突物語』（新風舎、平成一九年一一月）

◎ガスタンク
『東京瓦斯五十年史』（東京瓦斯株式会社、昭和一〇年一〇月）

◎永井荷風と風景
高橋俊夫「荷風葛西散策記私注（その一）」（『文学研究』第四九号、日本文学研究会、昭和五四年六月）
高橋俊夫「荷風葛西散策記私注（その二）」（『文学研究』第五〇号、日本文学研究会、昭和五四年一二月）
川本三郎『荷風と東京　『断腸亭日乗』私註』（都市出版、平成八年九月）
南明日香『永井荷風のニューヨーク・パリ・東京　造景の言葉』（翰林書房、平成一九年六月）

疑似的な野生

古代日本人の心性一斑

伊藤 剣

紀貫之は、『古今和歌集』の撰者、『土佐日記』の作者として誰もが知る人物だ。もっとも、彼の幼名とされるものまで見聞きした人となると、そう多くはないかもしれない。「阿古久曽」がそれである。松尾芭蕉は、百人一首にも入る貫之の「人はいさ心も知らずふるさとは花ぞ昔の香ににほひける」を念頭に、「あこくその心も知らず梅の花」と詠んだ。

阿古は愛しき子といったところで、久曽は屎。史書や系譜の類を繙けば、いわゆる大化の改新のあった孝徳天皇の時代に倉臣小屎《くらのおみおくそ》がおり、平安京を開いた桓武天皇は藤原小屎《ふじわらのおくそ》なる女性と結ばれる。屎という奴の存在を記す大宝二年（七〇二）の戸籍が残り、調久蘇万呂《つきのくそまろ》（屎万呂とも）を名乗る経師《きょうし》（写経をする人）も活動したように、古代日本には屎を名に負う人物が貴賤を問わずいた。

現代の日本を生きる人間の目には、これらの名が奇異に映るかもしれない。それでは、名付け親はその子を愛さなかったのか。答えは否である。

確かに、屎は人をして正面から向き合うことを逡巡せしめる。しかし、人を避けさせる力が、病魔をはじめとする人間に害悪を与える邪気に向けられたならどうだろうか。この場合、嫌悪されるものが逆に人間を守護する側へと転じる。無病息災を願う切実な思いが、屎を伴う人名として現れた――一般にこのように説明されるところである。

　これと似た思考回路による命名例と考えられるのが、蝦夷《えみし》を含み持つ人名である。天皇を中心とする古代大和の王権は、東国以遠の異文化圏に属する人間の一部を蝦夷と呼び、蛮族視した。その一方で、王権の中枢の担い手の中には、佐伯宿祢今毛人《さえきのすくねいまえみし》（今蝦夷とも）なる人間もいた。彼は八世紀を生きた官人で、晩年には桓武天皇に重用される。

　佐伯氏は古来の武門である。今毛人自身は武のみに生きたわけではないが、彼の命名は、蝦夷の野生をとりこみ、それが有利に働くように願ってのものかもしれない。伝説的英雄として聞こえるヤマトタケルの名も、異常なまでの彼の猛々しさを認めたタケルの名を持つ蛮族の長が奉ったものだった。

　王権が蝦夷とともに蛮族視したのが、隼人《はやと》と呼んだ南九州の人々である。古代律令国家は彼らの一部を畿内へ移住させ、様々な義務を課した。その中の一つに、天皇守護を目的に行わせた犬吠《いぬぼえ》（犬の遠吠えのような声）がある。隼人の吠声には魔的なものをはらう力があると考えられてのことらしい。

　犬吠は支配の可視化・可聴化である。もっとも、隼人であれば誰でも良しとしたのではなかった。王権は、長く畿内に住んだ隼人よりも、今来《いまき》の隼人と呼ぶ、現地から新たに来た者の方が呪力に優るとみなしたようで、犬吠には後者をあてた。今来の隼人を望んだのは、自らの対極に野生を置き、それを彼らに期待した結果だろう。

　今毛人なる人名や今来の隼人の例では、野生との向き合い方が問題になっていた。ただし、人に囲い込まれた時点で、それは野生そのものとは言い難い。いわば疑似的な野生である。野生なるものを自らの側に引き付け、時に都合よく使い回そうとする動きに関しては、本書の論考の中にも指摘を見るが、それは古代日本人にも認められる心性の一つだった。

第2部 〝野生〟の政治

そこは南風原という地域にある帝国陸軍の野戦病院があったガマでした。
そこにもたくさんの文字の傷がありました。
ほとんど消えかかっている。
傷だらけの文字の傷です。
ハングル、漢字、平仮名。
おそらく、名前でしょうね。
人という生き物は、自分の最期を知らせるために、自分の名前を書くものらしい。
だれに届くわけでもない知らせです。

野戦之月 '22 初夏テント芝居公演
「TOKIO ネシア《鯨のデーモス》」
引用＝丸川＝盧＝哲史の科白より
撮影＝李夢秋

戦後にループする「裂け目」

林芙美子の「野性」と「生態」

丸川哲史

はじめに――「反省」の道標としての八月十五日

八月十五日はその記憶の風化を叫ばれながらも、今なお、特権的な日付として日本列島に住まう人々の反応を誘発し続けている。「あの戦争」を直接的に経験した人口比率は、すでに一割を切っているにもかかわらず、である。今日八月十五日は、日本人にとっての年中行事となっていた。それは、いわゆる「お盆」と重なる偶然もあり、すでに自然化された情景ともなっている。武道館における戦没者慰霊祭、あるいはその目と鼻の先の靖国神社がマスメディアによって映し出されるその日の情景を、特別の意識もなく、列島に住まう人々は受け入れ続けているように見える。

先に「あの戦争」と記したが、この独特の言い回しそのものが、日本人にとっての八月十五日という日付に含まれる曖昧さや両義性を指し表しているだろう。その日付は、多分に無意識化した「慣習」となっているのと同時に、だからこそ決して忘却が許されない日付として、もはや逃れられない反復強迫の徴候でもあり続けている。日本の政治家たちが特別の思い入れや政治的な判断とは無関係に、靖国神社にまつわる態度は、まさにそのことの徴候である。

決して多くはないとしても、その反復強迫は、「戦争責任」という複雑な問題を手放さないことを自らに課す人々を残している（私のように）。ここで「複雑な問題」と記した理由の一つはまず、「戦争責任」は日本人以外の人々との関係を通じてしか成り立たない事柄でもあるからだ。そしてもう一つ、「戦争責任」問題を複雑にしているのは、大きく分けて、「何をしたか」という問題と「どう戦争を起こしたか」という、原理的には異なる二つの問題に分かれてしまうからだ。東京裁判（極東軍事戦犯法廷）の中のBC級戦犯にかかわる審理の方法は前者にあたり、それと「どう戦争を引き起こしたか」という、もっぱらA級戦犯について問題化された問いとの関係を考察しなければならない。本稿の場合には、あえて後者には触れず、「何をしたか」という課題の方に絞らざるをえない。

だがここでもう一度、問いの立て方にある程度の工夫を求めざるをえない。というのは、「何をしたか」という問いの立て方はもっぱら、司法的・処罰的な構えから見えてくるものである。その次元は、もちろん必要であるし、なければならない。しかしながら、「戦争責任」が裁判だけでは解決しなかったことも真実であるなら、逆に「戦争責任」への応答や実践は、必然的に個々の人間の「反省」の次元へも開放されている、とも言うべきなのだ。結果として、「何をしたか」は、「どう生きたか」という問いの立て方へと、幾ばくかの曖昧さを伴いながらも広がったことになる。ここにおいて、冒頭で述べた八月十五日の特別な意味が再び立ち現れる。「どう生きたか」は、戦後の生をどう生きるかにかかわって「反省」の時間を派生させる。すなわち、八月十五日という日付は、この後戻り不可能な「反省」の時間を生きる道標のようなものともなった、ということである。

ところで、あの戦争の時期、またその後の時間を生きた日本人、とりわけ言葉（や映像制作）にかかわった表現者たちにおいて、その「反省」の可能性から逃れられた者は、表現者としてある限り、現象的にはどうであれ、原理的には一人もいなかった。というのも、あの戦争は、表現者たちをほとんど例外なく、（獄中者も含め）国家の統制の下に拘束したからである。さらに丸山真男などは、獄中にあって何もできなかったこと、また有効に戦争を止められなかったという意味も含め、「左翼の戦争責任」も提起していた。

興味深いことに、表現者にかかわる「戦争責任」は、主に知識人において、特に「文学者の戦争責任」という命題において取り上げられようとしたこと。そのような試みがあったこと自体、「あの戦争」の遂行プロセスにおいてもいかに「文学」の役割が重要であったか、ということを証明している。一つの例として、戦後において戦争への非協力を条件として成立した「新日本文学会」が一九四六年六月、二十五名の戦争協力者のリストを作り「公表」した事績がある。しかし、その後、「リスト」をつくった側にも戦争協力の疑いが浮上し、このプロジェクトは頓挫したことになっている。

私がここで注目したいのは、その戦争協力者の「リスト」に女性作家が含まれていなかった、奇妙な事実である。出版社と軍部報道班がタイアップし戦線に赴いた「ペン部隊（従軍作家部隊）」などでも、複数の著名な女性作家が戦場へと赴いたのであり、当時もっともその名を馳せた一人として、林芙美子の名は欠かせない。特に彼女の突出した「活躍」は、抜け駆けともいえる単独行動により、他の男性作家にも先んじて、最前線の模様を伝えることに「成功」した。列島内部に伝えられた朝日新聞の、いわゆる「漢口一番乗り」の記事は特に有名である。さらにその後、太平洋戦争勃発以降の南方戦線への派遣も含め、林芙美子の「活躍」は続いていく。もちろん、「満州」を取材した『凍れる大地』が発禁処分を受けたように、実は林と軍部との間には緊張関係も存在していた。ただそうではありながら、彼女がこの時期に書いた『戦線』（一九三八年、朝日新聞社）、『北岸部隊』（一九三九年、中央公論社）などは、やはり後世の審判に委ねるべき問題性を含んでいる。彼女が書き記した従軍記の合間に書かれた詩篇には「私は兵隊さんが好きだ」という、微妙な文言が配されている。ここにおよそ、彼女の戦場へのアプローチのあり様が十全に表されているとも言える。林が惹きつけられたのは、兵士の苦難と悲哀であった（その反面として、死骸となった「支那」の兵士にはほとんど感情を動かしていない様子である）。

ここで一つ付け加えたいのは、当時の林の地位からすれば、他の著名な文学者がしたように、軍への口利きで、あえて危険な戦場へは行かない選択もあったことである。だが、林はむしろ、自ら進んで火の中へ飛び込んだように見える。さらに付け加えたいのは、例えば佐多稲子のような女性作家の場合、かつてプロレタリア文学の旗を振っていたことからも、「転向」の意味合いでの「反省」が求められるわけだが、林の場合には、その意味合いはない。かつて、貧しい共産党員に金銭を融通し、党へ協力の疑いで九日間の拘束を受けているのだが。

またもう一つ旧プロレタリア作家との違いを付け加えると、林は、先の佐多稲子、また宮本百合子などが党員男性との結婚によって自身の姓を換えた、そのような人生経路とは違ったパターンを生きていた。これに関連して言うと、林はいわゆる「良家」の出身ではなかった。だから、当時のプロレタリア系作家において主要テーマであった封建制（良妻賢母イメージ）への反抗、というテーマも実は存在しない。逆に、林の戦時下の行動を観察する場合に、彼女たちとは対蹠的な、奔放とも言える「ロマンス」さえも大きな軸線として潜在することにもなる。

時間の断絶（八月十五日）――その昇華としての「松葉牡丹」

唐突ではあるが、林が小説作品に結晶させた八月十五日のイメージを提示してみたい。それは、「松葉牡丹」という短編（一九四九年七月『改造文芸』）である。伝記的な事実として、林自身は八月十五日、疎開先の信州に居たわけであるが、いわゆる「玉音」放送は聞き逃しており、別の知らせで「終戦」を知った。

「松葉牡丹」の主人公は志村という独身男性。彼は、自身の身体を売って生計を立てていた「てる子」という若い女性に連れられ、東京から信州へと疎開して来た孤独老人である。志村は、ストーリーの展開において、八月十五日の後も東京には戻らず、疎開先で自殺を遂げてしまう。林の小説作品の多くのパターンとして、女性から観察された男性の行動や心理描写に筆の妙技があることは、川本三郎、太田治子その他、多くの評論家が認めているところである。「松葉牡丹」においても、男性志村が体験した八月十五日が描かれているわけだが、そこに林自身のその日付への受け止め方が滲み出ている、と読むのが至当であろう。

さてその日、志村の瞼に映るのは、「玉音」を聞くことになった柏倉という地区の農家に植えられていた松葉牡丹であった。それは南米原産で、尖った無数の葉が地面から突き出るように成長する生命力の強い植物、その鮮やかな花の色彩であった。

> 松葉牡丹の熱くるしい赤や紫や黄色い花びらが溶けるようにぼうっと眼ににじんで来た。一向に解釈のつけようのない涙と思いながらも、素直に涙の噴きあげて来た愛国のこころを、志村はひそかに自分でうなずくのである。敬虔な気持ちで陛下の吃り吃りの声を聞いた。宗教的ななまりの強い声であった。子供の頃、田舎できいた神主ののりとのような声でもあった。（中略）
> 階下で、大きな声で、てる子が嘘っぱちな発音で、ケンタッキーホームを英語で歌っていた。若い者は何にでもすぐ酔っぱらってゆける情熱があるものだと、志村は、ふっと、柏倉の百姓家で見た、這いつくばった松葉牡丹の野性的な花を思い浮かべた。

戦後生まれの日本人の比率が九割を超えている現在時において、八月十五日の記憶は、遺された写真や映像の多くの色彩がそうであるためか、一様に単色、古色蒼然とした「向こう側」の世界である。戦後の日本社会は、一九六四年の東京オリンピックの頃より、遺された映

像資料がカラー化しているためでもあるのか、そこからの時期の記憶が今日と地続きのものとなる感覚もある。ただ今次のコロナ禍の中のオリンピックによって、戦後イメージそのものの改変が日本人の無意識下で進む可能性もあるだろうが……。

話を元に戻して、原色の松葉牡丹の強烈な花びらの色彩が網膜で溶け合い、またそのイメージが戦後を生き抜かんとする若い女性に託されようとする――このような独特のイメージ形成の道標として八月十五日が提示されている、ということになる。またもう一人の登場人物、「何にでもすぐ酔っぱらってゆける」てる子を、放浪と恋愛に明け暮れた若き日の林芙美子、その人に擬えることも可能ではある。というのも、その植物の属性として「這いつくばった」「野性の」と記されている、生命力溢れるその形象は、また実に戦前からの林芙美子のキャラクターを言い表しているものと感じ取れるからだ。すなわち、『放浪記』によってデビューした女性作家――幼き頃に行商を経験し、恋人にふられて東京に出るや女給や家政婦仕事で食べていた無産女性――その若き林芙美子に即したイメージの形成の宛先として松葉牡丹が選ばれたことは、およそ自然なものとも感じられる。

南米産の植物が信州の農家の庭先に植えられている事態は、実のところ意味深長なことでもある。というのも、まさに信州は単に日本の片田舎ではなく、国際市場に接続され、帝国主義プロジェクトの一環を担った土地なのだ。そこは、満州（中国東北部）への開拓事業も含めた人材の供給地であり、またそれ以前には絹の生産地としても世界資本主義市場につながっていた――このことに見合ったイメージとして、海外品種の松葉牡丹を選んだことはやはり正解なのだ。ここでもし林が、日本人にとってよく見知った対象物や風景を持ち出す作家であるなら、まったくもって凡庸だと言わざるをえないだろう。

またここにおいて、女性作家を世代として分かつ分水嶺が仄見えている、とも言える。ざっくりと述べてしまえば、まさに林芙美子は、かつての日本の社会状態を示す指標としての「庶民」の時代から「大衆」の時代への転換を生きた女性作家だった、ということである。概念的に申せば、「庶民」とは、江戸時代の身分制の名残りの中で生きていた人々のことであり、「大衆」とは資本主義の運動が引き起こす身分制の解体と、その後に進展する階級形成の中で立ち現れる人々のことを指す。ありえないことだが、かりに樋口一葉であるなら、江戸風情を残した庶民の人間関係、また夏の風物を取り混ぜ、八月十五日を叙述したであろう。しかしそれは、すでに大衆社会が成立した後の「表現」として、ふさわしくないものとなる。

さて、林の活躍し始めたのは、樋口一葉の生きた江戸情緒の残る東京ではなく、関東大震災以降の東京、地方から都市への人口流動とともに無産者階級の増大を見る、そのような都市空間であった。具体的に言えば、そこに出現したのは、かつての芸者ではなく女給であり、高利貸しではなく株屋であり、代書屋ではなくタイピストであり、小屋芝居ではなく映画館であった。と同時にそういった「大衆」社会の成立とともに、別のベクトルが重ね書きされることになる。つまり、日本列島からの「余剰」人口を「外地」へと吐き出す帝国主義時代の到来である。それはまさに、ハンナ・アレントが『全体主義の起源』の中で、大衆社会の形成の指標を帝国主義におけるモッブ（群衆）の登場とその移民化の流れに位置づけた事態である。しかして、その移民の流れが一挙に逆流し、列島へと再び戻ってくる起点に位置づけられるのが、八月十五日なのだ。

先に挙げたシーンについて再度点検するならば、八月十五日はまた、価値観の転倒を伴っていた瞬間であるとも感得できる。つまり、「愛国のこころ」と記し、また「敬虔な気持ち」と記しつつも、天皇の声を「吃り吃り」と表現したことは、端的に八月十五日を通過した後の「大衆」の表現と言える。天皇の声をラジオで聞いたこと自体が初めての経験であった事実もさりながら、およそ戦前から準備されてきた「大衆」的感性がさらに一段階上がっていく端緒をも示している。関東大震災以降の戦前までの日本社会の「大衆像」を一つの基準とするなら、八月十五日以降の近代日本は、コンピュータ用語を使うことになるが、いわば「大衆像2・0」とも言い表せる時代へと突入したものとも見なせよう。もちろんここには、一九四六年元旦の天皇の「人間宣言」、そして戦後憲法の発布がかかわってくることになる。

空間の断絶（引き揚げ）——その昇華としての『浮雲』

八月十五日を一つのメルクマールとして、日本社会は帝国規模として拡張した地図を再び列島規模へと収縮させ、同時に当時「六五〇万同胞」とも称された海外居民の「引き揚げ」が始まる。林芙美子は、先に紹介した中国戦線への派遣の後、太平洋戦争の前期に当たる一九四二年十月から翌年五月まで、陸軍報道部報道班員として、シンガポール、ジャワ、ボルネオを巡回し、そして内地に帰還する（疎開はその後のことである）。後に詳述する傑作『浮雲』も含め、林は外地からの引き揚げ者を主要人物として、あるいは誰かの引き揚げが縁者、友人に大きな影響を強いてしまうような作品群、「晩菊」（一九四八年）、「水仙」（一九四九年）、「白鷺」（一九四九年）などを書くことになる。

こう眺めた場合、真っ先に思い浮かぶのは、朝鮮半島からの引き揚げのプロセスをエッセイとして記し、ベストセラー『流れる星は生きている』（一九四九年）を世に出した、藤原ていの名である。その藤原と林を比較する際にキーポイントになるのは、やはりエッセイではなく、「創作」の工夫をはらんだ小説上の「表現」ということである。林の場合には、戦前においてすでに「大衆」作家として自立した存在だったのであり、むしろ「引き揚げ」という空間の断絶を如何に反省的に創作へと結びつけえたのか、という問題角度が成立することを強調しておきたい。

そこで問題の整理として役立つのが、先に示した戦前の「大衆像」と戦後「大衆像2・0」の差異と連続性にかかわる議論である。それに最も適したテキストとして、戦後の傑作『浮雲』（一九五一年）がある。『浮雲』は、かつて仏印（ベトナム）の高原にあるダラットという地方都市の林業関係の研究所に勤めていた二人の男女が引き揚げ後、のっぴきならぬ恋の道行に向かうストーリーである。以下に取り上げる二つの引用は、前者が主人公、ゆき子の引き揚げ完了の直後の心象、そして後者が東京で生きてゆく決意を固めた際の、また同じくゆき子の心象である。

雨が降っていた。品川で降りると、省線のホームの前に、ダンスホールの裏窓が見えて、暗い燈火の下で、幾組かが渦をなして踊っている頭がみえた。光って降る糠雨のなかに、物哀しいジャズが流れている。ゆき子は寒くて震えながら、崖の上のダンスホールの窓を見上げていた。光った白い帽子をかぶった、背の高いMPが二人、ホームのはずれに立っている。ホームは薄汚れた人間でごった返している。

ジャズの音色を聞いていると、張りつめた気もゆるみ、投げやりな気持ちになって来る。ゆき子は、一山二拾円の蜜柑を買って、瓦礫の山へ登り、そこへ腰かけて、蜜柑を剝いて食べた。旧弊で煩瑣なものは、みんなぶちこわされて、一種の革命のあとのような、爽涼な気がゆき子の孤独を慰めてくれた。何処よりも居心地のよさを感じて、酸っぱい蜜柑の袋をそこいらへ吐き散らかした。こうした形の革命は、容赦なく人の心を改革するものなのか、流れのように歩いている群衆の顔が、ゆき子にはみんな肉親のようになつかしかった。

まず分かりやすく、前者は下から上を見上げる構図を取っており、後者は瓦礫の山に登っているのだから、端的にその逆となる。さらに詳しく読み透かすと、前者においてゆき子が寒さに震え、投げやりな気持ちとなるのは、仏印の温暖な気候との落差もさりながら、外地の生活に良き印象を持ち帰り、内地日本にむしろ貧しさを感じた、実は多くの引き揚げ者の心象を代表している。現に戦争末期においては、経済統制の厳しくなった内地よりも外地の方が豊かな生活ができていた、ということも事実である。そこがまた、この『浮雲』における二人の主人公の悲劇の引き金ともなるわけだが……。さて、後者のゆき子の描写は、戦前の若かりし頃の林芙美子の作風を彷彿とされる元気に満ち、さらに「大衆像2・0」とも称せる戦後特有の解放感というものが伝わる、そのように読み取れる。

大胆に単純化してしまうと、『浮雲』というテキストは、上述したように、ゆき子の二つの心象風景の明と暗を点滅させながら、クライマックスへと読者を誘う構造を有している、とまずは言える。

さらにこの構造は、ゆき子がかつてのダラットで出会った輝ける恋人で、引き揚げの後では物憂く沈んでいる男性、富岡に対する二つの態度――冷酷な批判と、それと裏腹な燃える恋情――の点滅として平行する。先に述べたように、作家林芙美子の卓越した点は、男性の行動と心理を徹底的に観察した末に、自身の微妙な心象をそこに映し出す筆の技術である。もちろんここには、伝記的事実としての林の男性遍歴もかかわっているはずだが。

一点だけ、『浮雲』の中で、伝記的事実との対応関係を考えてみたい箇所がある。それは伝記的事実において恋人であったらしい元毎日新聞の記者で、南方ボルネオで密会した可能性もある高松棟一郎で、彼が検事側の事務官として東京裁判にかかわっていた事実である。さて、その箇所とは、かつての米国軍人にもらったラジオから裁判の模様が放送されている場面である。いっしょにバラック小屋にいた富岡はむしろジャズでも聞きたいものだとチャンネルを変えたその瞬間、ゆき子は毅然として富岡に対し言い放つ。

「私も貴方もふくまれているのよ、この裁判にね。――私だって、こんな裁判なンて聞きたくないけど、でも、現に裁判されている人達があるンだと思うと、私、戦争ってものの生態を、聴いておきたい気がするのよ」

このゆき子の富岡に対する批判的言辞には、ストーリー上の複雑な線分が絡まり合っている。だが、そういったストーリーの絡まりを越えて、何か別の声も挟まっているようでもある。そう思えるのは、

先に述べた伝記的事実として、林の恋人であった高松棟一郎が、戦時中には帝国日本の勝利を確信する言辞を弄しながら、戦後には逆に米国側の立場に立って「活躍」した事績が横たわる。つまり、このゆき子の富岡に対する言葉は、林のかつての恋人、高松への批判のようにも聞こえる。しかしまた、林の創作上の意図からして、やはりこのゆき子の物言い、たとえば「生態」には、また伝記的事実のレベルをも越えて、作家林芙美子が戦後に向けた自身の「反省」のあり様が示されているのではないか、とも私は推測する（ところで、最終的に確証はされていないが、高松は戦時中からすでに米国側のスパイとなっていたという説もある）。

『浮雲』を読んだ読者、あるいは映画化された『浮雲』を観た観客にとってはもう知られているクライマックス。それは、このような結末である。生きる糧を求めた富岡は屋久島の林野の調査員として派遣され、そこにゆき子も帯同するのだが、ゆき子は肺の病に冒され、島で亡くなってしまう。また、死の直前のゆき子に思い出されるのは、果たして富岡と過ごしたダラットでの懐かしい幸福のイメージであった。しかし同時にゆき子は、この最果ての地で死ぬ自分は、聖書にあるロト（火の海に焼かれる事蹟）や、ノア（洪水の事蹟）の審判の場に引き出されている、とも想像している。その舞台となる屋久島にはずっと雨が降っている——南方から引き揚げてきた港でも、また品川駅でも同様に雨が降っていた。その一方で、このゆき子の死の直前においてこそ、もう一人の主人公富岡は、初めて本気でゆき子を愛せる、と確信するのである。

恋愛小説として読んだ場合、クライマックスのパターンとしては、ある意味では凡庸なものである。しかしその上でも興味深いのは、この二人の道行きが、精神分析の知見であるところのトラウマの場所に帰らんとする衝動を物語っていること、当時の南の最果ての地を選んだ筋立てである。一九五一年時点において、奄美諸島以南の島々はまだ冷戦初期にあって、米軍の管理下にあるわけで、日本軍がかつて占領した南方に最も近かったのは、だから屋久島となる。伝記的史実として、林は『浮雲』の執筆の調査のために屋久島を訪れていた。当然、自身の南方体験を激しく思い起していただろう。

林の戦後の創作にかかわる執念、八月十五日以前の自身に向き合う覚悟は、かくの如きであった。ここで考えさせられるのは、戦後を生きる大半の日本人は、かつて自ら発動した戦争の虜となっていた時空から戦後冷戦構造の虜となる時空へと転換する、その目もくらむような「裂け目」から目を背けて戦後を生きてしまった、ということである。林の表現は確実に、その「裂け目」を自らの引き揚げとその後のプロセスの中で見つめようとした、と私には思える。林は、『浮雲』が刊行された数か月後に亡くなった。もし彼女が生き抜いていたら、朝鮮戦争後の日本社会をどう描いたか、さまざま想像してみたくもなる。

まとめに代えて——回帰する「裂け目」と開かれた「再生」

林芙美子の絶筆となったのは、大阪を主な舞台とした未完の小説『めし』である。明らかに、『浮雲』で描写されていた焼け跡の風景からの離脱が、そこに垣間見える。執筆時期は終戦からの六年目の一九五一年、前年の朝鮮戦争をきっかけとした日本の「復興」が急ピッチで進行していくあり様が背景として書き記されている。もちろん、大衆的なレベルにおける生活上の困難は、実はまだ克服はされていない時期である。

『めし』は敗戦から六年、主人公の夫婦は結婚してから五年目、かつかつで生活をつないでいる平凡なサラリーマン夫婦の倦怠期のあり様が、リアリズムを基調に描かれている。ここでも感得されるのは、男女関係を描写する中で、むしろ男性の視点を借りて女性の「生態」が露わになる、林独特の筆の妙義である。

妻である三千代は度々、切り詰めた生活への不満を夫、初之輔に向かって吐露するのだが、それは例えば「戦争がすんで、足掛六年にもなって、まだ、お米の心配をしたり、代用食ばかりの連続ですよ。そして、私は、そのなかで、大切な時代を、朽ちて行くなンて、とても淋しい」と言った物言いに代表できる。ここで重要なことは、それを初之輔が聞く位置にあってこそ、三千代のあり様が生々しく見えてくることである。しかして初之輔本人の方は、一方的に三千代の愚痴を聞き取り、つまり半ばこの倦怠感をそのまま受け止め、抵抗しないような態度をとっている。

だがそこにまた、独特の形で「あの戦争」の影が闖入してくるのだ。

茶の間の、朝の食卓につくと、丁度、ラジオが、尋ね人をやっている。戦争が終わって、六年にもなるが、あの戦争の、後始末のなかでは、まだ、この、尋ね人の問題が、残っている。この分では、尋ね人の問題は、あと、何年となく、続きそうだ。

「もと、満州、牡丹江に、おいでになった、山本……」

そこで、プツンと、スイッチが切れた。初之輔が新聞から眼をあげると、三千代が、ラジオのスイッチを、ひねっている。

「私、こんなの聞いてると、気持ちが、暗アくなるのよ……」

何をか、云わんやである。

食卓の上を見ると、子供の写真がおいてあった。初之輔は、写真を手に取って、眺めた。

「昨夜、谷口さん、見えるって云ってたけど、あなた、その写真の子供、どう、おおもいになる?」

三千代はけろりとして、茶をいれながら、云った。


このとき、実に、戦中に出征した初之輔の兄は、まだ内地日本に帰還していない。茶の間で過ごす夫婦の日常に突然、ラジオの「尋ね人」番組の声が流れ、初之輔の耳がそば立つ。ところが、この初之輔の耳のそば立ちをまったく意に受けず、三千代はラジオを消してしまうのである。『浮雲』において東京裁判のラジオ放送に反応した、ゆき子の態度が思い起こされる。この『めし』の茶の間の描写においても、当時のラジオ放送が戦後の微妙な緊張感を空気振動として伝えていた様相――これが感得できる。帰らない兄に思いを馳せる初之輔に対し、一方の三千代はむしろ、養子として孤児を引き取る希望を抱き、二人の倦怠期を乗り越えようとする。さらに言うと、その養子候補の子どもの、六歳という年齢においてこそ、終戦の時刻から派生した時間の流れがさりげなく示されている。これは、林芙美子研究者であれば周知の事実として、作家芙美子が終戦直後、疎開先の信州で、不幸な境遇にあった赤児を養子として林家へと入れた事蹟、そのままのことである。

先に示したように、『めし』は、作家林芙美子の死によって未完のまま放りだされた作品である。すなわち、その写真の子どもを引き取ることになるのかどうか、あるいは、この夫婦は結局別れることになるのかどうか、小説の結末は分からない。翻って、この作品を読む読者は、朝鮮戦争後の時空に思いを馳せながら、未完の『めし』の続きを想像=創造できるかもしれない。それはやはり、朝鮮戦争後の「復興」を単になぞるだけではないだろう。今、『めし』を読むとすれば、むしろ戦争の影や傷が「ループ」を描くように回帰する、表向きには見えづらくなった時間の波動というもの、それを手繰り寄せる修復作業に参画することにおいてである。

ここで思い起こしたいのは、日本の戦後映画における親子の表象である。戦後映画と言えば、小津安二郎を代表とする親子の縁がしみじみと描かれた家庭映画が思い起こされよう。しかし実は、大衆的に爆発的な人気を博したのは『鞍馬天狗』のように、血のつながらない者の友愛の方であった。今から思えば、戦争・戦後の混乱の実相を『鞍馬天狗』は反映していたと言えるが、いつしか芸術映画としてフランスから「凱旋」した小津の戦後の諸作品が戦後家族の表象を独占し、日本人はそこに自らのセルフイメージを求めていくことになる。

このような想念に駆られるのは、やはりこの小説『めし』の夫婦の何気ない日常生活の中で、しばしばそのような戦争の影や傷が「ループ」するような場面が挿入されている一方、映画化された『めし』にはそのような影や傷が完全に抑制されているからである。

例えば小説では、初之輔は、カフェの女給に突然、大連にいらっしゃいませんでしたか、と呼びとめられたりするのであるし、また三千代は、按摩師の施術を受ける中、その按摩師が盲目となった由来の戦争の事蹟を聞きとどめたりする。またこの夫婦に絡んでくるのが、初之輔の妹、里子なのだが、この里子は実は血の繋がっていない養女なのだ。林の筆は、一見してリアリズム的にストーリーを展開させているわけだが、人名に関しては、むしろ普通名詞が当てられている。血の繋がらない初之輔の妹が「里子」とあるのには、林の茶目っ気が感じ取れる。そして、原作小説と映画化された作品との間で最もその落差が示されるのは、まさに三千代がもらい子を求めようとする行動である。もちろんここには、映画会社の思惑がある。小説『めし』の刊行後、すぐさまその映画化を企図した東宝は、その仕事を成瀬巳喜男に託したのだが、監督の意に反して、「ハッピーエンド」を要求し、成瀬もそれを受け入れざるをえなかった――この経緯がある。

さて、ここで付け加えたいのは、戦後の「反省」のあり方について、林はやはり同時代を生きていたプロレタリア系の作家、左翼インテリなどに対して、やはりある種の対抗心があったということが、小説に書きとどめられていることである。佐多稲子や宮本百合子など、プロレタリア系女性作家に対して、戦中から対抗心があったことも実は知られたことであったが、それは『めし』にもちらりと表れていた。女性作家ではないが、ゾルゲ諜報団の一員にして、一九四四年十一月に刑死した尾崎秀実である。酒に酔った初之輔は、電車のつり革広告で見た書名、『愛情は降る星の如く』を思い出し、こう心の中で述懐する。「愛情は降る星の如く…、世の中には、そンなものはねえよォ」とうそぶくのである。周知の通り、『愛情は降る星の如く』は、獄中の尾崎が家族に宛てて送っていた手紙を編んだもので、戦後においてベストセラーとなっていた。今日のネトウヨ用語で言えば、「反日スパイ」の手記が堂々と売られ、大衆レベルでも享受されていた時代であり、実に隔世の感がある。初之輔の反応は、この場合には、ほぼ林芙美子自身の反応として読み取れよう。

『愛情は降る星の如く』について言えば、ある意味、このときの戦後の大衆は、「あの戦争」に反対していた人間がいたという事実にまず驚愕し、そこから一つの代償行為として、また戦後の混乱でバラバラとなったファミリーの紐帯をつなぐセンチメンタルヒストリーとして、『愛情は降る星の如く』を享受したのだと言えよう。

それはさておき、ここにあるのは、戦争への「反省」というものが、当時活躍していた、あるいは戦中に活躍していた文筆家、思想家においてさまざまな程度において意識され、その「反省」の形式が競われていた事実である。本稿の目的は、戦争への「反省」の系譜として、林芙美子のようなアプローチも一つのパターンとして考察の対象にできること、そのことを証明することであった。もちろんこれと類似するものとして、吉本隆明が絶賛した島尾敏雄の『死の棘』が示したような、夫婦関係を通じた戦後の「反省」の試みもあるにはあるが、『めし』がそれともまた別個の特色を有したものであることは言うまでもない。戦争の傷や影にかかわって、この二人の作家を比較するとなると、本稿のテーマをまた別の問題系へと変形せねばならない。紙幅も尽きたことであるし、この比較はまた、別の機会に譲りたい。

参考文献

太田治子『石の花——林芙美子の真実』筑摩書房、二〇〇八年
平林たい子『林芙美子』新潮社、一九六九年
平林たい子『宮本百合子』文藝春秋、一九七二年
川本三郎『林芙美子の昭和』新書館、二〇〇三年
川本三郎『成瀬巳喜男　映画の面影』(新潮選書) 新潮社、二〇一四年
中沢けい「解説」、林芙美子『晩菊・水仙・白鷺』講談社文芸文庫、一九九二年
中沢けい「解説」、林芙美子『茶色の眼』講談社文芸文庫、一九九四年
中沢けい「解説」、林芙美子『うず潮・盲目の詩』講談社文芸文庫、一九九五年
桐野夏生『ナニカアル』新潮社、二〇一〇年
新潮日本文学アルバム『林芙美子』新潮社、一九八六年

クンとメ・ティ

本間次彦

墨家をめぐって、中国的な教養の命運の一端を述べてみたい。

墨家は、諸子百家の中でもきわめて特異な集団である。彼らは、二つの点で、他の学派とは大きく異なっていた。

まず、その強固な組織構成である。集団は、代々、「巨子」と呼ばれるリーダーによって整然と統率され、墨家の開祖とされる墨子（墨翟《てき》）は、初代の巨子だったと考えられている。さらに、集団内部は、対外的な宣伝を担当する部門、集団内の教育を担当する部門、攻撃の危険にさらされた城壁都市の防衛に従事する部門などで構成され、それぞれ高次の専門性を備えていた。「非攻」を主張し、侵略戦争に反対する彼らは、時には、侵略戦争から都市を守り抜く特殊技術を発揮する傭兵集団ともなった。

次に、構成員の出身階層である。墨家以外の学派について言えば、学派の違いはあっても、すべて知識階層が構成員である。それに対し、墨家は、かなり多様な社会階層の出身者によって構成されていた。宣伝や教育を主に担当していたのは知識階層であっただろうが、それ以外にも、多くの技術者や職人、労働者などで集団が構成されていたことはまちがいない。彼らこそが、都市防衛に関わる業務の中心的な担い手であった。

集団内の教育には、『墨子』として今に伝えられるテキストの各篇が用いられていた。テキストの中には、現在で言えば、科学技術や論理学に関連する内容が少なからず含まれている。そのことにも理由がある。都市防衛に付随する工事には科学技術の知識が、宣伝工作には論理学の知識が欠かせなかったからである。

墨家にとって、最大の論敵は、儒家であった。儒家は、礼楽を通じて、人々を正しく啓蒙し、社会を正しく文明化しようとする。それに対し、墨家は、質実剛健、簡素な生活を理想とする。儒家は、身近な家族を愛することから始めて、その愛を段階的に他者へと拡充していくことで、社会には秩序がもたらされると考える。それに対し、墨家は、愛は自他の区別なく、あらゆる人々に及ぼされるべきであると考える。「兼愛」の教えである。

儒家と墨家は、戦国時代の有力学派であった。しかし、秦漢帝国の登場とともに、明暗は分かれる。墨家は、その痕跡を歴史から完全に消してしまうからである。

それから約二〇〇〇年が経過した後、一九世紀の後半に至って、墨家をめぐる状況は一変する。一種の墨家ルネッサンスが出現したからである。政府主導で推進された富国強兵政策を正当化、合理化する議論の中に、この頃、『墨子』が多く引用されるようになる。西洋からの先進技術の導入に、保守派の知識人たちはきわめて批判的であった。彼らを説得するために持ち出されたのが、西洋の科学技術の源は中国にある、という考え方である。古代中国で生まれた特殊な知識と技術（その多くは『墨子』由来である）が西洋に伝わり、西洋で洗練された後、今、本家の中国に里帰りしているだけのことである、と考えるのである。『墨子』が、近代の文脈の中で思想資源として想起され、西洋近代の学問体系と連結された結果、あの「現在で言えば、科学技術や論理学に関連する内容」が、そのような内容にいわば生まれ変わったのである。

実は、西洋近代との関わりで、『墨子』が再生したのは、この一度だけではない。

一九三四年、亡命中のブレヒトは、『墨子』を意識しながら断片を書き続けていた。ある断片には、クンとメ・ティが登場する。孔子と墨翟である。メ・ティは、今や革命家である。そして、両者は、今なお論争を続けている。論争のテーマは、最小単位である。クンは、それは家族だと言う。メ・ティは、「労働の場か、あるいは労働の求められている場に形成されるもの」だと考える。最小単位と愛の関係をめぐって、あの「兼愛」論争が再燃する。メ・ティの発言を引用してみよう。

クンは、子供は両親を愛するべきである、という。しかし、愛は命令されるものではありえない。なぜ、ほかならぬその両親が愛されなくてはならないのか？　最小単位の構成員たちは、たがいに愛しあう必要などない。かれらはただ共通の目的を愛しさえすればいいのだ。家族は変わらないが、最小単位は動きに満ちている。最小単位は結束に役立ち、家族は分離に奉仕する。（『転換の書』、石黒英男・内藤猛訳、績文堂、二〇〇四年）

かつての巨子メ・ティは、かつての墨家集団を今や最小単位として革命的に再編しようとしている。まるで、二〇世紀の中国において、中国的な教養が革命的に問い直され続けた歴史を寓意しているかのようである。

猿は何者か

『猿の惑星』にみる人種表象

廣部　泉

猿と人間、この二種族のあいだにはたしかにすごい憎しみがあるのだ。猿どもが近づいてきたとき、網にかかった人間たちがどんな態度を示したか、それを見ただけでなっとくがいく。(1)

これはフランスの作家ピエール・ブールが一九六三年に発表した小説『猿の惑星』の一節である。遠く離れたベテルギウス星を高速宇宙船で目指す主人公たちが、到着した地球に似た惑星で見た世界は、高度な文明を築いた猿たちに、原始的な人間が支配されているというものであった。そこには、異質なものに対する嫌悪が描かれている。

ブールはなぜそのような主題を描こうと思ったのだろうか。それを解くカギは彼のもう一つの有名な作品にあるように思われる。その作品『クワイ河の橋』は、『戦場にかける橋』というタイトルで映画化もされたので世界的に有名になった。第二次世界大戦中、東南アジアで日本軍の捕虜となったヨーロッパ人が、強制労働させられるストーリーである。それまでアジアでは入植した白人が現地の人々を酷使することが一般的であった。そのため、日本人というアジア人が、白人を酷使するという第二次世界大戦によって生じたこれまでとは逆の構図が衝撃的であったのである。『戦場にかける橋』において、異質な他者とは日本人を指しているのは明らかである。では、『猿の惑星』の猿は、何を指しているのだろうか。

一九六八年にアメリカにおいてフランクリン・J・シャフナー監督、チャールトン・ヘストン主演でブール原作の『猿の惑星』が映画化されたときには、猿が何を表しているかは自明であった。一九六〇年代のアメリカ合衆国は公民権運動の時代である。南北戦争でアフリカ系の奴隷は解放され、その平等な権利は憲法修正によって保障されたかに見えた。しかし、連邦制をとるアメリカ合衆国では、南部諸州の厳しい人種差別的州法による人種差別が弱まることはなかった。世界大戦で命を懸けてアメリカの自由のために戦ったアフリカ系アメリカ人の兵士たちは、自分たちを解放者として歓迎してくれたヨーロッパ人と、帰国したのちの母国での非人間的待遇の差に愕然とした。そうして戦後、人種平等を訴える公民権運動が盛り上がりを見せていったのである。そしてついに一九六四年にジョンソン政権のもと画期的な公民権法が成立する。しかし、期待の高まりとは裏腹にアフリカ系アメリカ人の生活実態は法律の通過によってすぐに改善するわけもなく、毎年夏になるとアフリカ系アメリカ人の不満が爆発し、全米の大都市で人種暴動が起きていた。法律上は平等な権利を与えられながらも社会的差別によって苦しめられ続け不満が鬱積していたアフリカ系と、それまで二級市民として下に見ていたアフリカ系が法律を後ろ盾に権利を主張するさまを見て恐れおののいたアメリカ白人との衝突が頻発していたのである。猿が、逆に人間を支配している世の中を描いたこの作品に多くのアメリカ人は、猿がアフリカ系を表していると直感した。(2)

このような見方には、多くの批評家たちも同意している。例えば、『猿の惑星』を扱った代表的研究である『「猿の惑星」隠された真実』の中で、著者エリック・グリーンは「白人は……現代の白人を暗示し、猿は黒人を暗示していたのである」と書いている。

観客がいだいていた有色人種に対する罪の意識と自己嫌悪は、アメリカ文明の象徴にあたるヘストンの姿で描かれる。撃つ、殴る、火であぶる、石を投げつける、猿ぐつわをはめられる、去勢するぞと脅される、といった猿の拷問が彼の身体にふりそそがれる。こういった虐待は、歴史的には白人が有色人種に行なってきたものだ。白人よりも性的に優っている黒人を連想させる猿から「去勢するぞ」と脅かされることで、白人の男らしさのイメージが壊されるのだ。(3)

また、「「猿の惑星」と人種的優越に関するアメリカ白人の不安」と題する、まさにこの主題そのものを扱った別の論考も、「我々は「猿の惑星」を、非白人、特に黒人に対する西洋の偏見の長い歴史……の観点から解釈しなければならない」と指摘している。(4)

このような解釈は今日まで続いている。二〇一八年初頭、スウェーデンのアパレルメーカーH&Mが、「ジャングルで最もイケてる猿」というロゴが書かれたパーカーを発売し、それを五歳の黒人少年に着せた写真をネット上の広告に掲載して、大問題となった。H&Mは、すぐにその写真を広告から外したものの、商品そのものは販売し続けたため、さらなる批判を受けてようやく販売を停止した。深刻なのは、同社が差別的傾向のある一地方の会社ではなく、世界展開する多様性重視をうたう大企業だったということである。広告が実際にオンライン上に掲載されるまで社内外できわめてたくさんの人の目に触れたであろうと考えられるが、だれも問題に気がつかなかった、もしくは指摘しなかったのである。

二〇二〇年八月、ニュージャージー州の高校生二人が撮影した写真がネット上に拡散し問題となった。その写真は、一人の生徒がトランプ支持派を象徴する「アメリカを再び偉大に」と書かれた赤い帽子をかぶり、警官のバッチを身に着けたうえで、後ろ手にされ猿のマスクをかぶった生徒の首を膝で押さえつけているというものであった。その年の五月に、アフリカ系のジョージ・フロイド氏が白人警官によって、頸部を膝で長時間押さえつけられたことによって殺害された事件があり、その事件を揶揄したものであった。そして、猿のマスクが黒人を表すために用いられているのは明らかであった。

その一方で『猿の惑星』の猿が表しているものについては、別の解釈も存在する。同じくブールによって書かれた、日本軍によって白人捕虜が強制労働に従事させられる物語である『クワイ河の橋』からの連想で、『猿の惑星』においても他者は日本人を表しているとみなす見方である(5)。白人が圧倒的力でアジア人を支配することが当たり前の当時のアジアにおいて、支配される側であるはずのアジア人である日本人によって白人が支配されるという逆の世界が描かれたのがこの『クワイ河の橋』であった。それと同じ逆転の発想から、『猿の惑星』が書かれたとするのである。

ただ、当の日本人は、少なくとも一九六八年の映画公開当初はそのような受け止め方はしなかったようである。チャールトン・ヘストン主演『猿の惑星』公開当時、この映画は日本人に対して人種差別的であるから上映は中止されるべきというような議論が巻き起こった気配はない。また、一九六八年八月に当時の人気テレビ番組『ウルトラセブン』で第四四話『恐怖の超猿人』が放送されている。地球侵略をたくらむ宇宙人ゴローン星人が、人間と猿の脳波を交換して、人間全体を支配しようとするストーリーである。八月に放送されたこのエピソードが同年四月に日本で公開された映画『猿の惑星』に触発されたものであるのは、映画のさまざまな要素が取り込まれていることからも誰の目にも明らかであったが、特に何の議論もなく娯楽作品として受け入れられている(6)。

しかしながら、第二次世界大戦中には、日本人を猿とみる表象が敵国となった連合国の白人の間にあふれていた。ウィリアム・ハルゼー提督が、前線で日本兵のことを「モンキーメン」と呼んでいたのは有名な話であるが、彼は米国内のラジオ放送でも「黄色い猿」と呼んでいる(7)。豪軍のトーマス・ブレーミー将軍は、日本人を猿と人間の中間の生き物とみなしていたし、アレクサンダー・カドガン英外務次官は、「けがらわしいちっぽけな猿ども」と呼んでいた。海兵隊員の間ではジャップと猿を合わせた造語「ジェイプス」や「モンキーニップス」が使われている。トルーマン大統領も、日本人を「ケダモノ」と呼び、原爆投下を正当化している。『ニューヨーク・タイムズ』などの高級紙も、日本人を猿に見立てる他紙の挿絵を転載し、このような見方の普及に貢献している(8)。

猿と日本人を結びつけるこの見方は、日本が空襲で灰燼に帰し、再び立ち上がれないのではと思われるほど叩きのめされると、戦後しばらくは影を潜めた。しかし、日本が急速な発展を遂げるにつれて再び有力になっていった。欧米では、日本が経済的に急成長を遂げるにつれて、日本人を脅威と見る解釈が頻繁に表れてくるようになった。日本の急激な復興は、ジャパニーズミラクルが言われるほどであった。第二次世界大戦で廃墟と化した日本が、信じられないような急速な経済成長に成功し、西洋に追いつき、追い越さんばかりに見えたのである。イギリスの週刊誌『エコノミスト』が日本の経済的驚異を特集したのが一九六二年、アメリカの『タイム』誌が、日本が経済戦争に勝ちつつあるのではないかと特集したのが一九七一年であった。この『タイム』誌は、日本の経済的発展をビジネス上の「侵略」ととらえていた。そこには、当時のニクソン政権の高官の考えとして、「日本人はいまだに戦争を戦っている……彼らの当面の意図は太平洋を支配すること、それからおそらく世界を支配することだ」との発言が記されていた[9]。この流れは止まることはなく、一九七九年にはハーバード大学のエズラ・ヴォーゲル教授によって『ジャパン・アズ・ナンバーワン』が出版されベストセラーとなる[10]。

このころサンフランシスコのある新聞に、「形勢が逆転すると」という記事が掲載された。自動車に代表される日本の工業製品を作るために米国内に建てられた日本の工場に雇用を頼らなければならなくなったアメリカ人が、日本人のような行動様式をとるようになったと嘆く記事である。この記事のきめ言葉は、「我々アメリカ人は日本人を真似しようとしている」というものである。「真似る」を意味する英単語は多数あるうちこの記事は、apeという「猿真似」を意味する語を選んでいる。これまで優位にあったアメリカ人が、「形勢が逆転」して逆に日本人の真似をしなければならなくなったというのであるが、ここで暗黙の理解として、アメリカ人が猿と見下していた日本人の真似をしなければならなくなったということが前提としてあるのは明らかである。(11)

一九八〇年代末になると、アメリカが不況に苦しむ一方で、日本がバブル経済に浮かれる中、日本企業がアメリカの有名不動産や企業を次々買収して話題となった。ニューヨークのロックフェラーセンターが三菱地所によって買収されたときは大きな反響を呼んだ。アメリカ人にとってショックだったのは、そこがニューヨーク市の中心部にあり、毎年巨大なクリスマスツリーが飾られるのが風物詩となっている場所だったからである。その年のクリスマスシーズンには、日本から多くのテレビクルーが取材に訪れ、その日本人テレビクルーをアメリカのテレビが取材する始末であった。現場に居合わせたオランダ人の著述家は、「これが彼らの広島に対する報復なのか」と横にいた人が囁くのを聞いている。『ニューヨーク・タイムズ』紙は、「もし日本人が戦争に勝って日章旗を掲げるとしたら、ロックフェラーセンター以上に勝ち誇った場所はあるだろうか」というアメリカ人歴史家の言葉を掲載した。(12)

アメリカ人に多大な影響力をもつハリウッドの巨大映画会社が日本企業に買収されるのにもアメリカ人は気が気ではなかった。ソニーがコロンビア・ピクチャーズを買収し、続いて松下がユニバーサル・ピクチャーズを傘下に持つMCAを買収した。日本はアメリカの文化まで買収するのかと反感が広がった。アメリカ人が大切に思っているものを、日本の企業が経済力にものをいわせて次々買収していくのを前に、一九九〇年には、米議会は日本の脅威について「日本の経済的挑戦」と題して公聴会を開催している。ただ、当時のアメリカへの外国からの投資額は、日本が突出していたわけではなく、イギリスやオランダが上回っていたことを考えると、日本からの投資をことさら問題する態度には人種的要素があったと考えるのが自然ではないだろうか。

そして今日、コロナ禍でアジアンヘイトが急増する中で、日本人を猿として表す連想がいまだに根深いことを示す事件が発生する。二〇二〇年六月、ロサンゼルス郊外の日本の調理器具や食器を販売する店に脅迫状が張られる事件があった。出ていかないと店を爆破するという内容の脅迫状には、爆破予告に続いて次のように書かれていた。

> 言う通りにしないと店を爆破する。どこに住んでるかは知ってるぞ。お前の居場所に帰れ。日本に帰れ、猿野郎！ お前のせいで気分が悪くなって吐きそうになる。(13)

こういった表象に対して、日本人は以前よりも敏感になっているようである。先の脅迫状が張られたのとほぼ同じころ、テニスプレーヤーの大坂なおみが、Twitter にたまたま猿のミームを投稿した。これに対して、黒人差別に対して関心の薄い日本人を「イエローモンキー」とみなして大坂が批判しているのではないかという誤ったリプライが殺到した。一九六八年に『猿の惑星』が公開されたころとは反応が大きく変わっている。(14)

そして猿が表しているのは日本人だという見方を強めるのが、ブール自身の第二次世界大戦時の経験であった。戦前、彼はマレー半島でプランテーション経営に従事していた。ところが彼のプランテーション経営は、フランス本国政府がナチスドイツに対して敗北し、親ナチスのヴィシー政権が誕生することで危機に陥る。日本軍の南進は致命的であった。ブールは、反枢軸の自由フランス側に立って戦う道を選ぶも、逆に捕虜となってしまい、捕らわれたのち脱出する。このとき、ブールを捕らえたのが日本軍で、日本軍の捕虜収容所に入れられたとする説が多く存在する。アジア人である日本軍に捕虜にされ、主従が逆転した世界で辛酸をなめたフランス人作家ブールは、作品の中で支配者と被支配者が倒錯する世界を描いた。すなわち、猿が表しているのは日本人にちがいない、と考えることができるのだ。

とはいえ、ブールの来歴を調べると、彼を捕虜にしたのは、ヴィシーフランスもしくはそれ寄りの集団で、日本軍ではないことがわかる。彼の自伝的小説『クワイ河の源流にて』では、捕虜時代が詳しく書かれている。そこでは確かに彼を捕虜にした人々については多少ぼかして書かれているが、文脈からヴィシー政権寄りの勢力によるものであることが読み取れる。ブールを捉えた側の発言に「日本軍に引き渡さなければならないかもしれない」というものがあることからも、ブールを捕らえて収容したのが日本軍でないことは明らかである(15)。一九九六年に出版されたブールについての研究書『ピエール・ブール』も、第一章「伝記――非凡な人生」において、彼の人生をこの自伝的小説を基本として描き、ヴィシーフランスによって捕らえられたとしている(16)。日本で初めて公開されたときの『猿の惑星』のパンフレットにも、原作者のブールは、「ヴィシー政権下のフランス軍に捕らえられた」とある(17)。また、ハヤカワ・ノヴェルズの翻訳本の原著者紹介にも同様の記載がある(18)。

一九九四年にブールが亡くなった際の有力紙の死亡記事でも、ブールを捕らえたのはヴィシー政権であると記載されている。例えば、『ニューヨーク・タイムズ』には、「ヴィシーフランスに捕らわれ、終身強制労働の刑に処せられ」、連合軍の勝利が近づくと、捕虜収容所側の手配で脱出したとある。[19]『シカゴ・トリビューン』にも同様の記述がある。[20]『ガーディアン』紙は、「対敵協力的なヴィシー政権に忠実なフランス警察によってハノイで逮捕され、終身強制労働の判決を下され、脱出するまで酷い環境の牢獄で二年間を過ごした」と書いている。[21]

ところが、興味深いことに、ブールを捕らえた主体をあいまいにぼかしたり、ヴィシーフランスではなく日本軍によって捕らえられたとする記述が一部では初期から存在し、徐々に増えていっているようにみえるのだ。先のハヤカワ・ノヴェルズにおいても、出版社が用意したであろうカバーとは別にSF作家福島正実による解説においては、「ヴィシー政府が政権をにぎると……日本軍進駐下のインドシナに再び潜入し、活躍した。一九四三年捕えられて二年間、収容所生活を送ったが、イギリス軍の援助で脱走に成功し、そののちも、抵抗運動を続けた」と、ブールを捕らえた主体が書かれていない。同時期に出版された創元推理文庫の『猿の惑星』の訳者あとがきにも、「約一年半ほど日本軍の収容所生活を体験したが、イギリス軍の援助で脱走に成功」としかない。また、一九七五年のハヤカワ文庫『戦場にかける橋』の訳者あとがきでは「自分の長い東南アジアでの生活と捕虜収容所での体験から」とだけ書かれ、彼を捕らえた主体がぼかされている。[22]『朝日新聞』のブールの死亡記事も、「インドシナでレジスタンス活動に参加。捕虜となり、強制労働を課せられた」とあり、どこの捕虜になったかは書かれていない。[23]『読売新聞』も同様で、「仏領インドシナ軍に参加、敗北後は対日抵抗連絡員として活動し、捕虜となった」とある。『ワシントン・ポスト』紙の死亡欄では、はっきりと「日本人に捕らえられるまでマラヤの仏レジスタンスのために働いた」と書かれている。[24]

このような話は二一世紀に入ってからも続いており、英語出版物の業界で権威あるヴィンテージ版の『猿の惑星』の著者紹介は、次のように書かれている。

ピエール・ブールは一九一二年にアヴィニョンで生まれた。ブールは第二次世界大戦を、雲南、コルカタ、そしてインドシナで戦い、そこで日本人によって捕らえられた。戦後はマラヤ、カメルーン、そして最後にパリに住み、一九九四年に亡くなるまでそこに住んだ。(25)

日本国内でもその流れは続いているようだ。ブールとは別の著者によって書かれた続編の邦訳として二〇一四年に出版された『猿の惑星　新世紀』に添えられた解説は、ブールに触れ、「原作は第二次世界大戦中、ブールが日本軍の捕虜となった体験から生まれたと言われている」としている。「言われている」と書いているところが、わかっているけどそちらの方がおもしろいでしょうと言わんばかりで意味深である。(26) 同じ年の『キネマ旬報』に掲載された『猿の惑星』の発展の歴史を概観する小論においても、「原作者ピエール・ブールは……四三年に日本軍の捕虜となった」とはっきりと書かれている。(27)

さらには『猿の惑星』の中の猿をアフリカ系を表しているとするのが圧倒的多数であった欧米の研究でも、猿が日本人を表すとするものが出てきている。「猿と日本人について∴オリエンタリスト表象における擬態と倒置」という二〇〇八年に発表された論考では、西洋を追い越した日本の経済的発展に、人間よりもはるかに進んだ文明を展開する猿の世界に、支配されていた側が支配していた側を支配するという逆転を見出している。[28]

今日まで、ブールが日本軍の捕虜になっていたことを示すような新史料が発見されたという事実はない。しかし、より重要なのは、ブール本人も猿が何を表しているかをはっきりと語ったことはないという点だ。ブールは、自分が日本軍の捕虜になったという言説が広まっても、あえてそれを否定もせず、むしろそのような言説を利用していた様子さえ見受けられる。そのため、今日まで猿の解釈についての混乱は続き、みな猿をいろいろなものに読み替え続ける。あるときは黒人に、日本脅威論が言われると日本人に。

ブールは小説創作において猿を「シグニファイング・モンキー」として描き出すことで、白人の名状しがたい内なる恐怖を浮き彫りにしたのである。[29]

註

（1）　ピエール・ブール『猿の惑星』大久保輝臣訳、創元推理文庫、一九六八年、六一—六二頁。

（2）　一九六八年、アメリカ社会は混迷の度を極めていた。ベトナム戦争は泥沼化し、人種問題も悪化していた。そのような中、希望の星と思われた若き大統領候補ロバート・ケネディが暗殺されただけでなく、公民権運動を象徴するキング牧師もこの年に暗殺されている。アメリカ社会が自信を失っていたこともこの傾向に拍車をかけた。

（3）　エリック・グリーン『「猿の惑星」隠された真実』尾之上浩司・本間有訳、扶桑社、二〇〇一年、六六頁。

（4） Jesús Cora Alonso, "*Planet of the Apes* and the Anxieties of White Americans over Racial Supremacy," eds. Antonio Ballesteros and Lucía Mora, *Popular Texts in English: New Perspectives*（Ediciones de la Universidad de Castilla-La Mancha, 2001）, p. 216.

（5） 欧米人が日本人を猿と見る見方は一九世紀以降頻繁に登場し、第二次世界大戦中に一つのピークに達している。ジョン・W・ダワー『容赦なき戦争――太平洋戦争における人種差別』猿谷要監修、斎藤元一訳、平凡社ライブラリー、二〇〇一年を参照。

（6） 『ウルトラセブン研究読本』洋泉社、二〇一二年、一九六―一九七頁。

（7） *Detroit Tribune*, 29 January 1944.

（8） ジョン・W・ダワー『容赦なき戦争』、一六五―一七二頁。

（9） *Time*（10 May 1971）, 84–89.

（10） Ezra F. Vogel, *Japan as number one: lessons for America*（Harvard University Press, 1979）.

（11） *San Francisco Examiner*, 4 December 1980.

（12） *New York Times*, 1 November 1989.

（13） https://www.nbclosangeles.com/news/local/torrance-japanese-store-note-threat-hate-crime/2381222/（Retrieved on March 17, 2022）.

（14） https://japantoday.com/category/sports/naomi-osaka-called-racist-by-racists-after-posting-meme-in-response-to-covid-19-cases（Retrieved on March 28, 2022）.

（15） Pierre Boulle, *Aux sources de la rivière Kwaï*（Julliard, 1966）, p. 203–204.

（16） Lucille Frankman Becker, *Pierre Boulle*（Twayne, 1996）, p. 23–24.

（17） 20th Century-Fox「猿の惑星」（ケン・ブックス、一九六八年、パンフレット）

（18） ピエール・ブール『猿の惑星』小倉多加志訳、ハヤカワ・ノヴェルズ、一九六八年、表紙カバー折り返し。

（19） *New York Times*, 1 February 1994.

（20） *Chicago Tribune*, 1 February 1994.

（21） *Guardian*, 2 February 1994.

（22） ピエール・ブール『戦場にかける橋』関口英男訳、ハヤカワ文庫、一九七〇年、二四二頁。

（23） 『朝日新聞』一九九四年二月一日。

（24） *Washington Post*, 1 February 1994.

（25） Pierre Boulle, *Planet of the Apes*（Vintage, 2011）; Pierre Boulle, *The Bridge on the River Kwai*（Vintage, 2002）にもまったく同じ著者紹介が掲載されている。

（26） アレックス・アーバイン『猿の惑星　新世紀』富永和子訳、角川文庫、二〇一四年、三五八頁。

（27） 藤田直哉「一九六八年から二〇一一年へ――『猿の惑星』小史」『キネマ旬報』二〇一四年九月上旬号、二九頁。

（28） Guarné, B. “On Monkeys and Japanese: Mimicry and Anastrophe in Orientalist Representation”. *Digithum*, Num. 10, Dec. 2008, https://raco.cat/index.php/Digithum/article/view/394998.（Retrieved on March 23, 2022）

（29） 「シグニファイング・モンキー」については以下を参照。Henry Louis Gates, Jr, *The signifying monkey: a theory of Afro-American literary criticism*（Oxford University Press, 1988）. 邦訳は、ヘンリー・ルイス・ゲイツ・ジュニア『シグニファイング・モンキー――もの騙る猿／アフロ・アメリカン文学批評理論』松本昇・清水菜穂監訳、南雲堂フェニックス、二〇〇九年。

南洋の記憶

土方久功の『流木』

広沢絵里子

二〇二一年の夏、七六回目の終戦記念日に関連して、あるテレビ情報番組が海に眠る日本人戦没者の遺骨（海没遺骨）について報じていた。日本近海を含む海底に眠る戦没者は三〇万人にのぼるというが、たとえば旧トラック諸島（現チューク諸島）の海底には軍や民間の船が五〇隻沈んでおり、数千人の遺骨がそのままになっているという。ダイバーたちがそれを拾い上げてはあまり好ましくない扱いをしていることも紹介された。戦死した人々とその遺族の気持ちを思うと遺骨収集は切実な問題だ。一方で、チューク諸島を含むこの地域がかつて日本の植民地であったことについて、突っ込んだ言及はなかった。

南太平洋地域への植民の記憶は、現代の日本社会でどの程度共通の記憶になっているのだろうか。第一次世界大戦勃発後、旧日本軍はドイツ領ニューギニアの島嶼部に侵入し、一九一九年のヴェルサイユ条約において赤道以北のミクロネシア諸島が日本の委任統治領となった。そして、やがてそこは太平洋戦争の激戦地となった。Google 地図でミクロネシアの位置を見てみると、多数の島々が散在しており、一つの島の名を確認しようと縮尺を拡大すると、島同士の位置関係が見失われ、私の貧しい地理感覚ではひどく苦労する。

在野の民族誌家・彫刻家・詩人として知られた土方久功《ひじかたひさかつ》（一九〇〇―一九七七）は、南洋との関係で繰り返し想起される人物の一人だ。(1) 太平洋戦争勃発直後の一九四二年に、当時パラオに滞在していた中島敦と共に帰国するまで、土方は約一三年間南洋に暮らし、民族誌的調査と絵画や彫刻の制作に従事していた。中島は帰国後まもなく没したため、土方は中島の最晩年を知る友人だったともいえるだろう。土方久功は一九二九年に「南洋庁」の所在地であるパラオのコロールに単身で赴き、公学校（現地住民の子供を教育する機関）での教職を得て、そのかたわらパラオの風俗、宗教、言語などの調査にいそしんだ。一九三一年にはパラオ本島から一三〇〇キロメートル離れたサタワル島に移り住み、現地の妻を迎え、島民と衣食住を共にしながら七年間過ごした。サタワルは現ヤップ州東端に位置しており、上述のチューク諸島の西側にあたる。土方は、日本とは大きく異なる島民の習慣や呪術を観察し、あるいは自ら実践し、その記録を日記にしたためた。フィールドノートを兼ねた日記をほぼそのまま活かした著書『流木』は、土方のサタワル（彼の表記方法ではサトワヌ）滞在の集大成として一九四三年に刊行された。(2)

土方は同書において、サタワル滞在の「唯一の、無二の目的は最も文明の影響の少ない、土人等が昔ながらの生活を續けてゐる所にあつた［…］」と記している。東京の富裕な一族に生まれた土方は、ドイツ留学経験もある軍人の父が病没したのち経済的困窮と家庭内の不和を苦にしていた。東京美術学校の彫刻科に進学したのも、それまで通っていた私学での進学が難しくなったからだ。ゴーギャンの『ノアノア』の世界的な流行が、日本の若い美術学生たちにも少なからず影響を与えていたことも背景にあるだろうが、日本の西洋美術界の権威主義になじめなかった土方は、自らの知的好奇心と自由な芸術性を満足させるため、また生きてゆくために南洋行き

土方久功《美しき日》，1970 年，紙・水彩・インク，41.0 × 54.5cm
土方は戦後二度と南洋を訪れることはなかったが，日本で南洋をモチーフとした作品を作り続けた。本作品の背景にはパラオの独特な地形である棚田状の山，ケズ（Ked）が描かれている。
所蔵 = 世田谷美術館

を決意したのではないかと私は想像する。

『流木』における土方は、島民たちが旧来の規則と神秘にがんじがらめとなっていることを指摘しながらも、そこにある「調和」を文明が乱すことの危険性を指摘している。土方が島の言語や民話、宗教的儀式や習慣を拾い上げ記録しようとした動力は、これらの文化がいずれまもなく失われるかもしれないという焦燥感だった。土方は、植民地政策の一環として選考された子供が、嘆き悲しむ母親から強制的に引きはがされヤップ島の公学校に送られる「悲惨な光景」も書きとどめている。観察者としての土方は、文明から最も遠く離れた場所で、しかしそこがやはり帝国主義にからめとられていることに気づいていたはずだ。土方の島民への目線は、時に驚きに満ち、時に深い憧れに満ちてもいた。とりわけ、「自然そのものにまるつきり抱かれきつて」いるような「土人たち」は、自然を「美しい」客体としてしかとらえられない文明人・土方の対極に位置する輝かしい存在だった。彼のサタワル島との出会いは日本の植民地主義なくしてはありえず、彼のいわゆる「文明化」への抵抗も、帝国主義的な秩序の内部で行われていた。その彼が文明に侵食される島民文化に相対する仕方は深い矛盾に満ちているがゆえに、一層興味深く、多層的な南洋の記憶へといざなっている。

註

(1) 土方久功に関する代表的な評伝に次のものがある。岡谷公二『南海漂蕩——ミクロネシアに魅せられた土方久功・杉浦佐助・中島敦』冨山房インターナショナル、二〇〇七年。清水久夫『土方久功正伝——日本のゴーギャンと呼ばれた男』東宣出版、二〇一七年。

(2) 土方久功『流木』小山書店、一九四三年。同書は、一九七四年に未來社から再度出版されたのち、三一書房刊『土方久功著作集(全八巻)』の第七巻(一九九二年)に収録された。いずれも初版の文言が一部削除されている。

相互扶助による「支配のない状態」の実現は可能か

ピョートル・クロポトキンの相互扶助論に焦点を当てて

田中ひかる

はじめに

ここでは、「相互扶助」や「協力」が、「支配のない状態 anarchy」もしくはより自由で平等な社会を実現することにつながっているのか、という問いについて、ロシア出身のアナーキストであるピョートル・クロポトキン（一八四二―一九二一）の相互扶助論に焦点を当てて考えてみたい。

ここで言う「支配」とは、国家、資本主義、家父長制、あるいは家族、伝統や社会的慣習など、人間によって構築された、個人を束縛するさまざまなシステムのことを想定している。他方、「相互扶助」とは、アナーキストが、そのような「支配」から人間を解放する手段と見なしてきたものであり、具体的には、社会の中で対等な人々が実践する「協力」や「助け合い」である。

二〇世紀初頭、クロポトキンは、この相互扶助を、長い進化の過程で、先行するさまざまな生物から人類が引き継いだ「本能」であるという見解を示した。そうだとすれば、相互扶助は、人間によって「飼いならされた」「文化」や「文明」といったものではなく、人間がコントロールできないという意味での「野生」であると考えることができるだろう。クロポトキンらアナーキストたちは、相互扶助という「野生」を通じて、国家や資本主義という「支配」のない社会を実現できると考えたのである。

クロポトキンによる相互扶助論は、二〇世紀前半、日本をはじめ世界各国で紹介され、一定の支持を得た。ところが、ロシア革命以降、社会主義国家の成立によって、自由で平等な社会を実現するためには国家が必要である、と理解されるようになり、国家なき社会を理想とするアナーキズム、そして相互扶助論は、理想主義的かつ現実味がない考え方である、と見なされ、支持を失っていった。

これ以外にも、アナーキズムと相互扶助論が影響力を失った要因はあった。二度の世界大戦が終わっても、人類は、繰り返される戦争や内戦、そしてジェノサイドを経験してきた。このような現実に直面すれば、誰しも、人間とは「万人の万人による闘争」を繰り返す利己的で他者との協力などしない存在である、という考え方にリアリティを感じるのではないだろうか。

また、人間は生来利己的である、という考え方が積極的に主張される事態も生まれた。一九七〇・八〇年代以降、世界各国で推進されていく新自由主義政策は、経済的合理性と利己主義に基づいて自己利益を最大化していく「ホモ・エコノミクス」という人格を前提とするものだった（ブレグマン、二〇二一、上、三九頁）。そのうえで、社会の富裕層（市場競争の「勝者」）がより多くの富を獲得すれば、その富が社会の下方に「したたり落ち」ることで、貧しい人々（「敗者」）にも恩恵が行き渡る、したがって、このしくみこそ社会を豊かにする、とする思想を背景にしていた（ハーヴェイ、二〇〇七、九五頁）。しかし、一九九〇年代から現在まで、一握りの豊かな人々が新自由主義を推進することで、グローバルな格差と貧困が拡大している、という認識を持った人々による激しい抗議行動が起きるようになる。彼らは、どの政党でも政権につけば新自由主義政策を推進する、という経験と、資本主義というシステムにおいては、自分たちの生活が一握りの富裕層による決定によって左右される、という認識を共有するようになった（田中、二〇一八、一六—二七頁）。

さらに、二〇二〇年以降のコロナ禍においては、国家だけで人々の生活や健康を守ることができない、という認識を持つ人々によって、生活に困窮する人々を支援する自発的な活動が世界中で展開されてきた。そして、これらの活動は「相互扶助」と呼ばれた（Sitrin and Collectiva Sembrar, 2020）。

以上見てきた一九九〇年代以降から現在まで続く、新自由主義に対するさまざまな抗議行動の中から、一握りの富裕層が権力を握る国家と資本主義に対する強い不信感を抱き、それらの支配下においても「今・ここで」「支配のない状態」を実現できる、と考える「新しいアナーキスト」が現れた。その結果、二〇世紀前半に衰退したかに見えたアナーキズムが「復活」したと言われるようになった（田中、二〇一五、三九頁）。

後述するように、このようなアナーキズムの「復活」と時を同じくして、それまで信じられていた利己的な個人という考え方を批判し、人は協力や相互扶助を通じて社会秩序を作り出してきた、と論じる人々が現れるようになった。

ただし、彼らの議論は、人間による相互扶助だけに限定されている。これに対して、人間は利己的な存在である、という主張が依拠しているのは、多くの場合、「生存競争」という自然界の法則が人間社会でも機能している、という考え方である。したがって、この主張に反論するためには、あらゆる生物を視野に入れた議論を展開する必要がある。そして、そのような議論を、クロポトキンは二〇世紀初頭にしていたのである。

彼は相互扶助を、進化の過程で人間がほかの生物から受け継いだ「本能」=「野生」である、と主張した。この主張は、今日でも有効なのだろうか。この問いに答えるため、本稿では、人間による「相互扶助」や「協力」を通じて、より自由で平等な社会、もしくは「支配のない状態」を実現するうえで、さらに、グローバルな格差や地球環境の破壊といったさまざまな問題を解決するうえで、クロポトキンの相互扶助論がどのような可能性を持っているのかを検討する。

そのために、以下ではまずアナーキズムとは何か、という点について述べた後に、人々の協力や相互扶助を積極的に評価する近年の議論を概観し、最後に、相互扶助を「野生」ととらえたクロポトキンの議論について検討する。

一　アナーキズムとは何か[1]

アナーキー、アナーキズム、アナーキスト

政府の転覆をもくろみ爆弾を投げる人々が「アナーキスト」、国家や政府を否定する思想が「アナ

ーキズム」であり「アナーキー」とは、「無秩序」と同じ意味だ、というのが、広く流布しているイメージではないだろうか。

しかしながら、「アナーキー」という語には、もともとは、そのような意味はなかった。「アナーキー」の語源は、古典ギリシア語「アナルキア（anarkhia）」（名詞）あるいは「アナルコス（anarkhos）」（形容詞）とされ、いずれも「指導者（arkhon）」という語と、否定の接頭辞「不在・〜なしに（an）」による合成語であった（Menge, 1997, p.59）。

ところが、遅くとも一九世紀になると、「アナーキー」は、経済も含めた「無秩序」や「カオス」という意味で、そして「アナーキスト」は、「混乱をもたらす者」といったきわめて否定的な意味合いで、政敵を非難する語として使われるようになった。

これを大きく転換させたのが、ピエール＝ジョゼフ・プルードン（一八〇九―一八六五）だった。彼は、「アナーキー」を、「支配者の不在」もしくは「秩序」と定義し、そのような理想を目指す者を「アナーキスト」と呼ぶことにより、「アナーキー」と「アナーキスト」に肯定的な意味を与えたのである（プルードン、一九七一、二九一頁）。一九世紀末以降、これと同じ意味を込めて、アナーキストと自称し、自らの理想をアナーキズムと呼ぶ人々がヨーロッパ、そして世界各地で多数現れ、現在に至る。

以上のような歴史的な経緯を踏まえ、ここでは、アナーキズムを、「アナーキー（anarchy）」すなわち「支配がない状態」を、理想的な人間関係や社会のあり方の一つであると捉え、その状態を作り出すために展開されるさまざまな思考や実践、態度（attitude）を総称したもの、そして、「アナーキスト」とは、それらを実践する人々と定義する。

アナーキズムにとっての「支配」とは何か

今日使われている「アナーキー（anarchy）」（英語）という語は、先述したとおり、その起源である古典ギリシャ語と同様、否定の接頭辞「ない（an）」と「支配（archy）」の合成語である。この「支配（archy）」という語に焦点を当てると、この語が、「単一の（monos）」、「聖なる（hieros）」、「父親の（pater）」といった語と合成され、「君主制（monarchy）」、「位階制・ヒエラルキー（hierarchy）」、「家父長制（patriarchy）」など、さまざまな「権力」による「支配（archy）」を意味する語を作り出していることだけでなく、「ない（an）」と否定される「支配（archy）」が、政治体制から家族に至るまで、きわめて多様であることもわかる。

そうなると、何を「支配」と捉えるかによって、何を「アナーキー」と考えるかが変わってくるということになる。これは、何がアナーキズムで、誰がアナーキストであるかが、個人によって千差万別になる、ということである。

とはいえ、いずれにしても、歴史上のアナーキストのほとんどは、国家、資本、宗教、家族の中に支配や権力を見出してきた。その結果、彼らの理想は、「支配のない状態（anarchy）」と呼ばれることになったのである。

しかし、現代社会において「常識」と見なされているのは、「支配」によって「秩序」が生まれる、という考え方ではないだろうか。そういった「常識」に基づくと、「支配がない状態」を理想、あるいは「秩序」と捉えるアナーキズムは、かなり変わった考え方であるかのように思える。それにもかかわらず、アナーキズムを主張する人々が生まれるのはなぜだろうか。

アナーキズムが生まれるのはなぜか

かつて精神科医のなだいなだ（一九二九―二〇一三。本名は堀内秀）は、「規則を欲しがり、集団組織に属さないといられないという性質」をあらゆる人間が持っている、と指摘した。これは、「支配」あるいは「服従」というものが、政府や家族のようなシステムとして人間の外部にあるのではなく、人々の内面にある、言い換えれば、人は「支配」を欲求する存在だ、ということである。

しかしながら、なだいなだは次のようにも述べている。「人間だれでも」、アナーキスト的な「部分」を「幾ばくかはもっている」。それは「規則が嫌いで、平等が好き」で「家柄などというものにこだわらず、差別を不当なものと考え」、「お役所に行って、やたらと面倒な書類を書かされると、うんざりして、腹がたってきて、こんなもの要らん、と破り捨てたくなる」という「部分」である、と。

さらになだいなだは、アナーキスト的な「部分」と「規則を欲しがり、集団組織に属さないといられない」という「二つの部分」が、人々の「こころの中」で「常に争っている」と述べている（なだ、二〇〇〇、三〇三―三〇四頁）。

そうだとすれば、アナーキズムとは、そのような葛藤の中で、「支配のない状態」を自らの理想として選択した結果生まれる考え方、それに基づくさまざまな態度や実践だということになるだろう。つまり、アナーキズムとは、人間の内面、もしくは社会に遍在する多様な選択肢のうちの一つであり、それを選択する行為だと捉えることができるだろう。

自由は社会を混乱させるのか

しかしながら、アナーキストたちに対しては、次のような批判がなされてきた。人間が「支配のない状態」になればなるほど、つまり、人間が自由になればなるほど、人はばらばらになり、相互に敵対し、その結果、社会は混乱に陥る、だから政府や権力が必要なのであり、アナーキストたちの主張は、理想論である、と。

これに対し、アナーキストのヨハン・モスト（一八四六—一九〇六）は、次のように反論した。「人間が自由になればなるほど、個人に対する強制が少なくなればなるほど、さらに個人の好みや才能、そして能力を伸ばすことが可能になればなるほど〔中略〕誰もが連帯の感情を強める。個人の自由が増大すれば、人類が原子のように分解するなどと考えられがちだが、むしろ人間は相互に敬意と愛情を示すようになる」、つまり、「支配のない状態」は、人々のあいだに連帯を作り出し、協力関係を作り出すのである、と（Most, 1884, p.54）。

多くのアナーキストたちも、多かれ少なかれ、これと同様の見解を共有するだろう。しかも、モストが以上の主張をしてから十数年後に発表されたクロポトキンの相互扶助論は、モストの主張を理論的に基礎づけたのである。その後、すでに述べたように、アナーキズムも相互扶助論も支持を失うが、近年、新自由主義に対する抗議が起き、国家に対する人々の信頼が揺らぐ中で、見直されるようになってきた。その中で、人間は本質的に利己的である、といった人間観に異議を唱え、他者と協力し、相互扶助を実践するのが人間の本質であり、それこそが社会を発展させる、という考え方を擁護する見解が増えてきている。以下でそれらについて見ていきたい。

二　相互扶助論の現在と未来

二一世紀の相互扶助論

ジャーナリストで歴史家のルトガー・ブレグマンは、人間が本質的に利己的で悪を為す存在である、といった考えの根拠になってきた過去の出来事に関する解釈、あるいはこの命題を導き出してきたさまざまな社会心理学的な実験が、多くの誤りを含み、あるいはその多くがねつ造であった、という点を明らかにしている。そのうえで彼は、さまざまな根拠を挙げながら、「人間は本質的にかなり善良である」と考えることができる、と主張し、また、そのような人間の「善性」に基づくさまざまな「協力」の事例を提示している（ブレグマン、二〇二一、上：第一—二章、第六—九章、下：一三—一八章を参照）。

そのうえでブレグマンは、人間には、他の生物と異なり、他人の考えを気にかけ、信頼を育む、他者に共感する、他者から学ぶ、といった社会的な能力に優れているところがあるため、他者と協力することができる、という仮説を提示している（ブレグマン、二〇二一、上、第三章を参照）。

他方、人々の相互扶助・協力は、資本主義社会でさえその基盤としている、と指摘したのが、アナーキストで文化人類学者のデヴィッド・グレーバー（一九六一—二〇二〇）である。グレーバーによれば、現在の資本主義社会を含めたあらゆる社会で古くから重要な役割を果たしてきたのが、見返りを求めない日常的な協力である（グレーバー、二〇一六、一四三頁）。これを彼は「コミュニズム」と呼ぶ。

たとえば、同じ食卓で同席している人に塩を渡す、水道を修理しているときに、スパナなどの道具を渡す、という行為は、見返りを求めない。道を聞かれれば教える、後から来る人のためにエレベーターの扉を開けておく、といった行為についても同様の点が指摘できる（グレーバー、二〇一六、一三四、一四三、一四五―一四六頁）。

さらにこういった見返りのない行為の中には、火やタバコを分けるといったモノの無償提供もしくは共有もあり、それに加えて、溺れている人を助ける、地下鉄の線路に落ちた子どもを助けるという、自らの身を危機にさらしてまで人の命を救う、というケースも含まれる（グレーバー、二〇一六、一四六頁）。こういった「協力」が生まれるのは、トップダウンの命令によって行われるよりも、対等な関係性の中で実践される「協力」のほうが「効率的な方法」だからだという（グレーバー、二〇一六、一四三―一四四頁）。

他方、作家のレベッカ・ソルニットは、自然災害など社会的な危機的な状況における人々の助け合いが生まれる理由について、次のように説明している。「絶望的な状況の中にポジティヴな感情が生じるのは、人々が本心では社会的なつながりや意義深い仕事を望んでいて、機を得て行動し、大きなやりがいを得るからだ」と（ソルニット、二〇二〇、一七頁）。

そのような感情を阻む要因が、「経済や社会の仕組み」と、「人間は合理的な理由により個人的利益を追求する」という前提に立つ、「個人主義、資本主義、社会ダーウィン主義」等々と呼ばれる「哲学」である（ソルニット、二〇二〇、一七―一八頁）。

この「哲学」に対してソルニットは、次のように反論する。災害時に現れる人間の「本質」は、「有能で、気前がよく、立ち直りが早く、他人に共感でき、勇敢」であり、そこから「助け合い、協力する、即席の地域社会」が生まれるのである、と（ソルニット、二〇二〇、一九、二三頁）。

以上の三者の主張は、近年の代表的な相互扶助論といえるものであるが、彼らの議論はすべて人間に限定されている。それに対して、人間は本質的に利己主義者で悪を為す存在である、といった考え方は、とりわけ近代以降は、生物全体における「生存競争」を根拠にした社会ダーウィニズムによって正当化されてきている。

したがって、このような議論に対してより有効な反論は、相互扶助が、進化の過程で人類が他の生物から引き継いだ「本能」である、というクロポトキンの主張なのである。

クロポトキンの相互扶助論

ピョートル・クロポトキンは、一九世紀末から二〇世紀初頭にかけて活躍したアナーキストの理論家・活動家である。モスクワで貴族の子弟として生まれ、二〇歳で軍への勤務を決める際、出世の道からはずれるシベリアでの勤務を志願し、同地で地理学上の探検を行う。その過程でクロポトキンは、野生動物たちのあいだで実践されている相互扶助をいたるところで目撃し、「生存手段をめぐる個々の個体間の闘争」という意味での「生存競争」を通じて生物が「進化」する、という当時影響力を強めていたダーウィニズムの主張に疑問を抱き、むしろ、生物が生き残るうえで重要なのは、「競争」ではなく相互扶助ではないか、と考えるようになる。その当時のことを、クロポトキンは次のように回想している。

私は若い頃、東シベリアと北満州を旅行したが、そのとき最も印象に残ったのは、動物生活にみられる二つの側面であった。その一つは、無慈悲な自然に対して、ほとんどすべての動物が立ち向かわなくてはならぬ、極度に厳しい生存競争〔ここでは、「環境への生物の機能や構造の適応」という意味で用いている〕であった。……もう一つは、動物がたくさんいるほんの少しの地域でも、同じ種に属する動物間の激しい生存競争は、私はそれを見つけようと努めたけれども、見当たらない、ということであった。……これらの事実から、私は若くして次のことを理解した。すなわち、ダーウィンが「過剰繁殖に対する自然の制御」と名付けたものが、自然界では圧倒的に重要であり、それに比べれば生存手段をめぐって同一の種の各個体が行う戦いなどは、そこここである程度行われているにしても、物の数ではない。……私の眼前を過ぎていったこれらの動物生活の情景から、私は、相互扶助と相互支持こそ、生物の持続、それぞれの種の保存、そしてその一層の進化にとってもっとも重要な特質ではないか、とひそかにおもうようになった。

（クロポトキン、一九七〇、二五六―二五七頁）

その後クロポトキンは、ヨーロッパでアナーキストとして活動し、その著作が日本を含め全世界で読まれ、強い影響力を持つに至る。その中の一つが『相互扶助論』である。彼は、シベリアの自然の中で観察した動物たちの生態に基づいて、「きびしく、無慈悲な生存競争」が動物、そして「野蛮人」や「文明人」のあいだで行われている、といった固定観念から解放されると、相互扶助こそが、生物を進化させる要因である、という確信に基づき、六年にわたり論文を発表し続けた。これらをまとめた著書『相互扶助論』が刊行されたのが、一九〇二年のことであった。

同書でクロポトキンは、次のような独自の主張を展開した。種が生き残っていくうえで重要な要因は、「生存競争」ではなく、自然環境の中で生物がともに生き抜いていくための行為としての相互扶助にほかならない。この相互扶助は、「愛」や「個人的同情」から生まれるのではなく、「気が遠くなるほど長い進化の過程で、動物や人間の中でゆっくりと発達していった本能」によるものである。この「本能」が、動物や人間に「相互扶助と相互支持の実践を通じて得た力」と「社会生活のうちに見いだした喜び」を教えたのである、と(クロポトキン、一九七〇、二六〇頁)。

以上の主張を根拠づけるためクロポトキンは、昆虫が仲間と協力して食糧を確保し、営巣するといった事例を挙げながら、人間より「下等」であるはずの昆虫に、豊かな相互扶助の実践があると指摘する(クロポトキン、一九七〇、二七一―二七七頁)。また、鳥や哺乳類に見られる多様な相互扶助・社交性・知性についてさまざまな事例を挙げて論じていく(クロポトキン、一九七〇、二七九―三一八頁)。

これら昆虫や動物に関する検討に続けてクロポトキンは、石器時代から始まる人間、そして、アメリカやアフリカなどの先住民たちによって実践される相互扶助(クロポトキン、一九七〇、第三章を参照)、古代社会における部族社会や農村共同体、そして、ヨーロッパの中世都市における相互扶助(クロポトキン、一九七〇、第四―六章を参照)、そして、一九世紀末に残り続け、あるいは新たに生まれた、主としてヨーロッパにおける人々のあいだに見られた相互扶助の事例を挙げていく。

たとえばクロポトキンは、ヨーロッパの都市や農村などで生まれた協同組合、疾病基金、労働組合、趣味やスポーツで集まる人々の諸組織による活動、そして、ボランティアによる海難救助組織の活動、炭鉱での落盤事故に際しての救援活動を事例として取り上げている。クロポトキンによれば、こういった相互扶助の行為が生まれるのは、たとえ国家による支配があっても、相互扶助があることで民衆の生活が維持されるからであり、また、彼らの生活が連帯の感情を強化しているからである（クロポトキン、一九七〇、第七—八章を参照）。

では、多くの人々が、目の前の池で誰かが溺れていても何もしない、という事件が起きるのはなぜか。クロポトキンは、次のように説明する。海難救助に加わる漁民や落盤事故の救援活動に当たる炭鉱夫たちのあいだでは、労働と日常での相互の接触を通じて、連帯感が作り出されるが、都市では、人々のあいだに共通の関心が生まれず、それが無関心を養い、勇気や元気を発揮する機会を奪っていくからである、と（クロポトキン、一九七〇、四七〇頁）。

クロポトキンは、それにもかかわらず、「人間の知性と心情」に深く根づいている「人間連帯の感情」は取り除くことはできない、なぜなら、人間になる以前の進化における全過程で育まれたものだからである、と主張している（クロポトキン、一九七〇、四八一頁）。

以上のような議論は、人間について楽観的な見方に彩られている、と批判することもできるかもしれない。今日、戦争や内戦は絶えず、貧富の格差は拡大し、地球環境が破壊され続けている。このような状況に目をやれば、やはり人間は利己的で悪を為す存在だ、という命題によって私たちは説得されてしまうかもしれない。

しかしながら、二〇二〇年以降のコロナ・ウィルスによるパンデミック以降、国家や大企業ではなく、水平的に結びついた人々による相互扶助に基盤を置く活動が重要な社会的機能を果たすようになっている。この現実を、クロポトキンの議論によって説明することはできないだろうか。

クロポトキンは、ブレグマンらと異なり、動物と人間とを同じ枠組みの中で論じ、進化の過程で受け継いだ「本能」、すなわち、人間にはコントロールができない、人間の内面に深く根ざした「野生」として相互扶助を位置づけている。

そうだとすれば、現在、人間は利己的な存在である、という考えから影響を受けている人たちであっても、状況次第では、自身の内面にある「野生」が覚醒され、人々との協力と相互扶助を積極的に行うようになる、という可能性はないだろうか。

たとえば、格差や貧困、あるいは環境破壊だけでなく、それらを改善し、あるいは押しとどめようとする、人々の地道な活動に目を向けてはどうか。そのような現実から刺激を受けることで、自らの「野生」が覚醒するのではないか。

利己心だけに従い、自己利益の最大化を求める「自分」よりも、協力と相互扶助を通じた社会秩序を形成することを優先させる「自分」を模索するときは、今なのではないだろうか。

おわりに

アナーキズムは、国家や資本主義、宗教や社会的慣習がなくとも、あるいは、それらによる「支配」のただ中で、人間は水平的に結びつき、「いま・ここで」「支配のない状態」を作り出すことができる、と主張する。その基盤には、人間は本質的に、協力と相互扶助を通じて社会秩序を形成する存在である、という考え方がある。

しかしながら、今日まで広く信じられているのは、人間とは本来、利己主義的で悪を為す存在である、したがって、国家や資本主義、宗教、あるいはトップダウンの組織による強制と監視がなければ、個人はばらばらになり、無秩序と混乱が恒常的になる、という考え方である。

ところが、近年、国家や資本主義に依存することなく、人々のあいだでの協力や相互扶助によって、自分たち自身の日常と社会的秩序を作り出す活動が生まれるとともに、そのような自発的な相互扶助と協力こそが、あらゆる社会の基盤なのではないか、という議論も行われるようになった。

こうして、一〇〇年以上前に提唱されたクロポトキンの相互扶助論が、再び検討される条件が生まれている。しかもクロポトキンの主張は、人間だけでなく動物をも含め、地球上に生きるあらゆる生命に深く根づいた「本能」=「野生」を視野に入れている。深刻な地球環境問題に向き合う人類にとって、生物とつながることができる「本能」=「野生」が自分たちのなかにある、という考え方は、手放すべきではない。

では、自己の内面にある「野生」に気づき、あるいは、覚醒させるためには、どうすればよいだろうか。まず、「スパナを渡す」といった、自分が無意識に実践している、日常的な相互扶助に注目すればよい。それが、私たちが「今・ここで」、「支配のない状態」を形づくっている可能性を探求するきっかけになるはずである。

註

（1）　この項目の記述は、ほぼ、田中（二〇二一）九―一八頁に依拠している。

参考文献

クロポトキン、ピョートル（一九七〇）「相互扶助論」『クロポトキンⅠ』大沢正道訳、三一書房、二五一―五一〇頁。

グレーバー、デヴィッド（二〇一六）『負債論――貨幣と暴力の5000年』酒井隆史監訳、高祖岩三郎・佐々木夏子訳、以文社。

ソルニット、レベッカ（二〇二〇）『定本　災害ユートピア――なぜそのとき特別な共同体が立ち上がるのか』高月園子訳、亜紀書房。

田中ひかる（二〇一五）「「新しいアナーキズム」はなぜ「新しい」のか――思想と運動の変容に関する史的考察」『歴史研究』第五二号、三九―七六頁。

田中ひかる編（二〇一八）『社会運動のグローバル・ヒストリー――共鳴する人と思想』ミネルヴァ書房。

田中ひかる編（二〇二一）『アナキズムを読む――〈自由〉を生きるためのブックガイド』皓星社。

なだいなだ（二〇〇〇）「解説　アナーキズムは永遠である」竹中労『断影　大杉栄』筑摩書房、三〇三―三〇四頁。この「詩」にはメロディーがつけられている。「アナーキズムは永遠である」作詞　なだいなだ／作曲　池田敬二：https://www.youtube.com/watch?v=zypg8o-4Gf0

ブレグマン、ルトガー（二〇二一）『Humankind　希望の歴史――人類が善き未来を作るための一八章』野中香方子訳、上・下、文藝春秋。

Menge, Hermann ed. (1997) 'αλαρχια', 'αλ-αρχος', *Langenscheidts Großwörterbuch Altgriechisch*, 29. Aufl., Berlin und München: Langenscheidt.

Most, Johann (1884) *Die freie Gesellschaft*, New York.

Sitrin, Marina and Collectiva Sembrar ed. (2020) *Pandemic Solidarity: Mutual Aid during the Covid-19 Crisis*, London: Pluto Press.

ムスリム・アナーキストの思想

佐原徹哉

　ムスリムではない我々はアルカイダや「イスラム国ＩＳ」に代表されるジハード主義との戦いを「対テロ戦争」と捉えがちだが、世界中のムスリムにとっては存在論的な意味を持つ思想的課題である。宗教指導者たちはジハード主義が「平和の宗教」であるイスラームの逸脱であり、正しい教義が普及すれば問題は解決すると主張するが、ジハード主義の底流にあるイスラム復興は伝統教義の批判から出発しているので、効果のほどは疑わしいし、定式化した教義の普及は、かえってジハード主義の裾野を広げかねないからだ。求められるのは、イスラームの現代的解釈を通してジハード主義を克服することであろう。こうした取り組みはさまざまに行われているが、その一つとしてトルコの反体制イスラム主義者の言説を紹介したい。

　トルコでは公正発展党政権の下で新自由主義的イスラム主義政策が推進されているが、イスラム復興の立場からこれに反対する運動も生まれている。彼らは「反資本主義的イスラム主義者」と呼ばれるが、公正発展党がイスラームを歪曲した資本主義者であると批判するだけでなく、ジハード主義にも反対し、あるべきイスラームとはそのいずれでもないと主張している。彼らは、コーランと預言者ムハンマドの時代の原初のムスリム社会に戻るべきとする点ではジハード主義者と同意見だが、まったく異なる理想を描いている。ここでは、こうした運動の代表的論者の一人、エレン・エルデムの礼拝論を手がかりにその思想の特徴を説明しよう。

ほとんどのイスラームの教義では礼拝は信者の最も重要な義務の一つであり、定められた手順で決まった時刻に行わねばならない。基本的には、身を清め、メッカの方向に向かって行為の意図を明らかにし（ニーヤ）、まず立ったままコーランの章句を唱え（キヤーム）次いで身を屈めて神を讃える章句を念じ（リクー）最後に平伏して章句を唱える（スジュード）。しかし、エルデムはこうした定型化した礼拝は無意味であり、行う必要はないとする。

エルデムによると、イスラームは宗教を生活の中の行動の全てとして認識するように命じているので、儀式空間は存在せず、定型化した礼拝はコーランの宗教には存在しないからだ。

では、エルデムが考える正しい礼拝とは何であろう。彼によれば、コーランが説く一神教とは神と人間の間に一切の仲介者（シルク）を排することであり、そのために最も重要なことは財産に基づく階級分化をなくすことである。

礼拝とはこの目的を達成するための営為の総体であり、階級闘争である。ゆえに、ニーヤとは無階級社会のために資本主義との戦いを開始する意図を宣言することであり、キヤームとは権力者に逆らって決起することであり、宗教と真実を立ち上がらせ、闘争することである。リクーとは自らのエゴを抑制するために身を屈して謙虚に振る舞い、貧しい者たちに財産を分け与えることであり、スジュードとは他の何人でもなく神と預言者に服従すること、つまり、目標とする無階級社会を建設する原理原則に身を捧げることである。別の言い方をすれば、礼拝とは、社会的連帯と互助の精神に基づいて解放のための階級闘争を実践し、謙虚に人民のために働きながら、神が創造した宇宙に服属し、その本来の姿を実現するために神の原理に従うことである。

こうした考えからエルデムは、ただ礼拝して断食すれば天国に行けると説く宗教指導者たちはシルクであり、彼らが唱える信仰とは宗教的規範を他人に押しつける偶像崇拝であって、コーランの教えに反すると主張する。同じ論法で、エルデムはジハード主義者が唱えるイスラム国家とは人間が解釈した宗教的規範をシャリーア（神が定めた森羅万象の法則）だと言い張り、それを強要する抑圧体制であって、「宗教に無理強いということが禁物」（雄牛の章２５６句）というコーランの教えに背くものだと糾弾する。

このように、トルコの反体制イスラム主義者たちは、公正発展党の新自由主義政策とそれに迎合した伝統的宗教勢力を批判するとともに、返す刀でジハード主義とも戦う思想的営為を実践している。彼らのイスラーム解釈はきわめて現代的であって、コーランに依拠しながらも定型化した解釈に飼いならされることなく、自由闊達に聖典を読み解きながら、グローバル化の時代である現代の支配と抑圧に抵抗する論理を見出そうとしている。権力を否定した無階級社会の実現を目指すという意味で、彼らをムスリム・アナーキストと呼ぶべきだろう。

イスラームとは元来、多様な解釈の集合体であり、その中にはムスリムではない我々にも共感できる要素が無数にある。ここに紹介したのはその一例に過ぎないが、我々自身もステレオタイプ化したイスラーム像を捨て、解放を目指すムスリムの戦いにもっと注目すべきであろう。

イラン映画にみる《野》のリリック
キアロスタミ作品から

山岸智子

1　パラダイスの語源

英語で楽園・天国を意味するパラダイス paradise は、古代ギリシアの著述家クセノフォン（前五―四世紀）が紹介した古代ペルシア語の paridaiza に由来するとされる。プトレマイオス朝（前四―一世紀）下のアレクサンドリアで成立したといわれる『七十人訳聖書 *Septuaginta*』では、"paradeisos" がエデンの園を示す言葉として使われている。

西アジアの古代文明（古代ペルシアを含む）は、城壁で取り囲まれた都市を中心に栄えた。土を耕すことから発展した文化（= culture）のある生活を人々は城壁の内側で営んでいたわけで、定義上、城壁の外は文化の埒外とされたであろう。イランの首都であるテヘランで暮らしていると、空き地に日本のように雑草が生えないことに気づく。人の住む水のある場所を離れると、ショビショビとした薄茶色の背の低い雑草がところどころ見られるだけの白茶けた土漠が広がっているのだ。そうした環境下で、壁で囲まれた土地に人が水路を設け果樹や花を植えた場所が、楽園のイメージを構成するようになったものと思われる（なお古代ペルシア語のparidaizaには王侯貴族の狩場の意味もあったとされる）。

その後"paridaiza"は近世ペルシア語のパルディース pardisやアラビア語のフィルダウス firdawsへと変化した。古代ペルシア帝国時代からの、囲い込んだ土地に庭園を造り愛好する心性は特有の造園文化を発展させ、ユネスコ世界遺産にも「ペルシア庭園」として登録されるに至っている。ところが日本人である筆者には、文化遺産となっているペルシア庭園を訪れても永遠の楽園（天国）を想うことは難しい。田の字型に水路をめぐらし、完全に左右対称の形でキラキラしいタイルを貼り付けた建物（四阿と訳されることもあるが鄙びた風情はまったくない）が水路の端に建っている様子は、どうにも人工的で「不自然」で、自身が安らぐイメージとはうまく馴染まないのである。

翻って考えてみると、ゲーテも心酔したというペルシア語の古典詩には「叙景歌」とよべるものがほとんどない（私が知っている詩の数が限られているからかもしれないが）。春の到来を告げるそよ風やバラの花、若木なども詠みこんではいるのだが、主力はどうしても「抒情歌」であり、それにダイナミックなストーリーをリズムよく謳いあげる「叙事詩」が加わりペルシア文学の華となっている。また、イランを含む東イスラーム世界では「細密画 miniature」という絵画も発達したが、一九世紀にキャマール・アル＝モルクという西洋画の影響を受けた画家が現れるまで、イランには風景画はなかったとされている。総じて、イランではそのままの「自然」（＝「野」）を観賞したり愛でたりする文化は薄弱なのだ、と私は考えていた。ところが、このような浅薄な私の理解はキアロスタミの映像作品によって打ち砕かれた。

2　キアロスタミ映画

アッバース・キアーロスタミー ʻAbbās Kiārostami（以下キアロスタミと略）は、一九四〇年六月にテヘランで生まれ、二〇一六年七月にパリで没した。青年時代、大学の芸術学部を一度はドロップアウトしたが、警察署に日勤して夜間の美術学校に通い、テレビ・コマーシャル制作やデザインの仕事に就いた。イランでは一九六〇年代から商業映画が始まっていたが、一九六九年にキアロスタミは「カーヌーン」に誘われ、一九七〇年には最初のモノクロ映像作品『パンと裏通り』を制作している。「カーヌーン」は児童青少年知育のために設立された文化活動の組織で、子どもたちのためになるさまざまな教材を制作していた。一九七九年にイラン・イスラーム共和国に政権が移行した後も子どもたちの情操教育の意義が認められた「カーヌーン」は、キアロスタミのみならず、イランの大勢の芸術家を育て、一九七〇─八〇年代の政治的・経済的な動乱から創作活動を守る避難所のような役割を果たすこととなった。

キアロスタミは「カーヌーン」で児童のための短編作品を作り続け、その活動は革命やその後のイラン・イラク戦争で止まることはなかった。そして一九八六年に製作した『友だちのうちはどこ？』が、イランのファジュル映画祭で最優秀作品賞に選ばれたのみならず、一九八九年にはロカルノ国際映画祭で銅豹賞、国際映画批評家連盟（FIPRESCI）特別賞、エキュメニック審査員賞特別賞を受賞したことで、一躍キアロスタミは国際的に名を馳せることとなる。そして彼の『桜桃の味』が一九九七年カンヌ映画祭パルムドールを受賞し（今村昌平監督の『うなぎ』も同時受賞）、多くの国際的な映画フェスティバルの常連となった。

演者としては素人の子どもたちを「カーヌーン」で撮影してきたキャリアとテクニックは、後の作品にも活かされ、脚本も書いているが、撮影の場でカメラの脇に立って口立てで出演者に台詞をつけて制作した作品も多い。映画のストーリーはたいがいとてもシンプルだが、ありがちなハッピーエンドで終わることはない。次節でとりあげる『そして人生はつづく』の主人公がその消息を尋ねて行った少年たちに会えたのか、『桜桃の味』の主人公は死んでしまったのか、映画では明確に描かれていない。キアロスタミに言わせると、物語の結末は観客が決めるのだ、とのことである。また彼の多くの映画では、その場で登場人物が即興で語る言葉やドキュメンタリーの手法が採用されつつも、意図をもって製作されたドラマが成立している。こうした斬新な手法によって出来上がった映像の魅力が、「新しいイラン映画」とされるゆえんであり、映画評論の専門家によってその独自性が賞賛される一方で、イタリアの前衛映画などの影響も論じられている。

キアロスタミ作品の大きな魅力は、その静謐で詩的な画像にあふれる独特な「やさしさ」が観客の心を満たすところにある。そのやさしい画面のためか、日本でも俳優や映画評論の専門家にとどまらず、一般のファンも多く獲得し、一九九〇年代にいくつかのミニシアターでイラン映画祭が開催されるまでに至った。一九九三年一二月から『友だちのうちはどこ？』と『そして人生はつづく』との二本立ての興業は九週間で一万二〇〇〇人を集客し、『桜桃の味』のロードショーは二〇週も続き三万九〇〇〇人を動員したという。一九九三年にキアロスタミ映画を渋谷のユーロスペースに観に行って驚いたのは、入り口に「おすぎ」さんからの大きな花が飾られ、観客が列をなし、そのなかには美大かデザイン学校の学生だろうかと思わせるお洒落な格好をした若者がおり、公民館などでイランの話をするときの聴衆とはまったく趣が異なっていたことである。キアロスタミとマフマルバーフ(Mohsen Makhmalbāf 一九五七年テヘラン生まれ)を筆頭とするイラン出身の監督・プロデューサーの製作する新しいイラン映画は、アメリカとの国交断絶以来悪いイメージしか持たれていなかったイランのイメージを塗り替えた、ともいわれる。

キアロスタミ作品はさまざまな評者から「映像詩」であると言われており、その映像の優しいトーンを作り出す一つのカギは、キアロスタミ特有の自然描写にあるのではないか、と筆者はみている。

3　二つの作品にみる自然描写

この節では、筆者にとって印象深く国際的にも高く評価された二つの作品『そして人生はつづく』『桜桃の味』の自然描写を検討してみたい。この二つの作品は共通して強く死が意識される設定ながら、そこに映し出される自然の緑がカタルシスをもたらす作りとなっているように思われる。

☆**『そして人生はつづく』**（カーヌーン・プロダクション　一九九二年　九五分）

この作品は『友だちのうちはどこ?』と『オリーブの林をぬけて』とあわせ、イラン北部の集落コゥケルの人々を描くコゥケル三部作、人によっては村はずれの印象的なジグザグの道がクローズアップされているためにジグザグ三部作の一つと位置づけられる。

一九九〇年六月二一日の夜イランの北部ルードバルを震源とするマグニチュード七・四の大地震が起きた。筆者がちょうど留学でテヘランに住み始めて数週間のときで、地震に慣れた筆者にはなんということはなかったが、住んでいた家の家族は恐怖で大騒ぎをしていた。そして翌日テレビのニュースに映し出されたのはがれきの山となった被災地の情景だった。イランでは日干し煉瓦を積み上げて住居にすることが多く、それらの日干し煉瓦の壁が地震で一挙に倒れて、屋内で寝ていた大勢の人を圧死させたことが想像された（死者数は三万人とも五万人ともいわれる）。

この映画は、『友だちのうちはどこ?』の舞台でロケ地でもあるコゥケルが震源地に近く被害も甚大であると聞いた映画監督が、息子のプーヤーを連れて自家用車で被災地に向かい、映画の主人公を演じた少年たちの消息を確かめようとする、というストーリーである。実際の被災地の映像や被災者へのインタビューと、その再現をまじえたセミ・ドキュメンタリーの手法をとっている。キアロスタミを思わせる主人公はファルハード・ヘラドマンドという俳優が演じている。

初めてこの映画を観たときからよい作品だと思っていたが、「3・11」（二〇一一年東日本大震災）の後に見直して、つくづくと、地震の被災地と被災者の現実をみせながらも、「可哀そう・悲しい」だけではない、リアルで詩的な映像表現に昇華していることを認識し、改めて感銘を受けた。

この映画から紹介したいシーンや台詞は多々あるが、本稿では「緑」をいかに効果的に映像にいれているかを主軸に紹介したい。映画は渋滞する高速道路の料金所で主人公が被災地に自家用車で行けるかどうかを尋ねるシーンで始まる。カーラジオで地震の被害の大きさが語られている。テヘランから西に向かうアウトバーンの外に点在する草むら（とはいっても薄茶色）でプーヤー少年は小用をたしバッタをつかまえる。小さな緑がここから登場する。車窓からところどころ緑の山が見えてくるところでタイトルバックとなる。

テヘランでは空き地に雑草が生えないと述べたが、イランのアルボルズ山系の北側では雨がたくさん降り稲作も行われている。イランの西北部は、イラン中部の土漠やその東側の砂漠とは異なり、山間に水が湧いて草木が自生し、集落が散在している。コゥケルはそうした山間の集落の一つである。集落では泉から水を飲むことができるが、そこに到達するためには砂利や土がむきだしの山間の道をゆかなくてはならない。

被災地に向かう幹線道路はふさがっていて車が動かないので、主人公は舗装されていない脇道の坂を登ってゆく。荷物を抱えながらぱらぱらと道端を歩いている近隣の村人たちに道を尋ねたり、地震で家族を失った悲しみをきいたりしながら進み、カーブを曲がったところで谷の向こうに開けた場所が見え、哀悼歌が聞こえてくる。そこに多くのご遺体を埋葬しようとしていることがわかるが、映画はそのシーンはさっとやり過ごし、バロック音楽（ヴィヴァルディの二つのホルンのための協奏曲）にのせて木々の間を走る車に画面を転換する。洗い物をしているらしい四人家族を通り過ぎると、車窓いっぱいに、車の進行につれて流れてゆく木々の緑が映し出される。林の向こうに赤新月社（赤十字にあたる）の救急車も見えるが、サイレンなどの音は入っていない。

このように岩山から転がり落ちた岩や壊滅状態の町を見せたうえで、のどかさを感じさせる林や緑を画面にとりいれ、ユーモアをもって人が生きることの切実さを描く次のシーンに展開する。『友だちのうちはどこ？』で少年を助けた老人を演じた男性（ルーヒー氏）が重そうに便器を担ぎながら坂道を登ってゆくのを主人公の映画監督はみつけ、同乗させる。ルーヒー氏は、「死んだ人は死んだ人、生きている者にとってはこの高価な石が入用なのだ」と便器を運んでいる理由を説明する。車の上の荷台の白い陶製の便器が、緑と黄緑の草木を背景に、くねった道を進んでゆくシーンは、可笑しくも悲しい人の生を柔らかい光の中に浮かび上がらせる【図①】。大震災後の避難所のトイレ問題が多くの人を悩ませたことを知っている者には、この寓話的にも見えるシーンで悲惨さを強調することなく被災の「リアル」を描く監督の技量に感銘を受けずにはいられない。

その後主人公は家屋の多くが崩れた集落に入り、この映画のポスターなどで有名な青いバルコニーの家に入るのだが、泉の水（とはいえ管にひいて蛇口をつけてある）を飲むシーンと、壊れた扉の向こうに青々とし放牧地が映し出され、バロック音楽と鳥のさえずりの声がそこに加わる【図②・③】。他方で、がれきのなかから生活必需品をなんとか引っ張り出そうとする様子や【図④】、その青のバルコニーは残ってもその家の人はすべて亡くなった（出かけていてそこで被災した）話、地震の直後に結婚した男性の話（これがそのあとに製作された作品『オリーブの林をぬけて』のストーリーに展開される）もそこで語られる。静謐なトーンの映像のなかに死と破壊（地震と被災）と生（洗濯や新妻が植木鉢に水やりをする様子で示される日常）が同居し連続していることが淡々と描かれる。

印象深いラストシーンはうんと引いたロングショットで、監督の車がコゥケルへの坂道を登り切れずにもと来た道へと画面からいったん消え、観客に「やはり無理だったか」と思わせた後に、全速力で坂を登り切り、ジグザグの三つ折りの坂を、オレンジ色の荷物を抱えた男を拾って進んでいくシーンで終わる。そこには三度目のバロック音楽がかかり、茶色い山肌に灌木が散在している画面に、この映画を地震被災者の同胞に捧げるという趣旨の字幕が現れエンドロールとなる。主人公の探していた少年たちに会うシーンはないのだが、観る者は不思議な多幸感に包まれる。最後に映し出される灌木の緑と土の色のまだらな具合は、あたかも生と死を象徴しているようだ。

図①

図②

図③

図④

☆『**桜桃の味**』（キアロスタミ・プロダクションとCiBy2000との合作　一九九七年　九八分）

現代ペルシア語では土を「ハーク khāk」という。これを英語にとりこんで“khaki green”という言葉ができ、私たちの知る「カーキ色」という語になったのだが、先に言及した白茶けた土の色とは、そのカーキ色から緑の要素を抜いた干上がった大地の色である。『桜桃の味』を注意深く観ると、きわめて巧みにその「ハーク」の色と草木の緑とが対置されていることがわかる。

この映画は、主人公バディーイー（ホマーユーン・エルシャーディーが演じる）が、穴に入って自殺する自分の遺体を埋めてくれる人を求めて、テヘランの北の山側の郊外を車で走り回る、というストーリーで、そのシンプルな作りでミニマリスト映画とも評される。観客は、主人公の職業もなぜ自殺しようとしているのかもわからぬままに、主人公が山道を自家用車でぐるぐるまわりながら四人の人物と交わす会話につきあわされる。

イランでは自動車は左ハンドルなので、ハンドルを持つ主人公の右横顔（車に乗せた人物と話すシーンでは時折正面になる）を、車の右前にセットした固定カメラで撮影したであろうシーンが映画の前半の多くを占め、たいがい主人公の背景は車窓の外の「ハーク」一色である。絵面としては、車の窓枠と窓の外の土の薄茶色を背景に主人公の表情がうまくおさまり見やすい、ともいえよう。車から降りたシーンでも、主人公はパワーショベルでざーっと捨てられる土砂や造成地のむき出しの崖の前に立ったりして「ハーク」色の背景を背負い続ける。しかし興味深いことに、主人公の頼みに当惑して走り去るクルド人の若い兵士の背景には道路の中央分離帯の樹が映る【図⑤】。灌木のかげに座っていたアフガニスタンからの神学生【図⑥】は、主人公とのドライブにつきあい、自殺は罪だと説く。主人公が峠道のカーブで、自分が苦しんで周囲の人をも苦しめるのだって罪だ、神は優しいはずだ、と強弁するところでは、一本だけたたずむ細い樹とカーブの向こうの町の遠景が複雑に映り込む（主人公と話す人物がどれもイランでは少数派の民族集団や難民であることが筆者にはとても興味深いが、本稿では深入りは避けることとする）。

この作品ではラストシーンの手前まで音楽はなく、車輪が道の土や小石を踏みしだく音、エンジン音、そしてときどき入る（野良）犬やカラスの鳴き声が、主人公の荒涼とした気持ちを示す効果音となっている。

図⑤

図⑥

比較的単調な画面が展開を見せるのは、「わかった」と主人公の頼みを聞き入れた年配の男性が車に乗り込んできてからである。彼は自然史博物館で剥製の作り方を教えるために鳥を漁っていたことが話しの展開からわかるが、キアロスタミ監督は周到にも、彼が登場して「あんたにも家族や友人はいるはずだ」と言う場面では、カーブを曲がる車の背景の山肌をかすかに緑色に見せている。主人公の車はその男を職場に送るべく町の方へと下る。

その年配の男は家族が病気でお金が必要だから引き受けたけれどとても難しい（辛い）ことなん

だよ、と自殺を思いとどまるよう説得を試みる。自身が新婚だったころ自殺をしようとしてロープをもって出かけたが、手に触れた桑の実を口にしたらそれがおいしくて、桑の実を集めて持って帰って妻に食べさせるうちに自殺しようとしていたことは忘れてしまった、と述べ、病人についてのアゼルバイジャン・トルコ語の小話も披露する。そして「あなたの考えが病んでいるのだ、考えを開きなさい、世界を開きなさい、楽観的にみるんだ」と言う。映画は砂利道から左折して町の区画にあわせたまっすぐな舗装道路に入った自動車を遠景で見せ、カラスの鳴き声から鳥のさえずりに背景音がかわる。男の声は「希望はないのか？」と尋ね、朝起きたときの空の色、夜明けの太陽、赤と黄色の夕焼け、まあるい月、星、のある「美しい世界なのに」と問う。（おそらくスモッグで）薄くかすむテヘランの町を見下ろすことのできる高みから、建物の屋上で鮮やかな色の洗濯物を取り込む母娘もみえるところまでで車は降りてきて、年配の男の声は四季の果物の豊饒さに言及し、「さくらんぼの味もみすごすのか？」と問う。この映画のタイトルはこのセリフに由来するとみられる。

日本で作られたこの映画のポスターは、年配の男が勤める自然史博物館の門の画像をあしらっているが、主人公が自然史博物館の遊歩道から夕焼けをながめるシーンが筆者には強烈に印象に残った。テヘランの夕焼けは、スモッグで空の色が昔とは違うと言われるがそれでも、東京よりも鮮やかなオレンジ色が目にしみる。映画の画面に広がる夕焼けの情景は、ひたすら白茶けた「ハーク」の色を背景にしていた前半部を経たためにさらに劇的に観客の目に映るのである。

その後、夜になって高級そうなマンションに主人公が帰宅し、雷鳴がとどろく中、主人公は車で外出し、町はずれに掘った穴に座る。真っ暗な画面に（野良）犬の鳴き声や雷鳴がひびく。主人公は予定通りに薬を飲んで自殺し年配の男が約束通りに翌朝やってきて彼を埋めたのか、それとも自殺は未遂に終わり年配の男が「そうなる」と言ったとおりに主人公を穴から助け出したのか。キアロスタミはストーリーの結末は観客の想像にゆだね、ラストシーンでは、この映画では唯一のバックグラウンド・ミュージックとしてジャズの「聖ジェームズ診療所のブルース」にのせて、朝の陽光の下でキアロスタミ当人が映画の撮影をしている様子を映し出す。バディーイー役の俳優が歩いてやってきてスタッフと打ち合わせ、訓練で走っている小隊の様子の撮影に「カット」がかかり、兵士役の者たちに樹のあたりで一服するように指示する監督の声がはいる。休憩している兵士たちのなかにクルド人の兵士としてストーリーに登場した青年もいることがわかる。そして、撮影クルーの様子を上から撮った画面に風にそよぐ木々の葉が映りこみ、映画は終わる。

ここでとりあげた二つの映画は、人の営みの場と自然の荒々しさが交錯する場で話が展開する。『そして人生はつづく』では、地震によって壊滅的な被害を受け家族から死者が出ても、生き残った人々がサッカーのワールドカップをみようとしたり新婚家庭を築こうとしたりする場所で、そして『桜桃の味』ではテヘランの北の山裾の草の生えない荒野と、増え続けるテヘランの人口を収容するために山の斜面を造成し荒野と格闘している場所で、生きることの意味が問われる。本稿の最初で想定したように城壁が人々の生活空間と乾燥して不毛な土地を明確に隔てているわけではなく、合間合間に映し出される草木の緑はあたかも《野》の生きる力を示しているかのようである。

人の手で囲い込んだ場所に庭園を造って緑を楽しむ「伝統」のなかで、キアロスタミはどのようにして《野》の緑を映画に取り込む発想を得たのだろうか。そこでヒントとなるのは、キアロスタミがイラン現代詩に親しんでいたことであろう。

4　イラン現代詩

キアロスタミは映像作品のみならず、詩人としても作品を発表しており、ペルシア語の詩に深い造詣があると知られている。そもそも『友だちのうちはどこ？』という彼の出世作のタイトルは、ソホラーブ・セペフリー（一九二八―一九八〇）という現代詩人の詩の一節からとられている。

ペルシア語の古典詩は、アルーズというアラビア語の古典詩由来の韻律を採用し、日本の和歌の「本歌取り」や「歌枕」とよく似た既存の詩歌の語句やモチーフをとりいれる手法がしばしば駆使される。言葉の音の長短を一定のリズムに整え、脚韻を踏むその調べは美しく、繰り返し詩歌を吟唱する人々にとってイメージの繰り返しも感興を催させるものではあるが、近代に入ってその詩歌の形式の枠を取り払った新体詩が詠まれるようになった。ことに一九五〇―六〇年代にかけて、現代イラン詩の優れた詩人が輩出し、イランの知識人に大きな影響を与えてきた。上述のセペフリーはその一人である。

筆者はセペフリーを語る任にはとても堪えないが、それでもかの詩人のシンプルな言葉遣いと、一枚の葉に、流れる水に、地下に広がる草の根に思いを寄せる彼の詩の世界に惹かれた、と述懐することは許されるだろう。イランで広く知られ愛される古典詩の詩人はハーフェズ（Mohammad-od-Din Hāfez

Shīrāzī 一三二五―一三九〇）だが、なかなかその美の感覚にアプローチするのは筆者には難しいと感じていたのとは対照的である。

現代イラン詩の世界の一端に触れてもらうために、本稿で紹介した二つの映画とどこかでつながっていると感じられるセペフリーの詩のなかから和訳のあるものを少しだけ紹介しよう。

「緑から緑へ」（前田君江訳）

（中略）
僕はこの暗闇のなかで
僕の濡れた両腕を
降りしきる雨の中に見つめている
それは　人類の最初の祈りを濡らした雨だ。

僕はこの暗闇のなかで
古の草原に向かって　扉を開いた
神話の壁に見た金色に向かって。

僕はこの暗闇のなかで無数の根を見た

そして芽吹き始めた死のいばらの草を　僕は
　　水の名で呼んだ。

「水の足音」（前田君江訳）

（中略）
無心でいよう
無心でいよう　銀行の窓口にいるときも　木の下にいるときも

赤い薔薇の「秘密」を知ることは僕らのすべきことじゃない
僕らのすべきことは　たぶん
赤い薔薇の「呪文」のなかに漂うことだ。
英知の向こう側にテントをはろう。
一枚の木の葉の恍惚で手を浄め、食卓に着こう。
朝、太陽が昇るときに　僕たちは生れ出よう。
沸き立つ心を羽ばたかせよう。
空を「存在」という二つの音節の間に据えよう
肺を永遠でいっぱいに、そして、空っぽにしよう。

知識という荷を　ツバメの肩から下してやろう
人類と光と草と虫に　扉を開け放してやろう。

僕らのすべきことは　たぶん
朝顔と世紀との間で
真実の声がする方向へと　駆けて行くことだろう。

（鈴木珠里／前田君江／中村奈穂／ファルズィン・ファルド編訳
『現代イラン詩集』土曜美術社出版販売、二〇〇九年より）

5　結びにかえて

筆者はかねがね、イランでは言葉がインフレーションを起こす傾向があり、それとは対照的に日本ではデフレーションを起こしがちだと考えてきた。イランでは言葉を尽くして、言葉の上に言葉を重ねて自分の意を表現しようとして、ときとして過剰になり、その結果一つ一つの言葉の価値が減じているのではないかと思う。他方で日本では言葉を切りつめて、切りつめて、終には言わなくてもわかることをよしとするために、言うべきことを言い出せなくなっているのではないかと思うこともしばしばである。セペフリーは一九六〇年代に日本を訪問し、俳句に関心を示し、ことに彼の絵には日本の水墨画の影響があると言われている。また、キアロスタミは小津安二郎監督のためのオマージュ作品『5（FIVE）――小津に捧げる5本の長回し』を製作している。

近代に入って、新しいライフスタイルの導入と世界観の変容のなかで生と死を問おうとしたイランの表現者たちは、美々しく麗々しく積み上げてきた既成の表現技法を離れることが必要だと感じたにちがいない。その際に、より簡明な表現法を模索し、自然・《野》に目を向けて、日本の詩歌や絵画や映画にも親しんだものと思われる。こうした表現者たちがイランにいることの意義を、今後ともさらに考えてゆきたい。

EDの力　野生の苦悩

池田　功

ＥＤ（Erectile Dysfunction・勃起障害）をテーマにした小説として、芥川賞を受賞した新井満の『尋ね人の時間』（一九八八年）がある。中年で著名なカメラマンの神島は、五年前からＥＤになり二年前に離婚していた。新薬から漢方薬にいたる数えきれない種類の薬の服用や大学病院にかかるも効果はなかった。神島は悶々とした苦悩の日々を過ごす。大学病院の医師は、身体的にも精神的にも問題はないので、もしかすると「いつか自分が不能におちいるときを心の底で待ち望んでいたようなことはありませんか」と不思議なことを言う。神島は否定するのだが、医師はさらにあなたの仕事ぶりは不能になってから発表した作品の方が、以前のものよりも評価は高まり、受賞数も増えた。世間もあなたも今の状態を良しとしているのではないかと指摘する。

医師の指摘には、それなりの理由がある。確かに神島は自らの意思によってＥＤになっているわけではないが、性や食、睡眠等の欲望をあえて抑えてストイックになることにより、そのエネルギーを闘争本能や創作活動、仕事等のエネルギーにかえていくことはありえることである。例えば格闘技等のスポーツ選手は、試合前に自らをストイックに追い込むことにより精神を高めることがあるという。高僧のような宗教家にもそのような人たちがいるであろうし、芸術家で言えば生涯童貞だったと言われる宮沢賢治も、性欲の代替という形で作品を生み出し続けていたのかもしれない。主人公の神島もそのような状態になり、結果的にＥＤはそれなりのメリットもあったのだと医師は指摘しているのである。

　ところが一九九八年に発売された、アメリカのファイザー製薬社の画期的な治療薬であるバイアグラにより、ＥＤは姿を変えてしまう。この特効薬は、顔がほてるとか軽い頭痛の副作用もあるが、効果は一〇〇％と言われている。アメリカでは処方箋の必要な薬として過去最高の売り上げを記録した。当時の日本の週刊誌や雑誌の見出しには、「飲むインポ薬「バイアグラ」は史上最強の勃起薬だった」(『週刊ポスト』一九九八年五月)、「性的不能　バイアグラに世界中が興奮」(『ニューズウィーク日本版』一九九八年六月) 等とあり、メディアがいかに騒いでいたかがわかる。通常、新薬が日本で発売されるには時間がかかるのであるが、しかし、バイアグラは例外的に翌年日本でも発売された。

　ＥＤをテーマにした小説は、このバイアグラ発売前後でその内容が激変する。ケータイ小説として配信された内藤みか『いじわるペニス』(二〇〇三年)には、バイアグラの使用が描かれている。恋人に裏切られた二九歳の女性は、ヤケになって二二歳のホストをお金で買って肉体関係を持つが、彼はＥＤになってしまう。七歳年上の自分がバカにされたのだと思い、ホスト仲間の知り合いからバイアグラを買い求め、彼に納得させてから飲ませセックスを成就させてしまう。彼は「すごいねバイアグラ。俺、びっくりしちゃった」「一番芯《しん》の部分を固定されたような、そんな感じだったよ」と、その威力に快哉を叫ぶのである。バイアグラにより、ペニスは人工的に一定の時間勃起してしまう。ペニスは、自らの肉体でありながらも機械、あるいは張形の玩具とでも呼ぶべき道具となっている。それは「愛」とは別の何かなのだろう。

『尋ね人の時間』が発表されてからわずか一〇年後に、このような世紀の新薬が発売されるとは作者を含めて誰も考えることはできなかったであろう。ところで、もし仮にということであるが、その後神島がこの新薬を知ったら服用したであろうか。作者は続編を書いているわけではないので、それは読者の想像力に任せるということになるが、願わくは服用せずEDの力を信じ苦悩のままに過ごしてほしいものである。その苦悩の深みのエネルギーを、作品創作へのエネルギーに転化してほしい。それこそが、野生のままにあるということなのではないか。もっとも野生には苦悩がつきまとう。茨の道になることを覚悟しなければなるまい。

第3部　〝野生〟の人類史

先住民は、ユタ州では視えない存在です。
ここでは、先住民は存在さえもしません。

引用=石山徳子『「犠牲区域」のアメリカ——核開発と先住民族』岩波書店，2020年，220頁
（ユタ州インディアン局の元局長フォレスト・カッチ氏への著者によるインタビューより）
撮影=鎌田 遵

野に生きるための教養

モンゴルの遊牧知について

森永由紀

「野生の教養」というテーマを、野生とは、あるいは教養とは何かを飛び越し、〝野に生きるための教養〟と置き換えさせてもらう。モンゴル国での自分の遊牧に関するフィールド調査体験と結びつけるためである。〝野に生きるための教養〟のある人とは、置かれた「場」でサステナブルに生きるためのあり方を支える知識、それを身につけ実践している人を指すと私は考える。ここでいう「場」に関しては、〝野〟という都市から距離がある社会環境だけでなく、そこが砂漠か草原か森林かといった自然環境に注目する。

かような教養のある人というと浮かぶのが、遊牧に関する伝統知である「遊牧知」を実践している夫妻、モンゴル国北部ボルガン県在住のチョロン（Chuluun）さんと妻のスレン（Suren）さん（八〇代）である。私がゾド（dzud）と呼ばれるモンゴルの寒雪害を調査中、ボルガン県で家畜が大量死した二〇〇二年に一頭も家畜を失わなかった遊牧民として、県の役人から紹介されたのがチョロンさんだった。遊牧民の家に育った二人は同じ学校に通った同級生だが、揃って地元の秀才で、首都ウランバートルのモンゴル国立大学で学んでから故郷に戻る。チョロンさんは、ボルガン県の気象台に勤務、スレンさんは地元の学校の物理の先生をしていたが、私が出会った二〇〇三年当時はすでに退職し半定住の遊牧民となり、羊・山羊・牛・馬の群れを飼っていた。私はモンゴル国に行くたびにウランバートルから車で八時間ほどの夫妻のゲル（モンゴル遊牧民が暮らす伝統的住居。組み立て式で移動に適している）に滞在し、遊牧について学ばせてもらった。

お二人は日本の暮らしにも関心があり、いろいろなことを質問された。3・11の数日後に訪問したときには、太陽電池で発電した貴重な電力を使ってNHKのニュースを見せてくれたのだが、避難所に集まる人々を温めるストーブの灯油がなくなりかけているという映像を見て、なぜ窓の外に見える木を伐って焚かないのか？　水道管が壊れて水が出ないというと、日本は雨が多いのになぜ川の水を汲まないのか？と聞かれ、答えに窮した。二人は毎日バケツで近くの小川の水を汲みにいっていた。薪を切ってストーブの横に積むのはチョロンさんの仕事だ。いつもきびきび動き回るスレンさんは、そもそもなぜ人々が避難所でじっとしているのかが理解できないようだった。

地震で家が傾いて危険なので敷地内で車中で寝る人がいると聞き、なぜ親戚や友人の家に泊りに行かないのか？と心から不思議がられたときには、私も考え込んでしまった。モンゴル国では福祉政策が充実しているわけではないが、目にはみえない遊牧民の相互扶助のネットワークが底力としてあるのかもしれない。私も二人の子連れでフィールドワークをする際に、どれほど彼らの包容力に助けられたかわからない。
愉快でかつ奥の深いお二人との会話を思い出しながら、遊牧民の野に生きるための教養について書いてみたい。

遊牧民とは

遊牧は nomadic pastoralism と訳されるが、nomadism は非定住の人々（nomad）の暮らし方を指し、pastoralism は牧畜という生業を指す。人類学者の松井健は、遊牧と言う用語は、生活の空間軸での展開と、生業内容の交差するところを指示するものだと考えなくてはならないとし、その上で遊牧民を次のように定義している。「一定の生活圏のなかを、一年の一定期間簡単な持ち運びのできるテントのような住居に住んで、家畜とともに移動し、家畜を中心とするその牧畜生産物によって、おもに生活をたてている人たち」。さらにこの定義の含意として次のものがあるという。「遊牧民は一年のある部分を、固定的な長く利用するような家屋において、定着的に生活していることがありうること。牧畜以外の生業、経済活動にたずさわってもかまわないこと[1]」。

このようにゆるやかに規定すると、遊牧民と定住化した牧畜民の境界はあいまいになる。チョロンさんとスレンさん夫妻について「半定住の遊牧民」と述べたが、二人が毎年利用する冬営地と夏営地には木の小屋が建ててあり、季節ごとにゲルだけ小屋の横に引っ越す。夏営地から一二キロメートルほどのところにある県庁所在地には、アパートを一室所有していて、そこに住む娘一家が家畜の世話を手伝いに車でやってくる。

街から数十キロ以上も離れた地域では、今も、ゲルだけで家畜とともに移動をしながら暮らす人々がいる。冬には家畜を屋根付きの木囲いに入れるゲルが少なくないが、それさえ利用しない場合もある。チョロンさんはそのような遊牧と定住について、「遊牧は人は大変だが家畜は楽だ。定住は人は楽だが家畜は大変だ」と教えてくれた。教育・医療・雇用などの要因が、草原の人々を都市に向かわせている。

二〇世紀に国家の概念がすみずみまで行きわたると同時に国境線がクリアになり、定住化政策がすすむことで、ユーラシア各地の遊牧民は激減した。例外的に二一世紀まで遊牧が産業として残っているモンゴル国内でも、ひたすら移動し続ける遊牧民というのはかなり減っている。次節に述べるように一九二一年から社会主義体制のもとにあったモンゴル国の遊牧民は、もとより自然条件にあわせて家畜といきあたりばったり放浪する民というわけでもない。しかし、モンゴル国の遊牧民と、たとえばヨーロッパの牧畜民とを比較してみえてくる点は、遊牧民は家畜に合わせて人が動く割合が大きいことや、土地に対する働きかけが少ないことである。つまり自然の改変が最低限であること、そしてそれは土地を所有しないこととつながっているのが決定的な違いである。

二〇世紀にモンゴル高原で起きたこと

ここではモンゴル国が成立した経緯を説明し、モンゴル高原上で人間によって区切られているモンゴル国と中国内モンゴル自治区について、よく混同されるのでふれておく。

モンゴル高原の北側にあるのはモンゴル国で、一九九二年に誕生した。モンゴル国の前身のモンゴル共和国は一九一一年に清朝より独立し、一九二一年に旧ソ連に次ぐ世界で二番目の社会主義国家となった。一九九〇年に社会主義体制の崩壊により資本主義体制に移行するまでの七〇年間あまり旧ソ連の影響を受け、一九五〇年代からは遊牧にも計画経済が導入された。一九九〇年以降に市場経済への急速な移行が起きてネグデルという農牧業共同組合は解体され、家畜が私有化されるなど遊牧をとりまく環境は再び大きく変化した。私が在外研究でモンゴル国に滞在していた二〇〇三年六月には、都市周辺だけではあるが、この地の長い歴史上初の土地の私有化が始まり、ゆるい起伏のある緑色の草原に木の板塀のうねりが突如として出現した。

それでも就業者数に対する牧畜民の割合は四人に一人（二〇一九年で二四・九％）であり、GDPに対する比率が鉱業より小さくなったとはいえ、今も遊牧はモンゴル国を支える産業である。とはいえ、社会主義崩壊に伴う九〇年代初頭の経済体制の変化とグローバリゼーションの影響で、専業で遊牧を行う人の数は二〇〇五年に全人口の一四％だったのが、二〇一九年には八・六％にまで減少した。モンゴルの遊牧民が数千年にわたって実践してきた暮らし方は、他の遊牧地域ほどには一九世紀末からの近代化の波に飲みこまれなかったが、二〇世紀末の体制の急速な移行とグローバリゼーションにより、二一世紀に入ったいま、目の前で急速に消えていこうとしている。遊牧は口承文化であることもあり、その記録も残りにくい(2)。

一方、ゴビ砂漠をはさんだモンゴル高原の南側の地域は中国にとどまり、一九四八年に内モンゴル自治区となって現在にいたる。漢民族の影響下で一九五〇年代以降農耕が活発に行われ、牧畜地域でも一九八〇年代以降は牧草地の請負政策により定住化が進められた。モンゴル国より一足先に、地面が柵で分割されていった。

両地域の呼称についてみると、日本では、内モンゴル（内蒙古）、外モンゴル（外蒙古）、といった呼び方をするが、モンゴル国の人々は、北モンゴル、南モンゴルと呼ぶ。また、蒙古という名称は、無知蒙昧や啓蒙の「蒙」、つまり何も見えていないという語に「古」、遅れている、という語を重ねており、漢民族のつけた蔑称だといい、日本にいる一部のモンゴル人たちはこの語の利用をやめてほしいと声をあげている。

たしかに、砂漠を擁する内陸国で、今も遊牧が続き、電気も水道も通らない草原でゲルに暮らしているというと、後進的であるとみられるのだろう。私の子どもたちも二年間滞在したモンゴル国から日本に帰国したときに、小学校で「やあい、モンゴル人」と囃し立てられたという。息子に「なぜ、モンゴル人のことを知らないのに、モンゴル人を馬鹿にするの？」と聞かれたときには「それはモンゴル人のことを知らないからよ」というわかりにくい返事しかできなかった覚えがある。

なぜ遊牧なのか　モンゴル高原の自然

アフリカ大陸の北部から中央アジアを通りユーラシア東北部にかけて、つまり南西から北東に連なる乾燥地帯を、ユーラシアの乾燥ベルトと呼ぶことがあるが、モンゴルはこの北東端に位置する。一方、北半球では高緯度側である北側が寒冷帯で占められるが、モンゴルは、この乾燥帯と寒冷帯が交差するところに位置するため、寒冷かつ乾燥という厳しい自然条件がある。

ギリシア語の oikouménē に由来する地理学用語で、地球上で人間の常住する領域をさすエクメーネ（Ökumene）という語がある。その対比語である人間の居住圏外をアネクメーネ Anökumene と呼ぶが、アネクメーネを規定する要因は、寒冷と乾燥と高度（＝酸素量）である。砂漠、南極のような雪氷圏、高山、あるいは宇宙のように人の住めなかった場所を指していたが、人間はアネクメーネを技術で克服しながら居住範囲を広げてきたと言われる。

モンゴル国は寒冷と乾燥に加え平均標高も一五八〇メートルと比較的高いのでこれらの条件が揃っており、アネクメーネぎりぎりの厳しい自然環境に人々が暮らしているのだ。北部は森林草原地帯であるが、中央は草原で、南側にはゴビ砂漠が広がる。ウランバートルは世界一寒い首都と言われるが、一年のうちに最低平均気温がプラスになるのは五月から九月までのおよそ五か月で、それ以外の長い冬には時に気温がマイナス四〇度よりも下がる日々もある。降水は八〜九割がたが夏に降るが、年降水量は二八一ミリメートルで、東京の五月と六月の降水量の合計にも満たない。降雪量は多くないのだが、寒冷で雪がすぐには解けないために根雪期間が長い。厳しい冬を越せずに家畜が大量死するような状況はゾド（寒雪害）と呼ばれ、いにしえから遊牧民を脅かしてきた。(3)

話が前後するが、さきに述べたユーラシアの乾燥ベルトには、古来遊牧民が暮らしてきた。ここを遊牧ベルトと呼ぶこともある。地球の表面は乾燥地と湿潤地に分けられるが、乾燥地は降水量＜蒸発量、湿潤地は降水量＞蒸発量である。乾燥地の特徴は降水が少ないだけでなく、その年々変動が大きいことである。乾燥地で遊牧が営まれる理由は、降水が少ないために植物生産力が低すぎて人が定住できないような場所でも、家畜を連れて移動しながら広く薄く土地を利用すれば、生きていけるからである。

遊牧で利用される草食動物は、人間に分解できない植物の細胞壁のセルロースを分解・吸収できる消化器官を有し、乳製品や肉をはじめ種々の畜産品を提供してくれるため、遊牧民は農耕に不適な土地からも、家畜を介して土地からエネルギーを得ることで、農耕限界を突破して、広く草原地帯に躍り出ることができたのである。

歴史学者の岡田英弘によると、「……十三世紀のモンゴル帝国の出現によって、中国文明はモンゴル文明に呑み込まれてしまい、そのモンゴル文明は西に広がって、地中海＝西ヨーロッパ文明と直結することになった。これによって、二つの歴史文化は初めて接触し、全ユーラシア大陸をおおう世界史が初めて可能になったのである」[4]。その時代は、ヨーロッパや日本の方が辺境だったというわけだ。その後、モンゴル帝国の外側に残った海洋帝国によって大航海時代が始まり、ヨーロッパによる世界支配につながる。帝国主義時代の後に植民地が次々と独立することで、国家の成立が世界中に広がる。それにより国境などの行政の境が引かれ、税制をはじめ従うべきさまざまな法制度が整備されると、遊牧民は高い移動性ゆえに管理者側からは扱いづらい存在となる。その粗放的な土地利用は後進的とみなされ、特に二十世紀以降は、多くの地域で遊牧民が縁辺に追いやられ取り残された民であるかのようになっていく。

しかし、地球上にはそこに適した土地利用があるわけで、気候学的にみると、遅れているから農業をやらないのではなく、寒冷・乾燥で農耕に適さない地だから遊牧をやってきていたと解釈できる。遊牧民の暮らし方には、アネクメーネぎりぎりの地で生きぬくだけでなく、数千年も暮らし続ける多様なノウハウが詰まっているのだ。特に、いつどこに移動するかの判断を下すために、天候、草の状態、水やミネラルのありか、家畜の太り具合などに常に目配りしている。これらの暮らし方を定住化によって画一化していくことは、あまりにももったいない。なぜなら、この地で移動しながら暮らすための伝統知は長い気候変化や社会の変化を潜り抜けて残ってきたものなので、かなりの振れ幅への対応能力があるからだ。(5)

乾燥地に話を戻そう。地球上の陸地の三分の一以上は乾燥地である。繰り返すが、乾燥地の特徴は降水量が少ないだけではなく、年々変動が大きいことである。日本でも雨の多い年、少ない年というのはあるが、乾燥地ではその幅が極端に大きい。だからこそ乾燥地では、その変動に対応できるフレキシビリティこそ必要で、大地に根付いたり踏ん張ったりしている場合ではない。

モンゴルでは降水のほとんどが夏に降るが、砂漠地帯では年間を通して雨が一ミリメートルも降らない地域もある。ゴビ砂漠で訪ねたゲルでは、雨が降る場所は年によって違うから、水たまりができた場所のそばにゲルを張って過ごすと話していた。ちなみにより乾燥したところの人ほど、移動が多く、風のように身軽である。砂漠では、旅人のために留守のときもゲルに施錠せずに机に食べ物を出しておくと聞いた。降水量が多い地域になると、冬に向けて干し草を用意したりと備蓄品が増し、定住に近くなるし、泥棒にも狙われやすくなるようだ。森林草原と呼ばれるチョロンさんとスレンさんの住む地域は、そこに該当する。

内モンゴル自治区をはじめとする中国の辺境の草原地帯では、過放牧で砂漠化が起きるという名目で牧民を移住させ耕地化をすすめ、むしろ草原が荒廃することが懸念されている。政府がすすめる生態移民政策では、生態系保護の名目で保護の必要な地域の住人の従来の生業形態や生活様式を制限し、他地域へ移住させる。社会人類学者のシンジルトは、生態移民について、多様な生業形態や生活方式を一方向に「進化」させ、ひとつの「均質」なものへと改変させ、国民統合という結果をもたらしえたとしても、「生態保全」という本来の目標を達成しうるかどうかは疑問であると述べる(6)。

哲学者の岩野卓司が「……「教養ある人」には、表面的な知識をただ寄せ集めただけの存在ではなく、耕された土地から育ったような知識をしっかりとものにしている人というイメージが伴っている。西欧の教養の発想の根本にあるのは、農耕なのである」と指摘しているように(7)、この譬えは農耕に適した自然環境でのもので、世界中にあてはまるわけではない。

遊牧知について　チンギス・カンの教え

モンゴル国に残る遊牧は、その移動性の高さが集約的な定住生活よりも土地への負荷の分散や自然災害からの回避につながるとして、サステナブルであると外部から再評価されつつある。

歴史学者の白石典之は、草原に暮らす遊牧民が伝統的に獲得してきた環境マネージメント能力、たとえば草原の利用法、保全法、干ばつや冷害などの災害が起こったときの回避・回復システムといったものを、草原に暮らす遊牧民が長年受け継いできた草原を活かすノウハウとし、それを「遊牧知」

と名付けた[8]。

モンゴルの遊牧知の中でも特に重要なのは、いかに水・食料を得て、寒さをしのぎ、かつ草原を荒廃させないかである。たとえばモンゴル遊牧民の伝統的な食生活には、冬には肉製品、夏には乳製品を摂るという、顕著な季節的な特徴がある。一年を通じて放牧され草原の草を食んで過ごす家畜の体重は、大きく季節変化する。春に気温が上がり草丈が伸びると同時に、旺盛に草を食べることで家畜の体重も増える。植物は夏の終わりに最盛期を迎えるが、家畜は移動しながら草を食べ続けることで、体重は秋に最大となる。実りの秋である。冬は栄養価の劣る枯草を食べて過ごすので体重は徐々に減り、新芽が生える直前の春に最低となる【図

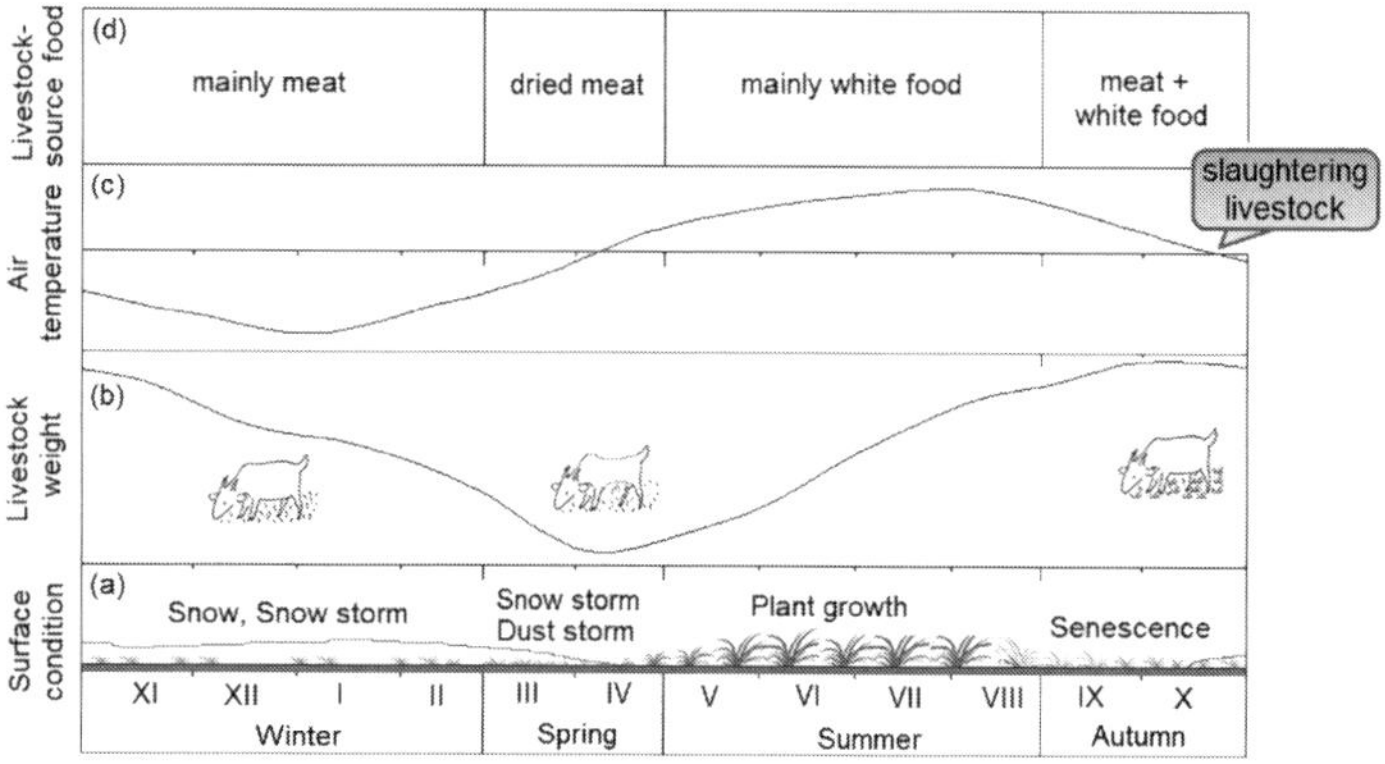

図①　遊牧民の伝統的食生活にみられる遊牧知の例。冬に肉，夏に白い食べ物（乳製品）を摂るという顕著な季節性がある。家畜が夏に草を旺盛に食べて体重が増える時期は屠らずに乳を搾り，体重が最大になった秋に屠る。外気温が氷点下になり，冷凍保存が可能になる時期でもある。冬は家畜は雪の下の枯れ草を食べて過ごすので搾乳も屠殺もせず，人は秋に凍らせたり干したりした肉を食べつなぐ。新しい草が生える直前の春，家畜は一番やせていて，雪嵐や砂嵐の季節であることもあり，大量死が起きやすい。冬の厳しい寒気は去り，気温は上がり始めるのだが，春が遊牧民にとって一番つらい時期である。

①】。夏の干ばつや寒候期のゾドを避けつつ、一年を通じて食料を確保するために、体重の増える夏には屠らず乳製品を摂り、秋に家畜が太りかつ気温が氷点下に下がり冷凍できる時期になってから屠って肉を春まで食べつなぐという、自然の摂理にかなった方法である。(9)

次に、遊牧知の中でも草原の荒廃を防ぐこと、つまり自然を守ることについて述べる。私がチョロンさんとスレンさんをはじめ、遊牧民と接して気づいたのは、彼らが土をほじくり返さず、水を汚さないことである。ウランバートルで生まれ育った友人でさえも、子どものときに地面を木の棒でひっかいて遊んでいたら、祖母に悪いことが起きると叱られてあわてて元に戻したと言う。草原でヘリが離陸した後に衝撃で地面が削られているのを見て、手で急いで埋めなおしている人を見たこともある。ゲルが引っ越した後に痕跡が残ることももちろん嫌う。水についてみると、使った食器を川で洗うときも、服を洗濯するときも、川の水をたらいに汲んで使い、汚れた水は川には流さない。「知らずに川に放尿して、モンゴル人に殴られたことがある」という日本人男性もいた。自然を荒らすことを恐れているかのような行動パターンである。

チンギス・カン（一一六二―一二二七）が「草原を荒らすな」、「川や湖の水を汚すな」ということを戒めとして言ったと伝えられているそうなのだが、そんなことが守られ続けているのかと、にわかには信じられない思いがした。白石によると、一二三二―三三年にモンゴルを旅した南宋の使者（彭大雅）が記した『黒韃事略』の一節には、「その国の禁令では、草が生えたのち、土地を掘り返したり、火を放ったりした者は、一家を皆殺しにする」とあるという。(10) たしかに効力が長続きしそうな、厳しい戒めではある。

しかし疑問に思ったのは、二一世紀に入ってからモンゴルで鉱山開発が加速度的に進み、同時に環境汚染も進んでいることだった。鉱山開発は社会主義時代から一部の地域で始まってはいたが、資本主義体制に移行後は、豊富な資源を求めて日本を含めた外資も参入しGDPで見ても鉱業が農牧業を超えるまでになっている。いくら豊かさを求めるとはいえ、土を荒らし、水を汚すことを嫌うという長年抱いてきた自然に対する畏怖の念とは、モンゴル人はどう折り合いをつけているのだろうか？

鉱業に依存するモンゴル国の経済は決して安定ではないが、鉱業が順調だった時期には、鉱山開発をしている会社に就職できることは明るい将来が保障されたようなものだ、と言われたこともあった。しかし中には、かなりの恐怖心と闘いながら鉱山開発に従事する人々もいるという。知人から聞いた話では、ある鉱山会社の社長は、仏教の中心地であるガンダン寺というウランバートルのお寺の僧侶を呼んで毎週お祓いをしてもらっていたという。鉱山の労働者の間で、土を掘ることで精霊が怒り生贄として人間の命を奪うといったような噂が広がるという、民俗学的な調査結果もある[11]。住民の反対運動も少なくない。草原が荒れるからであるが、現地のブローカーと手を組んだ外資が資源を獲り尽くして去っていったりするせいでもある。

遊牧民と接していると、彼らは欲張ったり、何かを獲りつくすことに関しても抵抗感を抱いているように感じる。お酒を飲むとき、天や地の神に数滴ずつ捧げる動作をする。乳を搾っても乳製品を作っても、お玉にいれた乳を天に向かって撒く。馬乳酒などを大きな容器から椀に注ぐとき、少し柄杓に残して容器に戻す。馬乳者は回し飲みをするのだが、飲み干さずに残したところに、次の人のために主が継ぎ足す。スレンさんはゲルの近所の湿原で野草を摘むとき、取りつくさないようにと、手を取って教えてくれた。

こともあろうに、という語しか浮かばないのだが、二〇一一年に日米がモンゴル国とともにすすめる「包括的燃料サービス（Comprehensive Fuel Services：CFS）」という名の、モンゴル国がウランを原発導入国に輸出し、原発の使用済み核燃料を引き取る計画が明らかになった。IAEAの技術提供を受けながらゴビ砂漠に最終処分所を作ろうとするものだった[12]。原子力工学者の勝田忠弘によると、少なくとも技術的観点からみて、モンゴル国で処分場を建設する技術的妥当性や優位性は見当たらないという[13]。幸い反対運動によりこの計画は少なくとも一時中止になっているようだが、遊牧民が長年暮らした地面から欲しい物を獲り尽くし、邪魔なものを押しつけようとする行為は、野蛮以外のなにものでもない。二〇世紀以降に加速したこのような人類のあり方の変化は、地球に生きるための教養を捨て去ろうとしているかのようである。

そもそも私たちにさまざまな恵みを提供してくれる土地は、いったい誰のものなのだろうか。モンゴル国では市場経済体制に移行後、世界銀行などの推奨で土地の私有化が都市周辺部の一部のみですんだが、牧草地についてはまだ保留されている。文化人類学者の松原正毅は、土地を所有しようとせず、サステナブルに生きる遊牧民が、国境や土地の私有化、国有化などによって行き場を失っていることを懸念している。私たちは土地の私的所有権を主張することのすくない遊牧の知恵にまなぶべきことがおおいので、遊牧の重要性を認識する必要性があるというのだ。「現在、世界的に進行している国境線の厳格化と寸土をも私的所有にしたうえでの土地売買の拡大は、現生人類の穏やかで自由な活動を窒息させてしまう可能性さえあるからだ。この土地売買という現生人類の行為は、地球上のすべての生物の生存に大きな影響をあたえている」[14]。これは環境問題の本質を考える際に、きわめて重要な指摘であろう。

おわりに　ト・ワンの教え

ここで、一九世紀モンゴルの遊牧生活の教訓書といわれる『ト・ワンの教え』を一部紹介する[15]。著者ト・ワンは、一九世紀にモンゴルのチェチェン汗部で活躍した王侯である。これを訳した歴史学者の萩原守は、当時の遊牧生活について詳しく知ることができるほか王侯や牧民の精神世界をかい間見ることができ、一等史料の名にふさわしいものと述べている。

> 家畜に子を生ませる時以外の時期には、頻繁に移動して牧養せよ。家畜は（新しい土地を）珍しがってよく太る。

遊牧民は家畜をマメに移動させることを良しとするが、その理由の一つに、草の多さを求めるだけでなく、家畜が新しい土地に行くことを好むからと聞いたことがあった。他のゲルの家畜の群れが数か月滞在してさんざん食べた後の草地に、ゲルを引っ越して自分の家畜を連れて行く知人に理由を尋ねたときのことである。自分の家畜たちにとっては、そこには珍しい草が生えているから喜ぶのだ、という答えだった。

与えられた飼料をひたすら食べる先進国の家畜に比べて、放牧されている家畜は、広い草原で好きな草を選んで食べている。グルメである。GPSを装着して観察すると、連日、ゲルから数キロ以内の草を歩きながら食べ、戻ってきている。(16) それでも同じ場所に数か月滞在すると飽きてしまうのかもしれない。チョロンさんの言う通り、家畜にとって遊牧は楽だが、定住は大変である。

『ト・ワンの教え』に、遊牧民のあり方について書かれているのだが、なかなか厳しく、調査でゲルを回っている私たちは客人とはいえ、どう見られていたのかとドキッとする。

家畜（の牧養）に適していない人を知ろうというなら、その者が外から［入って］来るとすぐ、「家畜を見たか。どこにいる」と尋ねれば、（適していない人は）全く見ていないものである。座っている時に観察すれば、人のくれたお茶を牛のようにすすり、何度も何度も飲んで、乗っていた自分の馬を外で足を縛って無益に［しゃべって］家々を尋ね回り一日を過ごす。月日を無益に過ごし、ちょっと一度天幕を移動させる時には、昼になった後起き出し、「家畜を見る」と言い訳をして外出し、天幕を建てた後になって、「何か食べるものはあるか」といいつつ戻って来る。このような人は、誰かが見ていて天幕から追い出し、所属（の役人）に引き渡して処罰させよ。

私たちは、無益にしゃべって家々を尋ね回り一日を過ごしているようにみえるかもしれない。せめてお茶を牛のようにすすらないようにしようと思う。「天幕を移動」というのは、ゲルの引っ越しのことである。畳むときも、組み立てるときも人々は総出で手伝うが、こういうときにさっと姿を消して、出来上がったころに戻ってくるようなずるい人が描かれている。草原の人々はよく互いを手伝う。私もゲルに置いてもらうときには、調理や子守りだけでなく、ストーブにくべる糞や流木集め、家畜の群れの誘導、革のなめしや縫製など、さまざまなことを手伝わせてもらった（手伝わされたとは言わないが、気がつくと手伝う状況になっていることが多い）。「自分の馬を外で足を縛って」は、馬はつなぐ場所がないことがほとんどなので、後ろ足二本をゆるく結わえながら放しておくことをさす。こうすると馬は遠くまで行かずに、ゲルの傍で草を食みながら過ごしている。

では、遊牧民はどうあるべきかが、続きにある。

牧民（たる者）は、朝遠近がかすかにやっと見えるぐらい（の所）に出て、自分の天幕を（遠巻きに）一周して四方をよく見、家畜等をよく調べて見、自分の馬を捕らえてつなげ。その間にお茶を煮て用意するために（天幕に）入り、お茶をすばやく飲んで出発し、高い所の上に出て見よ。自分の家畜を計算して集め、兄弟の家畜がいれば、その天幕に近付けてやれ。こうすれば、兄弟は親密で愛情が深くなる。晩に家畜が戻って来ればすぐ、（人が）飲食物を飲食する間に家畜を見回って観察・計算し、二十日の月が出た後の頃には、犬を四方に入れ物に寝かせて戻り、柱などの木を戸口に（もたれかけさせて）置いて天幕に入り、（自分の）帯をといて空の袖に入れて用心深く眠れ。横になる際は、正午の木陽の方向（南）に頭を向けるな。向けたならば、寿命に悪い。夏は、戸外の車の上で寝よ。「早く起きれば一つを見、遅く寝れば一つを聞く」という。

勤勉な遊牧民は早起きで、スレンさんは、家畜の面倒をみながら日の出を見るといいことがあると言う。そして、丘に登ったりして、とにかくよく周囲を観察している。のどかに見える草原だが、オオカミ、盗賊、山火事……は日常的にあり、チョロンさんのゲルに滞在しているとき、私も一通り見聞きした。犬は大切な番犬で、夜中にオオカミが近づくと吠えて主人に教える。私は寝ていて気づかず、朝、オオカミに襲われた仔牛の脚の怪我を見て驚いたことがあった。毎年一〜二頭は家畜がオオカミの被害にあうと言っていた。朝の仕事があるので、食事は、一仕事した後の場合が多い。朝と昼は軽くお茶と乳製品などを各自がつまみ、そそくさと家畜を見に出る。合間にお茶や馬乳酒を飲むこともある。夕食は肉をしっかり食べる。干し肉や半生の肉を刻み、小麦をこねて一からうどんや肉まんなどを作るので、準備に軽く二時間ぐらいかかるが、これもそそくさと食べて家畜を見に出る場合もある。夜は、物音がすればすぐに起きて外に出られるように帯だけ解いて寝る。ゲルは必ずドアが南を向くように建てられているので、頭をゲルの奥に向けると北枕になる。ここに書かれた教えの多くは、今も草原の人々の暮らしの中に垣間見ることができることに気づかされる。

最後にチンギス・カンに関する部分を引用して終わろう。白石によると、チンギス・カンのイメージはモンゴルや中国では英雄というものが強い。しかし、中央アジアやヨーロッパでは、ヨーロッパ深くに侵攻し、数々の破壊と殺りくを行ったためにチンギスの率いたモンゴル軍は地獄からの使者として恐れられたという。毀誉褒貶が大きいゆえにチンギスの登場する史料は信頼できるものは数少ないというが(17)『ト・ワンの教え』にも出てくるので、紹介したい。

聖主の諭して広める教えのお言葉の中で、「大衆は皆努めて長幼の序を守る礼儀を重んじ、物品を倹約して良き民となることに努めよ、争ったり分を越したりする悪い習慣を完全に捨てよ、最初は努めて最後には怠慢になるようなことをするな、浪費して倹約しないことを兵や民にまさに厳しく禁止すべきである」といったことに、敬意を表して常忙従って行くべきなので、聖チンギスの教えに「教養の最たるものは和合である」といったのである。また、「和合すれば成功し、中傷すればだめになる」というのも古い言葉である。

私にはこれを読み解く教養が残念ながらないのだが、モンゴルの教訓書では、チンギス・カンが「教養」という語を使い、教養についてこのように語ったとされているのが意外であった。もしかして世界征服の秘訣は「和」にあったのか?などと考えてしまう私は、最初に戻って、「教養とは何か」を飛び越さずに学びなおす必要がありそうである。

註

（1）松井健『遊牧という文化――移動の生活戦略』吉川弘文館、二〇〇一年、一二一―一四頁。

（2）森永由紀「第5章　伝統食アイラグから見る遊牧世界について」、西川可穂子・中野智子編著『グローバル化による環境・社会の変化と国際連携』中央大学社会科学研究所研究叢書42、二〇二二年、一五二頁。

（3）同前、一五三頁。

（4）岡田英弘『世界史の誕生』ちくま文庫、一九九九年、二四五頁。

（5）カナダのアルバータ大学で先住民研究を行っているブレンダ・パリー（Brenda Parlee）教授は、政府が先住民に押し付けるカリブの保護の方法に反発を感じると話していた。自然保護政策は科学的な根拠に基づくというが、西洋の科学的方法でとられた当地のデータはせいぜい五〇年分だが、先住民は数千年の経験に基づいて獲り尽くさないためのカリブの狩猟の数などを割り出しているという。

（6）シンジルト「中国西部辺境と「生態移民」」、小長谷有紀・シンジルト・中尾正義編『中国の環境政策　生態移民』昭和堂、二〇〇五年、二一三頁。

（7）岩野、本書一二頁。

（8）白石典之編著『チンギス・カンの戒め』同成社、二〇一〇年、二二頁。

（9）Bat-Oyun, T., B. Erdenetsetseg, M. Shinoda, T. Ozaki, and Y. Morinaga（2015）: Who is making airag（fermented mare's milk）in Mongolian households? Nomadic Peoples, 19, 1, 7–29.

（10）彭大雅［撰］・許全勝［校注］（2014）『黒韃事略校注』蘭州大学出版社、蘭州、一〇一頁。

（11）High, M.M.: Believing in spirits, doubting the cosmos: Religious reflexibility in the Mongolian gold mines, Ethnographies of Doubt: Faith and Uncertainty in Contemporary Societies. M. Pelkmans（ed.）. Pp. 59–84. London: I.B. Tauris, 2013.

（12）共同通信記事「モンゴルに核処分場　東芝が米高官に書簡」二〇一一年七月一日。

（13）共同通信記事「技術的妥当性ない」二〇一一年七月一日。

（14）松原正毅『遊牧の人類史——構造とその起源』岩波書店、二〇二一年、二四五頁。

（15）萩原守「『ト・ワンの教え』について——一九世紀ハルハ・モンゴルにおける遊牧生活の教訓書」『国立民族学博物館研究報告別冊』二〇、一九九九年、二一三—二八五頁。

（16）Bat-Oyun, T., Ito, T. Y., Purevdorj, Y., Shinoda, M., Ishii, S., Buho, H., & Morinaga, Y.（2018）. Movements of dams milked for fermented horse milk production in Mongolia. Animal Science Journal, 89（1）, 219–226. https://doi.org/10.1111/asj.12842.

（17）白石典之編著『チンギス・カンとその時代』勉誠出版、二〇一五年、（2）—（3）頁。

自然保護区域は語る

薩摩秀登

オーストリアの首都ウィーンから約七〇キロメートル北西に行くと、チェコとの国境線をはさんで、オーストリア側にタヤタール国立公園、チェコ側にポディイー国立公園がある。国境を流れるタヤ川（チェコ語でディイェ川）を両側から包みこむような形になっており、渓谷沿いには、かつてヨーロッパの広い地域を覆っていた太古の森とはまさにこのようなものであったかと思わせる風景が展開する。絶滅危惧種を含む貴重な動植物の生育も確認されている。

しかしこの自然空間が維持されたのは、実はいくつかの偶然のおかげである。一九三〇年代には自動車道路建設を含む観光開発計画が持ち上がったが、第二次世界大戦勃発のため実現しなかった。また戦後にはこの国境線はいわゆる鉄のカーテンの一部となり、チェコ側では幅二キロメートルにおよぶ立入り厳禁の区域が設けられた。その結果、この渓谷沿いには「手つかずの自然」が維持され、一九九〇年代に二つの国立公園設立が実現したのである。

ポディイー国立公園のすぐ外側には、一九三〇年代末にチェコスロヴァキア政府が作った小型要塞がいくつか残されている。要塞といっても外見は単なるコンクリートの塊で、チェコではブンクルあるいはジョピークと呼ばれている（日本ではトーチカというロシア語で呼ばれることが多い）。当時、ナチス政権下のドイツがオーストリアを併合して拡張政策に乗り出していたので、その侵攻に備えたのである。そのほか、公園内には、冷戦期に作られた「鉄のカーテン」の一部も保存されている【図①】。鉄条網のフェンスのほか、かつては銃を構えた兵士が見下ろしていた監視塔も残されており、周囲ののどかな気分にそぐわない不気味な光景である。

ディイェ川沿いのブンクルと同じものを、私はチェコ北部のクルコノシェ山地でも見たことがある【図②】。この山地は今ではポーランドとの国境だが、かつて国境の向こうはドイツであった。エルベ川の水源地帯でもある。標高はそれほどでもないが、バルト海方面からの風がまともに吹きつけるせいか、亜高山帯特有の荒涼とした風景が広がり、そこにぽつんとたたずむコンクリートの構築物は何とも異様である。チェコではこのようにいくつかのブンクルが設置されたらしいが、その後、国境沿いの地域全体がドイツに併合されたため、おそらく実際の戦闘では用いられなかっただろう。

ウィーンのすぐ近くの自然保護区域としては、ドナウアウエン国立公園がある。オーストリアの景勝地といえば普通はティロル地方などの山岳風景を思い浮かべるはずだが、この国立公園はドナウ川の岸辺に広がる低湿地帯であり、そのためか知名度も低いようだ。一九八〇年代に発電所建設計画が持ち上がったが、自然破壊を危惧した人たちが激しい反対運動を展開した結果、一九九六年に国立公園設立が正式に決まったという経緯がある。タヤタール国立公園と違って国境線に沿っているわけではないが、区域内を通ってドナウ川左岸を東へ進むと、スロヴァキアとの国境線をなす支流マルヒ川との合流点にぶつかる。スロヴァキア側の岩山の上には、かつてジェヴィーンという城があった。激動の歴史をくぐ

図①　かつての「鉄のカーテン」 ポディイー国立公園内

図②　ブンクル　クルコノシェ国立公園内

り抜けてきた城だが、一八〇九年にナポレオン軍の砲撃により一瞬にして廃墟になった。その城跡に立つと、緑豊かなドナウの流れが一望できる。ウィーン市内のドナウ川の眺めは東京の下町を流れる荒川と大差ないが、ジェヴィーン城から見下ろすドナウ川には、原始のままの大河の趣がある。

しかし城から下に降り、マルヒ川との合流点に行くと、「自由への門」と称する奇妙なモニュメントがある【図③】。四角い枠組みの向こうにマルヒ川が望めるが、枠には無数の弾痕が穿たれている。冷戦期に「自由な西側」をめざして川を渡ろうと試み、射殺された人たちの慰霊碑であることは、一目で察しがつく。

自然の中で思いきり開放感にひたる気分は何とも言えない。しかし一見「手つかず」に見える自然空間は、しばしば、人類が繰り広げた愚行について認識する空間でもあるらしい。

図③ 「自由への門」(図①〜③ 撮影＝薩摩秀登)

「野生」の大地に生きる「野生」の人びと

ディオールの香水、ソヴァージュの広告からみえてくるもの

石山徳子

1 はじめに

「野生」ということばをキーワードになにかを語ること、考えることは、わたしにとってはむずかしく、また悩ましい作業である。なぜならばこれまで、西側の社会や学界において「野生」、「未開」と一方的に決めつけられた場所、空間、人びとにたいする抑圧と暴力の構造、あるいは「野生」回帰への欲望について、みずからのありかたや、いわゆる強者の論理にたいして複雑な葛藤を抱きながら研究してきたからだ。「野生の教養」というテーマ設定にもいささか戸惑いながら、以下に問題提起をしてみようと思う。こうした視点もまた、教養をともに紡いでいくために不可欠な批判的思考、道筋のひとつになるかもしれない。

アメリカ合衆国（以下、アメリカ）の環境史家、ウィリアム・クロノンが一九九〇年代のなかばに発表し、大きな注目を集めた論考によれば、「野生」には「トラブル」、つまりは人びとの思考、さらには社会を揺さぶる諸問題が内在している。[1] この概念を誰がどのような文脈でつくり出してきたのか、それはどこで、どのように使われてきたのか、背景にはいかなる力関係が横たわっているのか、わたしたちは批判的に検証していく必要がある。

たとえばアメリカ史の文脈において構築されてきた「野生」にまつわる支配の言説とは、現代社会における「辺境」を生み出し、それは人種、階級、ジェンダーなどによる歪な差別構造と絡み合う、環境破壊の現場となってきた。いわゆる西側先進諸国の行政機関や学界などによって、そのようにとらえられてきた現場（たとえば人里離れた、あるいは不毛の地であると考えられた「野生」の場所に建設されたプルトニウム工場の跡地や、各種有害廃棄物の処分施設など）を訪ね歩いてきたわたしは、その空間を故郷として慈しんできた人びとに強いられる葛藤について自覚的でありたい。[2]

アメリカという経済・軍事大国は、セトラー・コロニアリズム（入植者植民地主義）と奴隷制度の歴史を抱えている。一般的に「移民の国」と考えられている自由、平等、民主主義の理念を掲げた超大国の基盤は、「未開人」から奪った「未開」の土地だった。入植者たちは侵略した大地にとどまり、その場所に新しく国家を設立したのである。アメリカの大地には太古の昔から、先住民族のくらしと営みがさまざまなかたちで刻まれていて、そこには双方向の関係性がつねに存在していたのだが、ヨーロッパ系の入植者と子孫たちには、それがみえていなかった。[3] また収奪した土地の開墾には、アフリカの大地から引き剝がして連行してきた黒人奴隷の労働力が不可欠だった。彼らもまた「未開人」

として、欧米社会において非人間化されてきた人びとである。非人間化の暴力はいまにつづいていて、だからこそ、これに抗うブラック・ライブズ・マター運動が世界中に広がったことにも留意が必要だ。黒人のライブズ、すなわち生命、生活、人生は大切なのだ、という必死の訴えである。[4]

先住民族からの強奪、および黒人奴隷の搾取に根ざしたジェノサイドの歴史において、「野生」や「未開」という概念は、多くの場面で重要なキーワードとなった。手つかずと決めつけられた「野生」の土地、その空間に生きる「野生」の人びとは、神から与えられた天命（マニフェスト・デスティニー）のイデオロギーのもとに、ヨーロッパ系の人びとによる「文明化」と支配の対象になったのである。そこには進化論的な思考が内在していて、それがアメリカ史を通じて残酷なかたちで実践されてきたことは、先住民族が辿ってきた道を振り返るならばあきらかだ。

ただ、現代アメリカの日常においては、こうした血なまぐさい、あまりに残酷な殺戮と暴力の歴史はなかなかみえにくい。入植者たちは彼らにとっての新天地にとどまり、アメリカという移民国家を新設したわけで、その前提には先住民族の抹消が不可欠だった。したがって入植者による植民地主義、すなわちセトラー・コロニアリズムに根ざした空間において、先住民族はすでに滅びてしまった存在に落とし込められている。

いっぽうで、このように過去の存在とみなされる先住民族には、現代人が忘れてしまったなにか大切なもの、たとえば自然と共生していく知恵だとか、調和を求める思考がそなわっている、それでいて、なににも縛られない直情的、もしくは「野生的」な情熱があるというような、ある種のノスタルジアがある。わたしはこのような解釈の全てを、否定するつもりはない。たしかに、祖先から受け継いできた土地に根ざした生活を送り、また圧倒的な武力、政治経済力を有する相手によるジェノサイドを切り抜けるには、ありとあらゆる知略と生きる力、祖先と子孫、彼らをつなぐ故郷への強い想いが必要だった。それは土地、生きとし生けるもの、それとつながるさまざまな事物とともに、生き延びていくための教養ともいえるかもしれない。しかしながら、いわゆる西欧文明の担い手たちが抱く「野生」へのノスタルジアには、根深い偏見とセトラー・コロニアリズムの思想が内在している。

本稿ではこうした問題について、クリスチャン・ディオール社が一九六〇年代から発売しているソヴァージュ（Sauvage）、すなわちフランス語で「野生」と名付けられた香水のために、同社が二〇一九年に制作し、公開した広告動画を材料に考えてみたい。ソヴァージュの英語訳である savage には、「野蛮人」という意味がある。そしてアメリカには、まさに savage と呼ばれて蔑まれてきた人びとがいて、ヨーロッパ系の入植者とその子孫による政策に従わなければ、彼らは虐殺の対象にもなった。大殺戮の歴史を生き抜きながらも、土地を奪われ、さまざまな権利を侵害され、さらにはステレオタイプ化されてきた北米先住民族からの非難によって、同社はこの広告動画を公式インスタグラムとツイッターから取り下げた。

非難をあびた広告の制作者側は、差別の意図はまったくないし、先住民団体からのアドバイスを受けながらつくったものだ、と主張した。主演したハリウッド俳優のジョニー・デップも、この作品は世界中の先住民族への敬愛をもってつくられたもので、その文化を搾取する意図などあるわけがない、と反論した。(5)

制作側の意図はどうであれ、この動画は、先住民族の文化の盗用という深刻な問題を抱えている。

さらには、レイシズムとセクシズムが絡み合うステレオタイプを増殖させる映像には、貧困、差別、虐待に苦しみながらも、現代アメリカ社会でみずからの物語を紡ぎだしてきた先住民族への無関心という暴力が垣間見られるのだ。

2　ソヴァージュの広告動画における「野生」の大地と、「野生」の人びと

問題になった広告動画は、西部ユタ州の南部に位置するアーチーズ国立公園の壮大な景色に、上空から迫っていく映像からはじまる【図①】。地上のカメラは、川岸を歩くひとりの男性をとらえる。画面はその直後に上空から撮影した景色に切り替わるのだが、今度は赤土の崖のうえで、先住民族の男性が色とりどりのきらびやかな衣装をまとい、戦士の踊りともされるファンシー・ダンスをダイナミックに踊っている【図②】。

画面が再び切り替わり、先ほどの男性が川にしゃがんで石に手を触れている。自分の歩む道に、石を積み上げることによって印をつけようとしているようだ。アップで映し出されるのはジョニー・デップだ。オオカミの毛皮をかぶった若い先住民族の女性が、彼の様子を草の陰から見守っている【図③】。デップと彼女のあいだには、無言ではあるがなにか官能的な熱気が走る。先ほどのファンシー・ダンス、さらにはかぶりものを脱ぎすてて近づいてくる女性の映像のあとに、先住民族の伝統的なデザインにも見える織物の下からエレキ・ギターを取り出し、これを弾くデップが登場する。先住民ジュエリーや、羽根飾りが風に吹かれている。デップはギターをかき鳴らし、先住民男性は踊る。そし

てギターの調べが聴こえているのか、先住民女性はあたりを見回しながら戸惑っているようだ。

次につづく夜のシーンでは、焚き火にあたるデップが低い声で「わたしたちが大地だ。新しいソヴァージュ、ディオール」とささやく。画面には再びファンシー・ダンスを踊る先住民男性が登場し、赤土の絶景がラスト・シーンを飾る【図④】。そこには小さな字で、「全てには象徴的な意味がある。創造の背景にある物語を発見しよう　ジョニー・デップ」とある[6]。

ステレオタイプを助長し、先住民族の文化を都合よく解釈し、また利用している動画はツッコミど

図①　再生位置 00：00

図②　再生位置 00：05

図③　再生位置 00：12

図④　再生位置 01：03

ころ満載のシロモノなのだが、その根幹にあるのが西洋側からみた「野生」の大地に生きる、「野生」の人びとにたいする歪な表象概念である。これにまつわる思想が、たとえ無邪気なノスタルジアと、ある種の憧憬によるものであっても、結局のところは「野生」を他者化し、支配の対象としてきた歴史的系譜から逃れられるものではない。そして、「野生的」な存在とされてきた先住民族をふくむ有色人種、あるいは「未開」の大地と目される土地、事物、空間が、いまも直面する差別と暴力の実情から目を逸らすことにもつながりかねないのだ。

3　先住民族からの非難の声

ソヴァージュの広告が公開されてから、先住民族からは非難の声がつぎつぎにあがった。先ほども引用した英日刊紙『ガーディアン』の記事は、いくつかのツイートをウェブ記事上で紹介している。たとえばダラス・ゴールドトゥースは、この広告の「ばからしさ」について三点をツイートした。先住民環境ネットワーク（ＩＥＮ）の運動家として気候正義問題にも取り組んできた彼は、二〇二一年に放送がはじまった、先住民族の若者を描いた人気テレビドラマ『リザベーション・ドッグズ』に、俳優として参加している。彼が問題視する一点目が、ディオール社は「おそらく盗用（筆者注―先住民族の文化の盗用）には反対なのだろうが、まさに盗用している」ことだ。そして女優には未婚女性、つまりは処女性を示唆する「乙女」、俳優には「戦士」という役名がついている。さらには「先住民を支援すると言いながら、愚かで無知な「インディアン」の比喩を用いている」とも憤慨している。(7) いずれも重要な指摘だ。

ＩＥＮの設立者で、国際的にも有名な環境運動家であるトム・ゴールドトゥースは、彼の父親にあたる。ＩＥＮは一九九〇年以降ミネソタ州に拠点をおきながら、環境リスクにさらされる共同体とともに、石油パイプラインや核開発関連施設の建設への反対運動を先導してきた。まさに先住民族にとっての故郷を、「野生」の破壊の最前線で、多国籍企業などが関わる巨大な利権と、甚大な環境リスクを伴う開発事業から守ろうとしてきた人びとの運動体だ。

ダラス・ゴールドトゥース自身は、脚本や監督を先住民族がつとめるテレビドラマに出演する俳優としても、先住民族の表象の問題に向き合ってきた。彼は『ガーディアン』の取材にこたえて、「正直にいうと笑うしかない。ありとあらゆる観点から、これは皮肉だらけの話だ。同時に、わたしはうろたえているし、怒っている」と述べた。さらに彼は、この広告が「アメリカ先住民を過去の存在として美化している」と指摘し、「ディオール社がこれを適切であると考えたのは、嘆かわしいことだ」と批判した。(8)

ブラウン大学でアメリカ研究とエスニック研究の教鞭をとる、チェロキー族出身のエイドリアン・キーンも非難の声を上げた。彼女は、しばしば先住民族の出自が取り沙汰されるデップについて「彼は先住民ではない」と断じ、ソヴァージュの「わたしたちは大地だ」というテーマを「ブルシット」、つまりは「クソみたいな戯言」であると切り捨てた。(9)

先住民族によるメディア監視団体イルミネイティブのクリスタル・エコホーク会長は、「二〇一九年にもなって、このようなキャンペーンがうまくいくと、誰がどうやったら考えることができるのか」と嘆いた。この嘆きは、キーンによる「ブランドが先住民族にたいして、ステレオタイプと偽りの表象、もしくは完全な不可視性のどちらかを選択するように強いている」という指摘にもつながる[10]。ここで糾弾されているのはディオールというひとつのブランドなのだが、その欺瞞は一般消費者の趣向を反映している。

広告が発表された半月後、ディオール社側が広告制作に際して助言を求めたという先住民団体、「インディアンの機会を支援するアメリカ人」（ＡＩＯ）は、正式に非を認めた。公開書簡においてＡＩＯは、「ディオールのキャンペーンに参加したことを深く後悔している。わたしたちは国際的なレベルで、長きにわたる、そしてダメージを与える先住民族の表象を、かえていく機会であると信じていた」と述べたうえで、同社のメディアと広報キャンペーンに関しては相談を受けていなかった、ともあかした。そのうえで同団体は、同じ志を持つ人たちと今後は連携しながら、この問題に取り組んでいきたいと表明したのである[11]。

先住民族の声に耳を傾けてみるならば、もとよりヨーロッパ系の入植者たちが先住民族から強奪した大地において、ハリウッドのスター俳優に「わたしたちは大地だ。新しいソヴァージュ」と語らせる、フランスのハイブランドの企画そのものが、意図せずともいかに暴力的であるのかが浮かび上がってくる。彼らが発した問題提起のなかから、とくにステレオタイプ、そして文化の盗用という二点に着目して、さらに考えてみたい。

4　先住民族のステレオタイプ

まずはゴールドトゥースが指摘した、「戦士」、そして「乙女」という役名についてである。先住民族が経験してきた凄惨な歴史を考えるならば、誰もが知るハイブランドの会社が、ここまで深く、植民地主義思想にいまだにとらわれているのか、と愕然とするほどの愚かなネーミングだ。

先住民男性を戦士ととらえる思考の根底には、マニフェスト・デスティニーの歴史における対先住民戦争における対立軸と、これに根ざした憎悪と偏見がある。アメリカの軍人は、「良いインディアンは死んだインディアンだけだ」と公言し、この考え方は連邦政策の要となり、一般大衆にも広く伝わっていた。西部開拓時代のヨーロッパ系の入植者たちにとって、目の前に広がるのは無主の大地であり、「野生」の存在である先住民族は征服の対象だった。彼らが抵抗してくるならば、それは「獰猛」で「野蛮」だからだ、という論理がまかり通っていたのだ。権利を剝奪された人びとが異議を申し立てているのではなく、「野蛮人」が「文明化」の邪魔をしているという認識である。「獰猛な戦士」というステレオタイプは、現代アメリカ社会におけるスポーツ・チームの名称やマスコットに、先住民族の男性の戯画がつかわれてきた現象にもあらわれている。(12)

デップとのあいだの官能的な関係性をにおわせるような演出がなされている、若い先住民女性の表象は、かの有名なポカホンタスを思い起こさせる。一七世紀にイギリスからやってきたジョン・スミスの助命を、みずからのコミュニティであるポウハタン族に嘆願し、彼を献身的に支えたとされる伝説のプリンセスだ。悲恋の物語は、一九九五年にディズニーによってアニメ映画化された。

図⑤　ポカホンタスを描いた，Simon van de Passe による 1616 年の作品

先住民族側から異議が申し立てられているように、ポカホンタスとスミスのあいだにロマンスがあったというのは完全なつくり話だ。スミスがやってきたとき、実在のポカホンタスは九歳か一〇歳だった。彼女は一四歳のときに先住民男性と結婚して、彼とのあいだには子どもがいたという。部族に伝わる口述歴史によれば、侵略の歴史に翻弄された彼女はその後家族から誘拐されて、複数の男性にレイプされた挙句に、タバコ会社を営んでいた新しい夫と、彼の故郷であるイギリスに渡った。異郷の地で、非業の死を遂げたとき、彼女はたった二一歳だった。イギリス時代の肖像画【図⑤】が残っているのだが、そこには年若い女性の華やいだ明るさはない。[13] 険しい顔つき、目の下の暗いクマ、ゴツゴツと硬直した手の甲からは、さまざまな不条理を一身に受けながら、それでも人生を生き抜いた女性が抱いていたであろう、あきらめにも似た深い哀しみが伝わる。[14]

ポカホンタスの悲劇は、現在の先住民族の女性たちの苦しみにも連なるものだ。アメリカ先住民女性にたいする暴力の実態は厳しい。たとえば一九四四年に設立された、全米最大の先住民族支援団体であるアメリカ・インディアン国民会議が、二〇二一年一〇月に発表したアメリカ先住民族、およびアラスカ先住民族の女性に関する調査結果は惨憺たるものだ。先住民女性の八四・三%、すなわち五人に四人以上が、生きているあいだに暴力を経験する。また五六・一％、つまりは半数以上の先住民女性が、性暴力の被害にあう。先住民女性が殺害される割合は白人女性の三倍近く、レイプされる割合は白人女性の二倍近くにものぼる。加害者の大半は、先住民族ではない[15]。

また北米各地ではいまも、先住民女性の殺害や行方不明事件が多発している。たとえば、二〇二〇年に行方不明であると報告された先住民女性は五二九五人で、その大半が子どもかティーンエイジャーだった[16]。日常的に暴力にさらされて、生命の危険を感じている人たち、もしくは殺害されたり、行方不明になっている人、あるいはそのような苦境に陥った経験のある家族をもつ人たちがいる。ディオールの広告における、白人男性の性の対象とも捉えられる「野生的な乙女」の表象は、このような文脈においては受け入れがたいものなのだ。

5 先住民文化の盗用

ディオールの広告動画は、先住民族のあいだに受け継がれてきたファンシー・ダンス、ジュエリー、織物を使用している。こうした先住民族の伝統文化とその表象を、スポーツ、ファッション、音楽の業界が利用し、巨大な利益につなげていることは、前々から問題視されてきた。たとえばその最たる例が、先ほども触れたスポーツ・チームによるマスコット問題である。先住民マスコットや、先住民族の伝統工芸品、模倣、デザイン化、商品化する営みは、差別的なステレオタイプを生み出すものだ。しかもこれによって生じる多額の利益が、実在する先住民族に還元されないというケースがほとんどである。セトラー・コロニアリズムの国で、先住民文化を取り入れた商品による利益が、おもに入植者の子孫、あるいは彼らが経営する企業に流れている。だからこそそれは、「盗用」なのだ。

このような事態に歯止めをかけるべく、連邦政府は一九九〇年にインディアン・アート・クラフト法（先住民芸術工芸法）を制定した。これによって、たとえば先住民族出身ではない人が、工芸品を先住民族による手づくりであると偽り、勝手に販売した場合は、二五万ドルの罰金、五年間の懲役刑、またはその両方を課せられるという、厳しい処罰が下されるようになった[17]。

ただこの法律にはたくさんの抜け道があり、それ以降もいわゆる先住民族のアート風のデザインの衣服やジュエリー、羽根飾りをはじめとした伝統的な装いを商品化する動きはつづいている。たとえばファッション・ブランドのアーバン・アウトフィッターズは、二〇〇一年から先住民族のアートに似たデザインを模した「ナバホ・ヒップスター・パンツ」という名前の下着などを売り出していた。全米最大の居留地を構えるナバホ・ネーションは、二〇一二年に裁判を起こした。裁判所は部族の主張を認め、その四年後に両者は和解に至った[18]。

また、おもに下着や美容用品などのブランドとして有名なヴィクトリアズ・シークレットは、二〇一二年に先住民族の羽根飾りやジュエリーを、ファッションショーに登場したモデルに着せて物議を醸した。神聖な意味をもち、選ばれたリーダーのみが着用を許された羽根飾りを、セクシーな下着姿の、若い白人女性のモデルに羽織らせるという演出に、おおくの先住民が傷つき、また憤慨したのである。この広告は、先住民女性への性暴力の現状にたいする配慮と想像力にも欠けていた。非難の的になった会社側は、すぐに謝罪した。それにもかかわらず二〇一七年には、ヴィクトリアズ・シークレットのファッションショーに、またもや同じような装いの白人女性モデルが登場し、これも炎上することになった[19]。

ディオール社による先住民文化の盗用は、以上のような動きの延長上にある。先住民族がいくら異議申し立ての声を上げても、名だたる大企業がこれを繰り返すのはなぜか。やはりそれは、先住民族の存在が現代の入植者国家において不可視化されていて、一般の人びとのあいだには、彼らが故郷の土地を奪われてきたばかりか、いまも暴力の対象となりつづけていることの不条理への理解、その痛みにたいする想像力が欠落しているからだろう。「先住民族は過去の存在ではない」と、彼らはいつまで叫びつづけなければならないのだろうか。

6　「野生」の土地と先住民族の故郷——結びにかえて

この動画に出演しているふたりの先住民は、いずれも撮影現場のユタ州、あるいはその周辺地域の出身ではない。迫力ある舞を披露するのは、一二〇〇キロ以上も離れたローズバッド・スー居留地出身のダンサー、カンクー・ワン・スターだ。また、先住民族の乙女を演じたタナヤ・ビーティは、カナダのファースト・ネーション出身の女優である。それぞれの故郷の土地と深いつながりをもつ先住民族からすれば、彼らもまた、この場所においては外からやってきた、異なる文化背景をもつ人たちだった。

アメリカ先住民族は、「野生」の歴史空間の「野生」の人びととして一括りにされてしまうことが多い。ただ彼らには、広大な北米大陸で培われた多様なルーツがあり、文化があり、それはそれぞれの土地に根ざした営みである。ディオール社の広告で華やかに美化された映像は、収入、教育レベル、雇用などについて、厳しい状況に置かれている地元ユタ州の先住民族が営む日常生活とは別世界だ。だからこれをみる人たちが、赤土の大地に刻まれた暴力といまにつづく悲しみ、そのなかでも生き抜いてきた強さと豊かさ、それをこれからの世代につないでいくという先住民族の決意に、想いを馳せることはおそらくないだろう。

批判が殺到したのをうけてビーティがインスタグラムで発した、先住民女優としての苦悩に満ちた声明は、示唆に富んでいる。彼女は実は、この役を引き受けるにあたり悩み、また撮影がはじまってからも葛藤していたという。それは、「会社側が先住民族の文化を、あからさまに冒瀆した」からだった。彼女は撮影の際に、これが対話のはじまりになることを期待するしか術がなかった、とも訴えている。いっぽうで、ディオール社やデップに悪意はなく、先住民文化を美しく描こうとしていたこと、そしてこの企画で仕事を得た先住民の存在についても重々承知している、とも述べる。ビーティはまた、女優として先住民女性のステレオタイプを演じることを強要されるばかりか、差別的な扱いを受けてきた経験も吐露した。そのうえで彼女は、ユタ州の先住民族が立ち上げた環境団体に寄付したことをあきらかにして、ディオール社とデップにも寄付を促したのである。[20]

彼女が寄付をしたのは、撮影現場であるユタ州と、その近隣に位置するコロラド州とニューメキシコ州を故郷とする複数の部族が二〇一五年に設立した、ベアーズ・イヤーズの保護を目的とした非営利団体だった。[21]アーチーズ国立公園の約七五キロ南に位置するベアーズ・イヤーズは、地元の先住民族にとっては聖地である。しかし石油、天然ガス、ウランといった地下資源に恵まれているため、再三にわたり開発事業の対象となってきた。これを阻止するために結成された部族連盟の働きかけにより、二〇一六年にバラク・オバマ大統領はこの場所を国定公園に指定した。ところが翌年に大統領に就任したドナルド・トランプは、この国定公園を八五パーセントも縮小するという暴挙に出た[22]。これに抵抗をつづけた部族連盟こそが、ビーティが寄付をした相手だった。

ビーティによる部族連盟への寄付とは、故郷と聖地を守ろうとする地元の先住民族への敬意を示すメッセージでもあった。先住民族が故郷の土地とともに生き延びていくための闘いとの連帯は、女優としてのキャリアと先住民女性としての矜持のはざまで葛藤する彼女が抱く、未来に向けた希望ではないか。図らずもステレオタイプの再生産に加担したことへの、謝罪の意味が込められていたのかもしれない。

「ソヴァージュ」という実に厄介な名称をもつディオール社の香水は、いまも販売されている。二〇二一年秋に公開された新しい広告動画にも、デップはひきつづき出演している。月の光がひび割れた大地を照らし、ひとりギターでロックンロールを奏するデップに引き寄せられるのは、オオカミの群れだ。デップは「荒野にあって、恐れを知らぬ、人間。ソヴァージュ」と、そっとつぶやく[23]。

わたしたちは一連の経緯と論争から、なにを学ぶことができるのか。「野生」の大地、その大地に根をおろして、世代を超えて生きる人びとと、その周りのありとあらゆる存在が共振しながら発するとりどりの声、彼らがともに紡いできた物語に耳を傾けるということ、すなわち教養の力が求められている。

註

（1） Cronon, William（1996）"The trouble with wilderness: Or, getting back to the wrong nature." *Environmental History* 1-1, 7–28.

（2） このような事例の詳細については、石山徳子『「犠牲区域」のアメリカ――核開発と先住民族』岩波書店、二〇二〇年を参照。

（3） 先住民族と土地、周囲の生き物や事物との双方向の関係性、これによって培われてきた営みについては、筆者とダコタ族出身の先住民研究者キム・トールベアーとの共著論文を参照。Ishiyama, Noriko and Kim TallBear（2022）"Nuclear waste, relational accountability, and settler colonialism in Indian Country," in Sophie Chao, Karin Bolender, and Eben Kirksey (eds.) *The Promise of Multispecies Justice*. Durham: Duke University Press, 185–203.

（4） ブラック・ライブズ・マター運動には、黒人と同様に警察の虐待を受けてきた先住民族も連帯し、深く関わってきた。これに啓発されて発展した、先住民族によるネイティブ・ライブズ・マター運動の動きについては、以下を参照。石山徳子「ともに生き延びるということ――不可視化の暴力と先住民族の抵抗」、兼子歩・貴堂嘉之編『「ヘイト」に抗するアメリカ史――マジョリティを問い直す』彩流社、二〇二二年、四三頁―六二頁。

（5） Lovece, Frank. "Johnny Depp says Dior video was made with 'great respect and love' for American Indians." *Newsday*. September 10. <https://www.newsday.com/entertainment/celebrities/johnny-depp-dior-sauvage-1.36139477>

（6） この動画は、この広告にたいする先住民族からの批判を報じる『ガーディアン』のオンライン記事上で視聴できる。Singh, Maanvi（2019）"Dior perfume ad featuring Johnny Depp criticized over Native American tropes."

The Guardian. August 31. https://www.theguardian.com/fashion/2019/aug/30/diors-fragrance-ad-draws-criticism-for-featuring-native-american-tropes. なお、この記事を含む、本稿で参照したウェブサイト全てについて、二〇二二年二月二八日にアクセスを確認した。

（7） Goldtooth, Dallas (2019) "The absurdity of the @Dior #Sauvage Ad w/Johnny Depp." Twitter. August 31.

（8） Maanvi (2019)

（9） Keene, Adrienne (2019) "@NativeApprops." Twitter. August 31. キーンが言及するジョニー・デップにまつわる出自の問題については、紙幅の関係上、ここでくわしく論じることはしない。ただ、デップをふくむ有名俳優、政治家、学者のなかにも、自分には先住民族のルーツがあると主張する人が後を絶たないことを指摘しておきたい。先住民族の土地や共同体との具体的なつながりを持たずに、先住民性を主張する行為はセトラー・コロニアリズムの思想にもとづくものであり、批判の対象になっている。デップについては、彼と長年の交流をもつニューメキシコ州のコマンチェ・ネーションが、養子縁組の儀式を通じて共同体に受け入れたが、これと彼自身の民族的ルーツは必ずしも同一ではない。先住民族のアイデンティティの盗用の問題については、チェロキー族のルーツを主張していた上院議員を事例に論じた以下の論考を参照。石山徳子「アメリカ先住民であるということ――エリザベス・ウォーレンの人種アイデンティティをめぐる葛藤」『大原社会問題研究所雑誌』七六一号、二〇二二年四月、二二―三八頁。

（10） Maanvi (2019)

（11） Bennett-Begaye and Aliyah Chavez (2019) "Americans for Indian Opportunity 'deeply regrets' participation in Dior campaign." *Indian Country Today.* September 4. <https://indiancountrytoday.com/news/americans-for-indian-opportunity-deeply-regrets-participation-in-dior-campaign>

（12） スポーツ・チームの先住民マスコット問題については、以下を参照。石山徳子「先住民族の大地――「移民の国」という幻想への抵抗」、兼子歩・貴堂嘉之編『「ヘイト」の時代のアメリカ史――人種・民族・国籍を考える』彩流社、二〇一七年、五〇―九四頁。

（13）“Pocahontas by Simon van de Passe (1616).png.” Wikimedia Commons. <https://en.wikipedia.org/wiki/Pocahontas#/media/File:Pocahontas_by_Simon_van_de_Passe_(1616).png>

（14）入植者側が描いた神話と部族に伝わる現実との乖離については、先住民族によるオンライン・ニュース・サイト、『インディアン・カントリー・トゥデイ』に掲載された以下の記事に詳しい。Schilling, Vincent (2018)“The true story of Pocahontas: Historical myths versus sad reality.” *Indian Country Today*. September 13. <https://indiancountrytoday.com/archive/true-story-pocahontas-historical-myths-versus-sad-reality>

（15）National Congress of American Indians Policy Research Center (2021) *Research Policy Update: State of the Data on Violence Against American Indian and Alaska Native Women and Girls*. October. <https://www.ncai.org/policy-research-center/research-data/prc-publications/NCAI_VAWA_Data_Update_2021_FINAL.pdf >

（16）Haynie, Devon (2021)“How states are addressing violence against Indigenous women.” *U.S. News and World Report*. November 1. <https://www.usnews.com/news/best-states/articles/2021-11-01/how-states-are-addressing-the-missing-indigenous-women-crisis>

（17）U.S. Department of Interior (n.d.)“The Indian Arts and Crafts Act of 1990.” <https://www.doi.gov/iacb/act>

（18）Woolf, Nicky (2016)“Urban Outfitters settles with Navajo Nation after illegally using tribe's name.” *The Guardian*. November 19. <https://www.theguardian.com/us-news/2016/nov/18/urban-outfitters-navajo-nation-settlement>

（19）Anonymous (2017)“Victoria's Secret is being accused of cultural appropriation yet again.” *Harper's Bazaar*. November 23. <https://www.harpersbazaar.com/uk/fashion/fashion-news/a13880726/victorias-secret-cultural-appropriation-native-american/>

（20）Yap, Audrey Cleo (2019)“Johnny Depp's Dior ad co-star Tanaya Beatty speaks out, encourages him to donate to

Native cause." *Variety*. September 2. < https://variety.com/2019/film/news/johnny-depp-dior-campaign-tanaya-beatty-native-american-culture-criticism-1203319742/ >

（21） Lovece (2019)

（22） 二〇二一年、ジョー・バイデン政権下において、ベアーズ・イヤーズは再び連邦国立公園局の管轄下に置かれることになった。

（23） Christian Dior（2021）"SAUVAGE, THE NEW ELIXIR." September 11. <https://www.youtube.com/watch?v=-oeZ0nFsExs>

技術から見た東南アジアの展開

鳥居　高

　東南アジアに位置する十一カ国は、タイを除き、欧米諸国による植民地支配という共通の歴史経験を有する。逆に言えば、植民地支配以前は、中国、インド、さらにはイスラーム世界と関係を結びながら自律的な世界として存在した。今日「港市国家（Port City State）」と呼ばれる国々である。政治権力者は河口にその拠点を築き、外世界の商人たちや諸勢力との交易活動にその富の源泉を置いた。他方、川の中流から上流にかけての地域は「物の怪が棲む」地域として河口の勢力は関心を持たなかった。しかし、内陸部には香木などの珍奇な植物や鹿の皮やサイの角などの動物に由来するもの、錫や宝石などの鉱物資源があり、森の民はこれらを集め、河口に拠点を持つ勢力と交易することで、外世界の「珍奇な」ものや生命の維持に必要な塩などを手に入れることができた。このような東南アジア世界を描いたのが、アンソニーリード（Anthony Reid）である。彼はブローデルの『地中海』に触発を受け、一五世紀から一七世紀にかけての東南アジアを「商業の時代」として見事に描ききった。

この港市国家の盛衰に大きな影響を与えたのが、造船、操船などの船を巡る技術の改良である。帆船の時代は、遠距離の航海は風任せ、すなわち季節風に頼っているので、人やものの移動は「風の支配」を受けていたことになる【図①】。

この世界を大きく変えたのが、「一八〇七年に蒸気機関を利用した外輪船がハドソン川を遡上した」という文章である。遡上、すなわち川の流れにあらがう航行が可能になったことは、それまで人類が頼っていた川の流れに利用した航法や季節風を利用した航法のくびきから解き放たれたことを意味する。風にあらがい、必要性に応じ移動し、ものを運ぶ、すなわち「市場原理に基づいて行動することが可能な時代」となった。蒸気機関の改良は人類にとって

図①　1980〜90年代に流通したシンガポールの紙幣3種類。いずれもアジアの帆船を代表する「ジャンク船」が表面に描かれている

図② マレーシア・ペラ州の錫鉱山の露天掘りの様子（1993年）

風の支配の終焉を意味する。

さらに、人類は市場動向に関する情報を海底ケーブルを敷設することによって、遠く離れた地域で起きたことを素早く、手に入れることができるようになった。一八五八年には大西洋ケーブルが、二〇世紀の初めには太平洋ケーブルが敷設された。しかも、海底に敷設したケーブルが腐食することなく、利用可能になったのはなぜか。答えは、東南アジア、なかでも現在のマレーシア、シンガポールで栽培された天然ゴムの一種から採取されるゴムによる保護である。東南アジアにおける天然ゴムはもともとブラジル、アマゾン川流域に自生していた天然ゴムをあるイギリス人が密かに持ち帰り、キュー植物園でその生態を研究し、最適地として東南アジア、なかでもマレー半島に持ち込んだこととつながる。それはイギリスの植民地支配の東南アジア展開そのものである。

さらにヨーロッパと東南アジア間の物理的な距離をちぢめたのが、言うまでもなく、一八六九年のス

図③　土砂に含まれる錫鉱石の選鉱（1993年）（図①〜③　撮影＝鳥居高）

エズ運河である。この運河の開通により、ヨーロッパの主要な港と東アジアは約八〇〇〇キロあまりも航行距離が短くなっただけでなく、植民地支配の下、鉱物資源の採掘に必要な大型機械などを持ち込むことが可能になった【図②・③】。

アメリカにおける蒸気機関の改良、海底ケーブルの発達、スエズ運河、東南アジアにおける天然ゴム栽培という連鎖。「風が吹けば桶屋が儲かる」という落語ではないが、それぞれの歴史のエピソードの「部品」が疑問や想像力という接着剤でつながり、大きな世界史のダイナミズムが目の前で展開する。

アンソニー・リード邦訳文献

1　『世界史のなかの東南アジア』上・下、太田淳・長田紀之監訳、名古屋大学出版会、二〇二一年
2　『大航海時代の東南アジア』Ⅰ・Ⅱ、平野秀秋・田中優子訳、法政大学出版局、一九九七、二〇〇二年

春の洞窟へのウォークアバウト

『家畜追いの妻』とアボリジナル・オーストラリアの知流

中村和恵

いま・ここにある野生の教養

野生という言葉を、まさに文字通りに、ここでわたしは考えます。野を支配し征服し操縦しようとはせずに、野のものとして野に生きる、という意味で。そのような生き方と教養という語は相容れない、教養は文明の洗練と不可分とみる考え方もあるでしょう。しかし野生の教養はたしかにいまも存在する。壊滅的な人災の経験が累積しつづけ、人間中心主義の行き過ぎを省みざるをえず、エコクリティシズムやポストヒューマニズム、人新世といった用語が注目される二一世紀前半の現在、野生の教養の再発見こそ人類存続の鍵である、そうわたしは思うのです。しかしそれは牧畜、農業に始まり、医療、宇宙開発、遺伝子工学などへと展開する、人工的な生の技術の全否定ではありません。理念的あるいは政治的な環境保護の訴えでもない。わたしが考えているのはもっと具体的で、現実的で、日常的で、混淆的な、いまここにあるもの、ずっとありつづけているものです。

都市文明、西洋近代、グローバル化の津波をかぶりながら、数千数万の年月をかけて張ったそれぞれの文化の根を分断され細切れに商品化されながら、それでもわたしたちの内に消えずにある野生の知のネットワーク。その存在と存続へのわたしの確信は、世界中にひろがる英語文学を読み比べるうちに各地の先住民族文化へと導かれ、かれらの土地を訪れて教わったことに基づいています。たとえばジェームズ・C・スコットの『反穀物の人類史』（2019; 原著初版 2017）に共感したのは、牧畜農耕をおこなわない狩猟採集の民として五万年あの大陸で生きてきたオーストラリア先住民族の絵画に出会い、六人乗りのおんぼろプロペラ機に乗ってかれらのコミュニティのひとつを訪れた後であって、前じゃない。つまり生きた声の経験が、わたしの第一の準拠枠です。そして広義の文学、文字に制約されない、西洋近代の定義に限定されない、「先史」時代などという虚構をつき破る歌や物語も、その重要な一部だと思う。以下はそういう物語を読み解く旅の一例、声のトラッキングの足跡です。

ブッシュの伝説と国民的アイコンの創造――ヘンリー・ローソン「家畜追いの妻」

一九世紀末オーストラリアを代表する作家・詩人といわれるヘンリー・ローソン（Henry Lawson 1867–1933）の「家畜追いの妻」（"The Drover's Wife," 1892）は、おそらく近代国家オーストラリアの文学史上――二五〇年弱のその歴史の前に数万年にわたる口承文芸史があるのですが――もっともよく読まれ論じられてきた短篇小説です。二〇一六年にこれを下敷きにした同名の戯曲を書き、自らの主演で上演、つづけて小説、映画も発表した作家・女優のリア・パーセル（Leah Purcell 1970–）は、子どもの頃何度もこの話を母に読んでもらい、父のいない家で母と留守番をする長男を自分に重ねていたと語っています（Purcell 2017 vii; NITV interview）。パーセル以前にも、この短篇をもとにしたパロディや書き換え小説、絵画等が複数ある。わたしは「家畜追いの妻」は、いわば「ポストコロニアル・リヴィジョニズム・クラスター」の核のひとつ、すなわち読み直し・書き直しの対象となる古典的物語だと考えます。同様の現象がコンラッド『闇の奥』（1899）、シェイクスピア『テンペスト』（c.1610–11）などにみられ、いずれも先住諸民族や被支配民、ときには入植者たちからの宗主国に対する物言いと批判が、見直し／書き直しの動機となっています。アボリジニすなわち「元からいた民（ab-origine）」という意味の英語で総称されてきたオーストラリア先住民族（現在はアボリジナルという形容詞を名詞化した表現のほうが好まれます）の子孫であるパーセルの戯曲は、ローソンの物語を丁寧になぞりつつ、ぶち壊す。それは先住民族の古層と未来を白人の物語の地下に掘りあてる、創作的発掘作業です。しかし、まずはローソンの「家畜追いの妻」を読んでみましょう。

ローソンの「家畜追いの妻」は、ひとことでいえばアウトバック（都市部から遠い「奥地」）に生きる白人入植者の苦労話です。家畜追い（drover）とは何百何千、ときには万を越える数の羊や牛を、馬に乗りチームを組み何か月もかけて市場や農場に移動させる人のことで、これはカウボーイ的な男らしい仕事とみなされてきました。ただしこの短篇の主人公は男性労働者ではなく、長期不在の夫に代わり家を守る妻です。開拓のヒーローではなく主婦と子どもの物語であるからこそ、時代や世代を越えて読み継がれてきたのかもしれません。

この物語が書かれた一八九〇年代は、一七八八年に流刑植民地として白人の定住が始まったあの大陸、オーストラリアとイギリス人たちが名づけた英領植民地に、国民文学が誕生した時代といわれてきました。一九〇一年の独立に向けナショナリスティックな気運が高まる中、「本国」イギリスとは異なるオーストラリア固有の文化に存在意義を求める芸術家や作家たちが輩出した時期です。とはいえ同時代にその文化史的意義が充分に認められていたわけではなく、二〇世紀初頭、第一次世界大戦の衝撃と経済恐慌がもたらした幻滅から一時代前の開拓民を理想化する風潮が生じ、「黄金の一八九〇年代」伝説が定説化したという分析もあります（Cantrell xvi）。一八九二年にこの短篇を掲載した雑誌『ブルティン』（*The Bulletin* 1880–2008）では、オーストラリアのブッシュ（自然が人工的営為を圧倒している未開墾地、熱帯雨林も砂漠も含む広義の語）を美しい場所として描くか現実的に厳しく描くか、といった文学論とともに、この時代主流の考えだった白豪主義を称揚する挿絵や論説、なかでもアジア系移民労働者バッシングを後押しする「黄禍論」が注目を集めていました。「母国」イギリスから遠く離れたこの地の植民地白人にとって、中国や日本は警戒すべき仮想敵とみなされ、白人人口がすくない大陸北部でアジア人と先住民族が手を組み白人を凌駕するというのが、最悪の侵略シナリオと信じられていました。白人のオーストラリアをこの危機から救おう、有色人種の魔の手から家族、とくに白人女性と子どもたちを救わなくてはと、『ブルティン』の記事や漫画は繰り返し訴えていた（中村 2010）。こういう時代に「家畜追いの妻」は書かれています。以下、彼女のことは「妻」あるいは母と記します。ローソンは彼女に名前を与えていません（パーセルの戯曲ではモリーという名前が出てきます）。

「妻」は地平線までブッシュがひろがる土地の、丸太や樹皮でつくった粗末な二間の家で、四人の子どもと暮らしています。かつて羽振りのいい牧場主だった夫は長い干魃で家畜を失い、家畜追いになった。ローソンは「妻」のことをブッシュウーマンと呼びます。オーストラリア英語ではこれはブッシュマン同様、先住民族ではなく、ブッシュに生きる技を身につけた白人入植者とその子孫を指します（Ramson 121）。これも一種の野生の教養であり、それを持つ者こそが真のオーストラリア人なのだ、という思いがローソンにはある。その意味では彼の「家畜追いの妻」自体、宗主国イギリスとは違う新しい国の価値観を示す、ポストコロニアルな性格を有してもいるわけです。

外で遊んでいた子どものひとりが、蛇だ！　と叫ぶ。赤道から南極の間に広がる乾燥したこの大陸でこわいもの、それは暴れ放題に暴れる洪水、暴風、雷、ブッシュファイヤー（叢林火事）、そして鰐、鮫、蛇です。いまも田舎や都市郊外では蛇に備え銃を置く家があります。蛇はまず積まれた薪の中へ、そして家の中に入り込む。アリゲーターという名の獰猛な黄色い目の雑種犬と、トミーという元気な長男が、蛇をやっつけようとするが、蛇はすばしこく逃げて床下に身を潜めてしまう。いつ床板の隙間からそいつが這いだしてきて子どもたちを狙うかわからない。じつは先日、「妻」の甥が蛇に嚙まれて亡くなっている。こういう緊迫した状況から、この短篇は始まります。

「妻」は家につづく土間の台所小屋に子どもたちを移し、テーブルの上に寝かせて、棍棒を横に寝ずの番を始める。雷雨の夜です。彼女はひとり、これまでの苦労を回想する。長いこと帰ってこない夫、死んでしまった子ども、犬の蛇との戦歴、洪水、家畜の病気。夫の服を着て奮戦したブッシュファイヤーでは、煤にまみれた黒い顔で赤ん坊を抱こうとする母を「黒人」（"blackman"）と間違えた赤ん坊が悲鳴を上げ、犬も間違って吠えついてきた（Lawson, 568）。[*] 先住民族が当時の入植者にとってどのような存在だったのかが推察されるエピソードです。気のおかしくなった去勢牛が家に襲いかかってきたときは、丸一日抗戦して最後に古い猟銃で家の隙間から撃ち一発で仕留め、ようやく朝に死んだその牛の皮を剝いで現金に換えた。警戒すべきなのは自然災害や動物だけではない。突然現れる二日酔いのブッシュマンや、悪党面のスワッグマン（swagman　スワッグすなわち風呂敷包みのような荷物を背負って歩く日雇い労働者、羊の毛刈りなどの季節労働に従事した）を「妻」は恐れている。「ボス」すなわち家の主人はどこにいるのかと訊いてくるそうした男たちには、近くのダムや畑で仕事をしている、と答えることにしている。家に男がいないと悟られたら荒くれ者たちになにをされるかわからない。しつこい男に棒と犬を味方に立ち向かい、追い払ったこともある。

朝方、外へ出て薪一本を引き抜くと、薪の山が雪崩れ落ちる。前日、ひとりでうろついていた黒人男（a stray blackfellow）と交渉し、薪をもってきて積んでもらったのだが、目を離している間に彼が築いたきれいな薪山は、中が空っぽだったのだ（622）。アボリジニの男に騙されるという悲しい経験は、涙を拭おうとしたハンカチが穴だらけで指が突き出し笑ってしまった、と陽気に軌道修正される。こういう楽天的なつよさと率直さが、オーストラリア開拓民のアイコンとなる「家畜追いの妻」の特徴です。その後、板の隙間から五フィートもある黒い蛇が入り込んでくる。「妻」は犬と一緒に格闘をつづけ、とうとう燃える火にそいつを投げ込む。母の目に涙を見た長男が抱きつき、お母さん、ぼくはぜったい家畜追いにはいかないよ、と誓うとき、ブッシュに青白い陽の光（sickly daylight）が差し込む（664）。

夫の弟以外で「妻」と子どもたちのところにやってくるのは、食べ物と宿そしてあわよくば性的満足にありつこうとする流れ者たち、そして先住民族たちです。中空の薪山をこしらえたずるがしこい男のほかに、キング・ジミーと呼ばれる親切な男、そして彼が“my old woman”（通常母親だが妻をいうこともあり、ここでは後者か）と呼ぶ混血の「ジン」（gin アボリジナル女性のこと）、ブラック・マリーが登場する。といってもこの女性は以下のように言及されるのみで、声も姿も見せません。しかしひとり難産で苦しんでいたとき「妻」に手を貸してくれるのはこの人なのです。

彼女は助けを送ってくれますようにと神に祈った。神はブラック・マリーを送ってくれた――土地で「一番白い」ジンを。いや、すくなくとも神はまず、キング・ジミーを送ってくれたのだ、そしてジミーがマリーを送ってくれた。ジミーの黒い顔が戸口から家の中をのぞき、一目で事態を理解して陽気にこういったのだ、「よし大丈夫だ、奥さん――うちのを連れてくる、小川のあっちのほうにいるから」（544）

入植者植民地において先住民族の存在は、しばしばブラック・マリーのように、とらえがたい影として描かれます。大地に根ざしたかれらの古い知のネットワークは、新しくその地を席巻した支配民のネットワークに上書きされ、凌駕されたかにみえる。だが実態のない影のようであるのは、じつは入植者のほうかもしれません。マーガレット・アトウッドは、二〇世紀後半にいたっても白人カナダ文学において先住民族は「たいていカナダ白人の精神の内にあるなにか、恐れや願望の投影にされてしまうのだ」（Atwood 95）といっています。そうせざるをえないのは、入植者の子孫に（もちろん程度はまちまちですし全員ではないですが）そこがじつは自分たちの土地ではなかった、その土地を深く知り意味を読みこんできた人々の教養を自分は欠いているという自覚があるからでしょう。すべては知り得ない、それでも一定の理解と関係を土地と結ぶことはできる、そう考えて先住民族の知識に近づく入植者の子孫もいる。そうした人たちの一人であるオーストラリア中央砂漠育ちの作家キム・マフード（1953–）はこういいます。

「毎年砂漠の光と色に出会い、空が驚くほど広く感じられ、背の高い蟻塚とスピニフィックスの茂みの対称性、慣れない目にはただ同じ風景のように見過ごされてしまうものの中にある微妙な変化に気づくとき、ここは太古の物語がすこし手を伸ばせばすぐ届くところに書きこまれた土地なのだと思う」（Mahood 44）。

翻って、ローソンはどうか。彼は、土地を知りその細部に目を光らす「ブッシュマン」でないかぎり、この地の単調な風景に焦点となるものはなにひとつ見出せない、といい、ブッシュをつぎのように描写します。「永久に、気が狂いそうなほどに、まったく同じいじけた木々がつづくのだ――この単調さに、人はできるだけ早く、汽車のように、船のように早く、ここから離れて遠くへ、もっと遠くへ行きたいと願わずにはいられない」（608）。広大な単調さ、気が狂いそうなほど変化のない風土こそ、オーストラリアの大自然の基調なのだ、しかし、ここで生きるための知識を備え技術をもって働くほんとうのブッシュの人間なら、その中に意味を見出しうる、とローソンは考えている。だがその先は、この時代の白人作家にはおそらく考えつかないことだった――五万年前からこの大陸を歩き、大地に意味をびっしりと読みこんできた先住民族の知に頭を垂れ学ぶことは。とはいえたしかに数人の先住民族の姿が、彼の短篇を横切っている。これがパーセルの「書き直し」の起点になるのです。

母の秘密――リア・パーセル『家畜追いの妻』

ローソンの「妻」もつよい女性ですが、パーセルの同名戯曲の「妻」はさらにつよく、攻撃的です。幕があがると舞台の上の「妻」は身重の姿で、単発ライフルを構えている。銃口は地面に倒れた先住民族の男、ヤダカ（Yadaka）に向けられている。ひどい怪我をしているこの男の首には鉄の首枷があり、おそらく逃亡者だ。ヤダカは戯曲冒頭の登場人物リスト中唯一のオーストラリア先住民族で、長男のダニー以外は「妻」も含めみんな、ほとんどの場面で彼をブラック、あるいはニガーといった差別語で呼ぶ。「妻」は荒くれ者も顔負けの罵り言葉満載のオーストラリア口語で（この点、ローソンの「妻」とは大いに違う）、ここで死んで問題を起こすな、出ていってくれ、とヤダカにいう（Purcell 2016, 2）。お産が近い彼女は息を切らし、顔をしかめながらも、銃を放さない。ローソン短篇とは異なる緊迫で、第一幕が始まります。

夫はいま不在だがすぐ帰ってくる、と訪問者たちに「妻」は繰り返す、これはローソン短篇の記述通りです。だが頼りになる犬のアリゲーターはいない、おそらく死んでいる。そしてローソン短篇では一度言及されただけのスワッグマンがトマス・マクニーリーという名で登場し、白人女性が強姦され殺された事件のニュースをもたらします。先住民族の犯行ときめつけ人種偏見だらけの悪口を連発するマクニーリーは、食べ物を要求し、「妻」を強姦しようとしますが、なぜかヤダカがこれを阻止しようと立ち上がる。ローソン短篇では暗示にとどまった暴力が、ここでは剝き出しで示される。パーセルは先住民族社会の歴史に刻まれた負の経験を、舞台上に可視化していきます。

暴力はヤダカだけでなく「妻」やその子どもにも向けられている。彼女には身体的虐待の経験がある人の特徴がみられると、ト書きに書き込まれています（10）。ダニーはヤダカの背に残る鞭打ち刑の跡に関心を示し、自分も父にベルトのバックルで殴られたときの傷がある、そして父にもおそらく祖父の暴力による脚の不具合がある、と話す（37）。不在の夫に家庭内暴力の習癖を書き加えることでパーセルは、黄金の一八九〇年代が称揚したオーストラリアの男性労働者たちの絆、「マイトシップ（mateship）」のマチズモに潜在する暴力性とその連鎖性に、光を当てる。

この戯曲にはローソン短篇よりも多くの用語解説が必要でしょう。入植者と先住民族との接触で生まれた独特な語彙が用いられている。たとえばカントリー（country）という英語で先住民族の人々が指すのは、田舎でも国家でもなく、それぞれの所属集団にとっての故郷《クニ》、各グループのいわばテリトリーのことです。用事《ビジネス》をこなす、すべきことをする（do business）という表現は、かれらの社会にとって必須である儀礼を行うこと。だからソーリー・ビジネス（sorry business）は服喪儀礼ということになります。儀礼を行うには歩いて、一九七〇年代以降ならみんなでミニバン等に乗って、重要な歌／物語に関連する場所を訪ねなくてはならない。もとはスワッグマンなどの徒歩旅行を意味したウォークアバウト（walkabout）という語は、のちには主にこのような先住民族の旅を指す語になった（Ramson 707）。こうした語が先住民族の間でもひろく用いられるようになったのは、英語が公用語として課せられたからというだけでなく、共通概念を共有するのに便利だからでしょう。この大陸の先住諸民族の言語はかつてすくなくとも二〇〇以上を数えたといわれ、いまも独自の言語を用いる数多くの小集団が存在する。たとえば北東アーネムランドのヨルング語群話者と中央砂漠のワルピリ語話者は、英語を使わないと話が通じないのです（Dixon 1）。

産気づいた「妻」は最初は拒むが結局ヤダカに手伝ってもらって出産、しかし難産で子どもは死んでしまう。自分の命を救ってくれたヤダカに「妻」はお礼をいうが、それでも銃をつきつける。ライフルを構えつづける「妻」、これは冗談のようでもあるし、象徴的でもあります――かつて白人の多くはアボリジニを同じ人間とは考えておらず、かれらのことがわからず、信用できなかった。無理解と不信感はいまも完全に払拭されたわけではありません。だが、ヤダカ側の話を「知る」ことで、「妻」は次第に変化していく。

死産ののち「妻」はローソン短篇で言及されたあの先住民族の女、いまは見かけないオールド・ジン（Old gin）の優しい励ましを思い出します（18）。周辺地域の先住民族が姿を消したのは白人が作った牧場の柵のせいでカントリーを自由に歩くことがむずかしくなったからだ、白人に侵入者とみなされ銃で撃たれてしまうのだ、とヤダカはいう（19）。実際、多くの人々が次第に本来のカントリーから遠くに追いやられ、白人管理下に居留地での集住を強制させられた。その一方で、積極的に逃げた人々もいました。熱帯雨林や砂漠の奥では白人を避けて暮らすことができた――なんと一九八〇年代まで、白人の文化を意図的に回避して暮らす民がオーストラリア西部の砂漠に存在していました（Myers 11）。いまでもできるだけ小規模で暮らそうと拡散していく傾向がかれらにはあります。九〇〇人弱のユエンドゥム・コミュニティ（中央砂漠）で、ここは大きすぎる、争いが起きると嫌う声を何度か聞きました。これは何万年もつづいた狩猟採集民ならではの感覚ではないでしょうか。そのカントリーが供給できる水や食べ物で維持できない人口は過剰であり、社会の安寧によくないのです。

「妻」が知っているというその混血の女は、自分と同じスキン（skin）だとヤダカは話し始めます(19)。同じ肌色という意味ではありません。スキンないしスキン・ネームとは、一つの語族や血族集団をさらに複数の集団に分類する副分類（サブセクション）、婚姻システムの構造単位や儀礼上の役割分担として機能するグループを指します（Kleinert and Neale 65）。じつはこの分類は人間社会だけでなく、季節や動物、特定の場所、その他世界の森羅万象のカテゴライゼーションとして機能しています（Meyers 180; Rudder 113–126）。ただ男性と女性のサブセクションはそれぞれ違う場合が多いので、ここでヤダカが女と同じスキンだというのは、同じ血族集団に所属しているといいたいのでしょう。ヤダカの話は次第にアボリジナル・コミュニティの文脈、かれらの世界の内側に入っていきます。

「おれはここがだれのカントリーか知っている。だれがここで儀礼を行えるのかを（Who can do business on it）。ここはおれを受け入れてくれた血族、ンガムブリ・ワルガル**（Ngambri Walgalu）の土地だ」とヤダカはいう(19)。彼は北部の熱帯雨林、クイーンズランド植民地（現在は州）北端のグウグ・イミチルル（Guugu Yimithirr）語族の出身だったが、南アフリカのフィリス・サーカス団（実際に一九世紀末オーストラリアで興行した）で二年働き、メルボルンでかれらに置き去りにされ浮浪者として逮捕され、牧師に助けられてキリスト教伝道団で教育を受けた（チューバも習った！）。なんとも興味深い経歴です。パーセルはこの劇に自分の曾祖父の物語を織り込んだといっています（Purcell 2017, 7）。

故郷に戻りたいと考えたヤダカはウォークアバウトに発ち、途中の山でボゴン・モス（冬眠ならぬ夏眠のため冷涼な山地に集結する美味な蛾）を食べようと集まってきた部族の美しい娘に出会う。その集団は彼が娘と結婚できるよう、適切な「スキン」に彼を入れてくれた。だから自分を説明するためヤダカは「おれはグウグ・イミチルルのヤダカ、ンガムブリ・ワルガルの養子となった（adopted）」と繰り返す（24）。こう訳してみても、養子という言葉がかれらの親族システムに、どうにもなじまない。ヤダカはもっとずっと複雑で厳密なスキン・ネームのシステム、親族ネットワーク、世界分類カテゴリーに言及しているのです。

ローソン短篇の「妻」の孤独な回想シーンは、パーセルの戯曲では二人の話し相手を得て、賑やかに変化します。お産を控えた母にいわれた通り弟や妹を近隣の白人の家に預けてきた長男のダニーは、家に戻ると先住民族の男がいるのに驚き怖がるが、好奇心のほうが勝り、すぐヤダカと親しくなる。ダニーにせがまれて去勢牛の額を正確に一発で撃ち抜いたときの話をする「妻」は、獲物を自慢する狩人のようです（35）。ヤダカは「妻」の話に合わせて牛の真似をして踊って狩りの場面を再現、ダニーはその踊りに夢中になる。戸外で焚火を囲み、狩りや祖先、旅について語り合い、歌い踊るかれらは、まるでアボリジナル・ファミリーのようです。しかも先住民族の男が知るべきことをダニーに教えるヤダカは、この子に成人儀礼の準備教育をしているつもりらしい。ダニーのために槍をまっすぐに飛ばす呪文を歌い（44）、母に頼まれた用事で出かけることは大事な旅、ウォークアバウトだという彼は、ダニーが立派な成人男性になるのにもうひとつ必要なもの、それは「おまえの最初の獲物（Ya first kill）」だという（47）。

それまでの二人のやりとりや「妻」の様子、薪山の下の土の盛り上がりから、そこになにかが埋まっていることはすでに明らかです。当時の労働者にとって貴重なものである父のブーツを、じきに自分がもらい受けることになっているとダニーはいう。つまり父にはもうブーツは要らない、すでに死んで埋められている。ダニーはそのことを知っており、隠し通そうとしている。この獲物（kill）はまさにあの去勢牛同様、自分と子どもたちを守るために母が一発で仕留めたものだからです。

こうした事情のある「妻」は逃亡犯の探索隊に詮索されたくないし、ヤダカもつかまる危険性があるので、早く出ていくよう促しますが、ヤダカはなかなか行かない。まだ大事な話があるのです。父が死んで裏に埋めたときもあの同じ「ジン」が手伝ってくれた、と「妻」はいい、そのときのブラック・マリーの号泣を思い出します。何度も彼女は「妻」の窮地を救ってくれた。ヤダカは「その女はわたしたちの呪術医みたいですね、あの人は成功話をみんなに知らせてまわるんですよ。ある女を助けたといってました、「ろくでなしの男」から救ったと……」（55）といい、このあたりから「妻」の物語はヤダカの物語と同調し始める。

下の二人の子のお産もブラック・マリーが助けてくれたが、酔った夫はそのとき彼女に出ていけ、ほかの人がきて面倒なことになるのはごめんだといった。それでもブラック・マリーはしばらくつきそってくれた、夜に彼女の野営地の灯（焚火）を見ると心が安まったという「妻」は、その後あの「ジン」がどうなったのか知らないらしい（56）。ヤダカはそこでいきなり、彼を受け入れてくれたンガムブリ・ワルガルの人々に起きたことを語り出します。大きな邪悪な風が立ち上がった日（竜巻のようなジェスチャーをヤダカは見せる）、不穏な気配に急ぎ狩りから戻ると、野営地の人々が当時よく白人が使ったやり方で、殺されていたのです。

女たち、子供たち、年寄りたち……みんな死んだ。毒を入れられたんだ。湧き水に。そのときおれはみんなに追い出された、みんなと一緒に復讐にはいかないといったからだ。復讐をしてもよいことはないとわかっていた。白人が多すぎる、銃が多すぎる、いまはもう……だからおれはウォークアバウトに出かけたんだ。この地を影のように歩いて動いた。季節ごとに生き延びた。やってきては、また去った。(56–57)

こうして妻子や同族の者たちを失ったヤダカは、ひとりさまよう先住民族の男になった。その後、行商人のダグラス・マーチャントがやってきて、白人入植者の家族を殺した逃亡犯の探索のことをいい、ヤダカに暴力をふるい、疑いを抱いて去る。ヤダカも一度姿を消す。夜になり、「妻」は死んでしまった彼女の赤ん坊を抱いたあの「ジン」の幽霊のようなものを見てうろたえ、ヤダカを呼ぶ。満月の夜です。

ヤダカは自分の父はじつは白人で、母は父の名も知らなかった、と話す(74)。「妻」は自分のほうは父しかおらず、母は自分を産んで死んだのだという。「彼はこの話を知っている」とト書きにある(75)。そしてさっきの話は「あなたのことなんですよ」とヤダカは切り出す。「あなたが産まれた夜、ジニー・メイが……あなたを助けたあの女、あれはンガムブリ・ワルガルの女だ……おれたちの呪術医だ。あのジニー・メイが、やっぱりあなたを救ったんです。あなたの父さんはあなたの母さんの遺体の前で泣いてました」。

「あなたの母さんは、ブラックだったんです」(75) というヤダカを「妻」は平手打ちする。よくもそんなことを、と怒り、出て行け、というが、ヤダカは動じず、話をつづける。「ジニー・メイは自分の妹が間違ったスキンの男を心から愛してしまったという物語を、ずっと忘れず語り継いで (keeps the story alive) きたんです」(76)。「ジニー・メイはブラック・マリーのスコットランド人への愛がほんものだと知ってました。彼の気持ちもほんものだったんです。(…) ブラック・マリー、あなたの母さんの結婚相手は、キング・ジミーと定められていました、でも彼女はあなたの父さんと逃げたんです。(…) ンガムブリ・ワルガルはあなたの一族なんです」(76–77)。

とすると、「妻」は死んだ母、ブラック・マリーと、彼女の物語を「生かしつづけた」母の姉、ジニー・メイを混同していたことになります。核家族ではなく拡大家族で子育てする人々の間で、これは起こりうる混同でしょう。そしてローソン短篇で「妻」に親切だったキング・ジミーは「妻」にとって、血はつながっていないが、婚姻システム上の父にあたる人であったことになる。あとで「妻」は子どもたちを預けた近隣の白人女性に以前、ダニーは色が黒い、「祖先返り」(a throwback) ではといわれたことを思い出します (99)。彼女はその言葉の意味を知りませんでしたが、これは周囲の人々が明言はしなかったとしても彼女の出自を知らないわけではなかったということを示唆しています。夫のジョーが酔うと自分を殴ったのも、自分が混血だからではなかったかと彼女は考え始めます。ということはジョーも知っていたことになる。

ヤダカが「妻」の母方の系譜を明らかにした直後、「異教徒の野蛮人 (a "… heathen savage")」(78) のことを行商人に聞いたという騎馬警官 (trooper) のスペンサー・レズリーがやってきて、ヤダカを逮捕し「妻」を聴取のため連れていこうとする。「妻」は抗い、レズリーを撃ち殺してしまう。ヤダカも彼女もいよいよ危ない。「おれと一緒にきてください」というヤダカに「妻」はまだ「黒んぼになるってかい？」と笑うが、ヤダカは「あなたはそうなんです。知ってるでしょう」といい（86）、ブラック・マリーはあなたの母だ、あなたの部族のところに行けば助かる、とある場所への道を教えます。

洞窟があります。ジニー・メイの人たちの……南東に向かって、ここから歩いて二日半です。大きな湧き水に行き当たりますから、その右側を進んでください、するとなにも生えていない原っぱに出ます、誰かが刈り取ったみたいな、きれいな円形の場所です、その左側を行ってください。ちょっと先に大きな丸い岩があります、聖なる丸石って呼ばれている岩です、鼻みたいな出っ張りがあって、それが目印です。食べ物や毛布があって雨風をしのげます、そして春になったら……みんなが来ます。あなたの人々（Your people）が。（86）

ヤダカはここで重要な、おそらく部外者には明かされるべきでない場所のことをいっている。洞窟や岩場に長年、オーストラリアの先住諸集団は生活の場を確保すると同時に、聖なるオブジェを秘匿してきました（Strehlow 119–123）。人口が増え交通手段が発達し隠し場所が危うくなってきた現在、一部の博物館等が収蔵品の返還を申し出た際に神聖なオブジェの正統な継承者たちが、部外者に「見せてはならない」収蔵品としてそのまま保管してほしいということもありますが（中村 2019; MAGNT）、かれらの伝統的な非定住型ライフスタイルは、ただ食べ物を求めての移動ではなく、聖地と聖物を維持管理する見回りの旅でもあった。それは必然的に祖霊の世界創造の旅の一部をなぞる、聖地巡礼になるわけです。重要な場所を訪れて各地の水脈や動植物、地下資源等の生物学・地質学的知識を確認し記憶し継承する、その手段が祖霊の旅物語や歌、踊り、身体や地表に描かれる図像デザインである、ということもできる。儀礼の構成要素であるそれらの知識とその表象は、地図、土地権利書、研究論文、航空写真、遺言書などと同様に、社会的・物質的・精神的財産を維持し継承する役割も果たす。だから権利のない者が不用意に秘密に近づくことは、ときに死に価いするほど厳しく禁じられ、いまも問題視されるのです（中村 2022）。このような知の循環地図上にマークされた洞窟のひとつで春を待てば、ジニー・メイやブラック・マリーからモリー・ジョンソンへとつながる土地の母たちの系譜が再生し、大地に読みこまれた物語が共有される、つまりいったんはその存在が帝国の知の支配により貶められ地下に潜ったンガムブリ・ワルガルの野生の教養のネットワークにモリーたちが再び参入できる可能性がある。ヤダカの話はそのように読み込むことができるのではないか。

「妻」はここでようやくヤダカを信頼し、初めて銃を手放す（88）。だがそこにストックマン（stockman 大農園で家畜を管理する牧畜業者）のロバートソン・パーセンとジョン・マクファーレンが現れる。二人は夫ジョーの行方を詰問し、騎馬警官の遺体を発見（90–93）、ヤダカに暴行し、それを阻止しようと槍を投げた「妻」を殴って強姦し、ヤダカを殺して家の前のスノーガム（真っ白な幹のユーカリの木、ゴースト・ガムともいう）に吊るす（95–96）。暴力はここで終わりません。帰ってきた長男のダニーは、ヤダカの話を人々にしてしまい、それを聞いた例の近隣女性がヤダカは「妻」と同族で同じ混血だ、「タールの一刷毛が入った……ええとクワド…クワドルーン（四分の一非白人の混血を指す語、いまは侮蔑語とみなされほぼ使われない）だっけ？」といい、その結果、役所に妹や弟をとられてしまった、という（101）。先住民族の血を引く白人との「混血」の子どもたちを、当時絶滅の運命にあると信じられていた「純血」の親から強制的に引き離し白人社会に溶け込むよう教会や政府の運営する施設で教育、その結果自分の出自がわからない子どもたちが大量に生じてしまった「盗まれた世代」（Stolen Generations）問題は、一九世紀からすでに始まっていました（The Australian Human Rights Commission）。

「妻」はヤダカの槍を拾い、スノーウィ・マウンテンズ地域に近づいてくる冬に備えて服を着込み、出発しようといいます。あの「ジン」が自分に語りかけてくれている、という彼女は、まず留置所の子どもたちを取り返して山へ向かい、ヤダカに教わった道を行こうと決意している。我慢づよく明るく優しかったローソンの「家畜追いの妻」はこうして、何度倒されても立ち上がる、槍とライフルを担いだ先住民族の血を継ぐ女、モリーに変身を遂げ、自分と子どもたちの生存をかけて春の洞窟への道をたどり始めます。

世界各地において、先住民族の血を引く人たちの出自が不明にされたり隠されたりすることは、稀ではありませんでした。ありません、と現在形でいうべき状況も、なくなっていません。そして歴史の教科書では絶対的優位にあるように語られがちな入植者も、長年同じ土地に一緒に生きていく先住民族や被支配民との関係は単純なものではない、優劣や上下、憎悪のみで説明などできないことが、近寄れば近寄るほどあきらかになります。関係の逆転、絆、愛の物語が隠れているのです。日本においても、開拓の困難にあえぐ初期の北海道入植者が、生きるすべを知っている地元のアイヌに子どもをもらってもらうことは案外よくあったのだと、和人の子に生まれアイヌの養母に育ててもらった方が語っています（茅辺 2021）。

パーセルは「子どもがどこのカントリーに属しているのか両親が知らないこともある、だから生まれた場所が自分のカントリーだと主張すればいいのよ。なにも問題ない」といい、白人もまたカントリーに権利を持ちうる、という意見を述べています（Purcell 2002, 343）。政治的な問題はある、土地権争いは資源争いつまりお金の争いになるし、肌色による差別はいまも無視できない。鉱山会社の調査員やニューエイジ系の作家など、カントリーとまるで関係のない人がいきなりやってきて、土地の資源や知識を自分のものだと主張することは、あってはならない。でも混血だから、色が白いから、おまえにはこの土地の伝統的な所有権などない、という血統絶対主義にはどこか、根本的におかしなところがあります。はたして「純血」の民族などというものが存在するのでしょうか。人間はひとつの種であって、諸民族の起源には諸説あるものの、同じあるいは近親種の祖先が数万年前にアフリカあたりから地球上を旅する長い長いウォークアバウトを始め、各地に住みつき、それぞれに特徴ある民になり、さらにウォークアバウトをつづけて子どもをつくった、これはおよそ間違いない。白人の父に育てられ、先住民族の教育を受けてこなかった「妻」が、ヤダカの話から母方の系譜を知り、封印されていたンガムブリ・ワルガル側の世界理解を学んで取り戻し、ヤダカのようにかれらのネットワーク内に迎え入れられることは、充分にありえる、ありえるべきだ。それが現代アボリジナル作家パーセルの考えなのです。

これに賛同し、純粋な文化という虚構を手放すことで、初めて異なる文化の教養で育った異なる人々が、同じ土俵（あえてこの語を日本語で育ったわたしは用いたいのです）の上で、高低差のない平原で出会うことが可能になるはずだ。そうして出会った異なる人々の知恵を継ぎ接ぎしたわたしなりの野生の教養でカヌーをこしらえ、人類にとって究極的にコントロール不可能な外界に向かい、生ある時間を漕ぎ渡ろう。これがほうぼうへのウォークアバウトで自らを「異教徒の野蛮人」として再発見したわたしの考えです。春の洞窟への道順は、与えられるものであり、再発見するものであり、創作するものでもある、これらはおそらくみな同じこと、生きるための物語を手に入れることなのだ。今回わたしが急ぎ足で追跡した物語の足跡は、ここまでとなります。

註

* ヘンリー・ローソン全作品集（電子版）とリア・パーセルの戯曲（2016）からの引用は基本的に引用頁数のみを（ ）内に示す。紙幅の都合により英語原文は省略、引用の日本語訳はすべて引用者による。

** アルファベット表記されたオーストラリア先住諸民族の言語をカタカナ表記にすることには、音素が足りない（アルファベット表記も一定のルールづくりはなされているものの充分ではない）、読み方が特定できない等の困難があるが、蛮勇をもってカタカナ表記を捻出し、初出時に引用元のアルファベット綴りを併記する。

参照文献

Margaret Atwood, *Survival: A Thematic Guide to Canadian Literature.* House of Anansi Press, 2012, first published in 1972.

Leon Cantrell ed., *The 1890s: Stories, Verses and Essays* (Portable Australian Authors series). University of Queensland Press, 1977, pp. xi–xxv.

Sylvia Kleinert and Margo Neale eds. (general editors), *The Oxford Companion to Aboriginal Art and Culture.* Melbourne: Oxford University Press, Australian Nation University, 2000.

Henry Lawson, *Henry Lawson: Complete Works.* Minerva Classics, e-book edition, 2013.

Kim Mahood "Songlines and Fault Lines" in *Griffith Review; A Quarterly of Writing and Ideas.* No. 28 Autumn 2010. Melbourne: Text Publishing, 2010. pp. 44–46.

MAGNT (Museum and Art Gallery Northern Territory) "Strehlow Research Centre." https://www.magnt.net.au/strehlow-research-centre. Accessed on 08 May 2022.

Fred R. Myers, *Pintupi Country, Pintupi Self: Sentiment, Place, and Politics among Western Desert Aborigines.* Smithsonian Institution Press and Australian Institute of Aboriginal Studies, 1986.

Leah Purcell "Writer's Note" in *The Drover's Wife* (Currency Plays). Currency Press, revised edition of 2017, pp. vii–ix.

—— *The Drover's Wife* (Currency Theatre Series, in association with Belvoir, Sydney). Currency Press, 2016.

—— *Black Chicks Talking.* Sydney: Hodder Books, 2002.

—— "The Drover's Wife: The Legend of Molly Johnson," NITV interview preview. https://fb.watch/cOQADPMNCx/ June 11, 2021.

W. S. Ramson ed., *The Australian National Dictionary: Australian words and their origins.* Oxford University Press Australia,

Australian National University, 1988.
John Rudder, "The World of the Yolngu: The People of North-East Arnhem Land" in Djon Mundine ed., *The Native Born: Objects and Representations from Ramingining, Arnhem Land.* Sydney: Museum of Contemporary Art, 1996. pp. 113–126.
T. G. H. Strehlow, *Songs of Central Australia.* Sydney: Angus and Robertson, 1971.
The Australian Human Rights Commission, "Historical Context—The Stolen Generations"（timeline）, Bringing Them Home. https://bth.humanrights.gov.au/significance/historical-context-the-stolen-generations. Accessed on 03 May 2022.

茅辺かのう『アイヌの世界に生きる』ちくま文庫、二〇二二年。

ジェームズ・C・スコット『反穀物の人類史――国家誕生のディープヒストリー』立木勝訳、みすず書房、二〇一九年。

中村和恵「茶色い兎と黄色い蝶――オーストラリアの黄禍論」『いすみあ』明治大学大学院教養デザイン研究科紀要№2、二〇一〇年三月、一八三―一五九頁。

――「すべてはいまもそこに――オーストラリア先住民族美術と転生する祖霊のソングライン」、稲賀繁美編『映しと移ろい――文化伝播の器と蝕変の実相』花鳥社、二〇一九年、三七四―三九一頁。

――「先住民族のコピーライトと二次使用システムの可能性――アボリジナル・アートを例に」『イヌイトの壁掛けと先住民族アート』北海道立北方民族博物館第37回特別展図録、二〇二二年七月、五一―五三頁。

教養と身体教育

釜崎　太

近代の学校は、客観的な知を生徒たちの脳（精神）に認識させようとする制度である。この制度が前提としているのは、情報処理をモデルとする知の概念である。人間の知は、言語による離散的な情報を脳が処理することで獲得されるという理解である。しかし、人間の知は脳（の単独）による処理によって獲得されているわけではない。むしろ原初的な「身体（まるごとの人間）」の能力に依拠していると捉えるべきだろう。

例えば、ある家を人間が知覚するとき、見えている正面だけではなく、過去の経験にもとづいて、何らかの奥行きがあるものとして家を知覚する。この予期を含む「全体についての感覚」を用いる能力を、メルロ＝ポンティは「身構え（body-set）」と呼んだ。文字を覚えたての子どもの場合、「あ」「い」「う」「え」「お」という離散的な文字の一つひとつを識別できるようになったとしても、「文章を読む」ための「身構え」がなければ、平易な文章ですら読むことはできない。ヒューバート・ドレイファスは、次のように表現する。「話したり読んだり書いたりして言語を使うということは、われわれの身体的な道具を拡張し、知的人間となることである。言語や探索具や道具を使用し、それらを自分の身体と同様に認識するようになるときには、われわれはそれらのものを内面化し、そのなかに自分自身を住まわせている」（Dreyfus, H., *What Computers Still Can't Do. A Critique of Artificial Reason*, The MIT Press Cambridge, 1992, p. 254）。言葉でさえも身体によって獲得され、そのなかに「自分自身を住まわせる」ことによって操れるようになるという指摘を受けるとき、情報処理モデルをパラダイムとする従来までの学校とは異なる教育の可能性を、私たちは想起せざるをえないだろう。いわば「精神を主体とみなす教育」から「身体を主体とみなす教育」への転換である。

ふたつの授業風景を紹介しておこう。ひとつは、漁村に育った生徒が、プールでの泳ぎに苦心していたときに、教師が自らの意図から離れ、海での泳ぎの経験を持つ生徒の動きを活かした指導に切り替えたことで、近代泳法の習得にいたることができたという体育の授業。もうひとつは、ある物語の解釈について、ひとりの生徒が突拍子もない発言をしたという国語の授業である。その生徒の解釈は教師の計画とはまったく異なるものであったが、日常生活の経験に根ざした彼の発言を中心に話し合われることで、他の生徒たちも物語の情景をリアルなものとして描くことができたというのである。

いずれの授業においても、教師が自らの「普遍的な真理（各教科の科学知）」とは異なる子どもたちの「個別的な真理（身体化された文化）」に反省的に気づくことで、授業での経験が、子どもたちの生活の経験によって反省的に——教師の反省的な身体を子どもたちの身体がまねる「威光模倣（マルセル・モース）」——再構成され、子どもたちは新たな意味の世界に住まい、道具の世界を拡張させることができたのである。

学校という制度は、人間の「知」を脳の働きに切りつめることで、一人ひとりに固有の意味を失った「情報」へと貶めてきた。しかし、異質な文化が刻まれた身体（ハビトゥス）を捨て去れない以上、一人ひとりの人間（とその知）は異質であらざるをえず、人間の豊かなコミュニケーションもまた、異質な身体の受容によって可能になるのである。先の国語の授業を、ある教育学者は次のように評している。「異文化」の語りのなかに、その子自身の「理の世界」を探ることを課題とすれば、教室のコミュニケーションは厚く豊かに展開する。逆に教師が「異交通」の語りに対して鈍感であれば、教師の思惑どおりに授業は進行するかもしれないが、コミュニケーションは表面的で薄っぺらなものになってしまう」（佐藤学『授業を変える 学校が変わる』小学館、二〇〇〇年、六四頁）。

かつて教養とは高尚な文化への精通性を意味し、市民階級としての資質を証明するものであった。つまり、教養には階級的な「分断」の契機がはらまれていたのである。教養教育に「統合」の可能性を求めうるとすれば、異質を受容する——体育とは異なる意味での——身体教育においてではないだろうか。

狛犬は旅をする、私も旅をする

「旅する教養」の多様なありよう

川野明正

狛犬から眺める世界

「狛犬」というテーマからは、世界を連続性を持って眺めることができる。狛犬の先祖であるライオン像の誕生した中近東のメソポタミアからインド・中国・朝鮮半島から日本と、狛犬とその親戚の系譜が東西を通じて連なっているからである。教養と呼ばれる知識は、人生を豊かにするような知識であるはずで、そのような知識は、世界への多様な見方を提供する知識のありようであることが条件に含まれるのではと思う。狛犬もその一つといえようか。

狛犬につながる霊獣《れいじゅう》たちは、一つながりの系譜をもちながら、メソポタミアではグリフィン（翼をもつ「合成獣」＝複数の動物像が合体した想像上の動物）やスフィンクス（人間の頭をもつ合成獣）、エジプトではスフィンクス、ヨーロッパではグリフィン、インドではシンハ（ライオンのサンスクリット語）、中国では獅子、朝鮮半島では「ヘテ」（火伏《ひぶせ》の霊獣、中国の独角獣《どっかくじゅう》「獬豸《かいち》」が直接の起源）、日本では獅子・狛犬、あるいは沖縄のシーサー等と、各地さまざまな霊獣の形象を産み出しており、狛犬の親戚たちは、各地各国で異なる形象をもち、多様な姿でその土地ごとの文化に根づいている。

狛犬はそうした世界の多様性をも垣間見せてくれる。もっとも私が狛犬や獅子・ライオン像と付き合っているのは、狛犬や霊獣像が友達であるからであって、それがほとんど唯一の理由でもあるのだけれども、確かに狛犬から見る世界というのも、人が生きていく知識として役に立ちうるとは思うのである（狛犬研究者の上杉千郷の言葉に「狛犬は友達だ」という言葉がある）。

この文章で私の念頭にあるのは、足で旅する知性のありようで、それを「野生の教養」というテーマと結びつけることである。友達である狛犬は、私にとってはそうした旅なり、放浪なりのようすがであって、狛犬を友として旅の空の下にある。狛犬は近寄って撫でてみてなんぼのもの、とも思う。狛犬と教養について書くというテーマは、一見結びつきがたくも思われるものの、キーワードの「旅」を仲立ちにして、「野生の教養」のありようの一端を垣間見ることもできるのではないだろうか。

狛犬とは

狛犬は中国の獅子の影響を受けて日本で誕生した霊獣である。正確にいうと、狛犬は中国から来た獅子の相方として、天皇・皇后などや神仏の左右を護るために日本で生まれた霊獣である。霊獣像としての狛犬は、本来は「獅子・狛犬」のペアである。

狛犬には獅子にない角がある。その起源は宮中の舞楽にあり、『西大寺資材流記帳《さいだいじしざいるきちょう》』（宝亀十一年・七八〇年）の「高麗楽器《こまがっき》」（雅楽の一種の高麗楽の道具）の項目には、角のある獅子の記載がある。九世紀に入り、『多度神宮寺伽藍縁起并資材帳《たどじんぐうじがらんえんぎならびにしざいちょう》』（延暦二十年・八〇一年）に「高麗犬一頭《こまいぬいっとう》」の記載があり、「こまいぬ」という言葉の最古の記載がある。下って『安祥寺資財帳《あんしょうじしざいちょう》』（恵運著・貞観《じょうがん》十三年・八七一年）には、狛犬の頭や皮や尾が記されている。このように奈良時代に成立した舞楽の「獅子舞」「狛犬舞」の流れを背景に平安時代前期の九世紀に「獅子・狛犬」のペアとして、宮中の間仕切り絵や調度品として獅子像・狛犬像が誕生する。

狛犬を通じて学ぶことができる事柄――「旅する霊獣」としての狛犬

狛犬は長い旅をして日本までたどり着いた。狛犬は旅する霊獣なのである。狛犬は、神や高貴な人物の左右を護るライオン像の流れの一つである。この種の対偶《たいぐう》をなす二体一組のライオン像の起源は、中近東のメソポタミアにある。

中国を起源とする獅子はライオン像の一つであるが、知られうる最古の対偶のネコ科の霊獣像はトルコのチャタルヒュユクで出土した紀元前五七五〇年前と推測される地母神（大地の豊饒《ほうじょう》を司る女性神）の像で、今まさに出産しようとしている大地の母を左右に侍るヒョウらしきネコ科の動物が見守る

【図①】。メソポタミアでは、日本神話の神々と同様に、神々また死ぬこともあるわけであり、女神を心配して尾を首筋に回す一対のヒョウ（にみえる）の姿は、神を護るということの根本的な意義を示している。狛犬的な霊獣像は、その誕生からすでにして愛をもっている。こうしたことに狛犬が友達であると思えるだけの魅力があると私は感じるのである。

図①　チャタルヒュユクの地母神像

この種の霊獣像から愛の姿を知りうるように、狛犬から学ぶことができるものは、さまざまな事柄がある。以下、三つに大きく分けて列挙してみる。

①中近東からアジアに渉《わた》る東西の文化的な流れを学ぶ

前述のように、「対偶」（二体で一組）のライオン像は、グリフィン（複数の動物が合成した翼をもつ人面の合成獣）やスフィンクス（人頭をもつ合成獣）も含めて、メソポタミア・エジプトを含む中近東＝いわゆる「オリエント」に起源がある。

この種のライオン像が日本に至る流れをざっとみてみる。グリフィンは、西アジア（メソポタミアは西アジアに属する）から中央アジアを経て紀元前五世紀頃に中国に至る流れがあり、また西アジアからインドに至って、紀元後一世紀頃仏像の誕生とともに、左右を護持するライオン像がインド北部のガンダーラやマトゥーラで誕生する。サンスクリット語でライオンを「シンハ」というが、このシンハ像が、仏像とともにガンダーラを通じて中国に入って「獅子」となる。

中国では獅子は当初「師子」と表記され、後漢初期に成立した『漢書《かんじょ》』にはじめて書かれ、中国に仏教が正式に伝来した一世紀にはこの言葉が登場する。「師」は、シンハの音を当てたものと思われる。

それ以前にもインド系のライオンは、中国で知られていた。シンハ系の言葉の音を当てたと思われる「狻猊《さんげい》」という言葉が、中国最初期の小説『穆天子伝《ぼくてんしでん》』（成立年代不詳。一説に戦国時代）に、「西域《さいいき》」（中国からみて西側のユーラシア大陸）の動物の名に記される。

日本には、古墳時代の四世紀初頭、あるいは一説に三世紀半ばから後半の時期、青銅鏡に獅子（師子）の文字やグリフィン像がみえており、飛鳥時代には獅子像が法隆寺などでみられるようになる。

アジアのライオン像は、中国・朝鮮半島から日本に至る獅子の伝播ルートがあり、インドから東南アジアに渉っても広がりをみせている。アジアのライオン像の終着点は、日本の狛犬だけではなく、ジャワ島のシンガや、中国から独自に琉球に入ってきた沖縄のシーサーもある。

とくに沖縄のシーサーは、中国を起源とする伝統的土地鑑定法である風水説《ふうすいせつ》に基づいて、村落の魔除けとして立てられる村落守護シーサーもあり、中国大陸・台湾・朝鮮半島・ベトナムに至るまで、シナ海海域に共通する風水原理に基づく獅子像がみられる。これらの獅子は単体で立てる。狛犬は二体一組の対偶で立てるが、狛犬からでは覗うことができない獅子像の世界の一端がわかる霊獣像である。

このように、簡単に言うと、狛犬に似た親戚や友達は、アジア各地・世界各地にいるのである（地

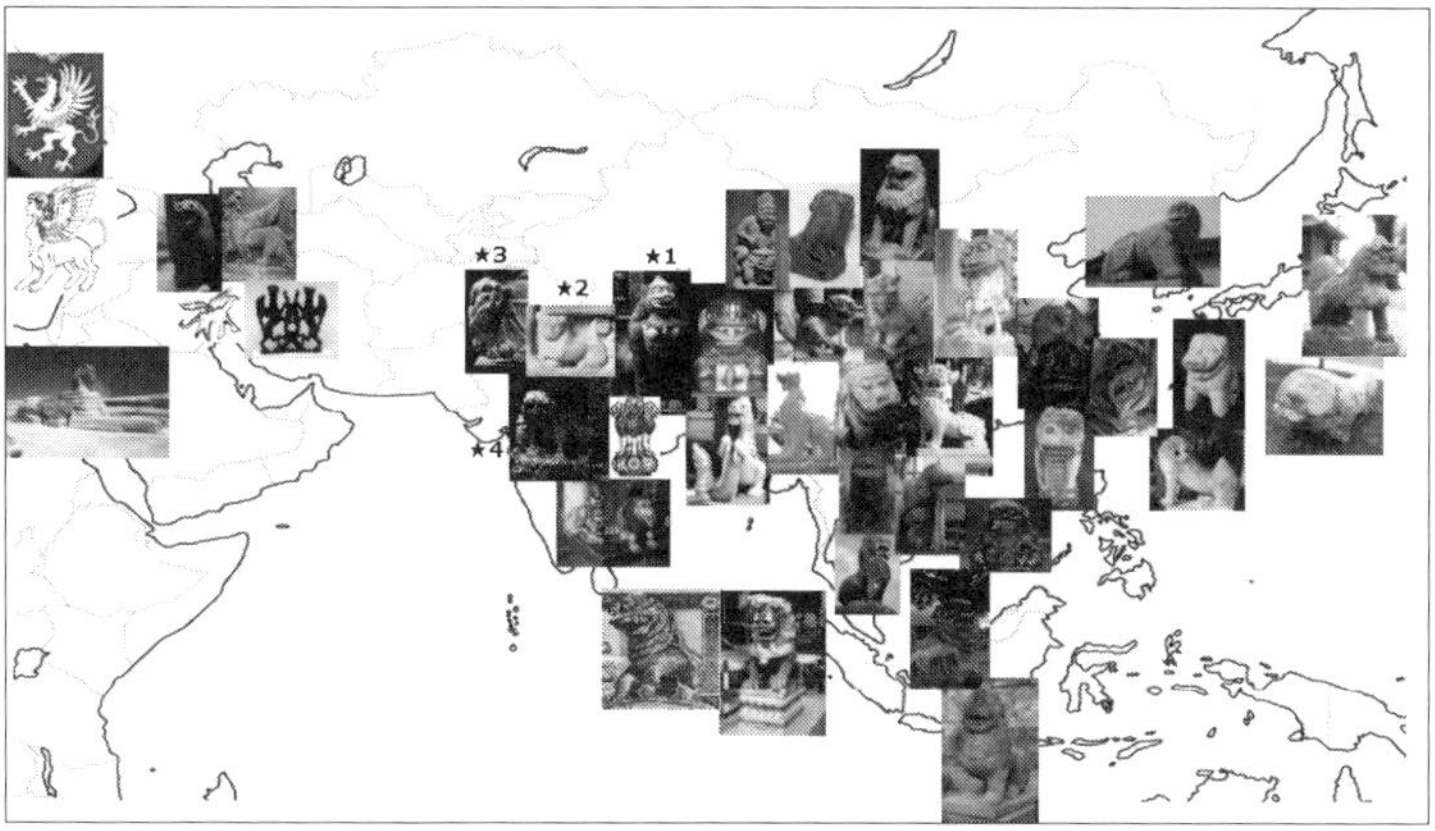

地図①：アジア獅子・狛犬地図

★ 1「ネパール黄金寺院の雌獅子〈シンギニ〉」。服部宏昭氏より提供

★ 2「マトゥラー初期仏像のシンハ像」（1 世紀）。東京国立博物館・NHK・NHK プロモーション編『日本・インド国交樹立 50 周年記念　インド・マトゥラー彫刻展』NHK・NHK プロモーション，2002 年

★ 3「ガンダーラ仏像のシンハ像」（1〜2 世紀）。水田徹責任編集『世界美術大全集西洋編 4　ギリシア・クラシックとヘレニズム』小学館，1995 年

★ 4「エローラ石窟ドゥーマル・レナーのシンハ像」（6 世紀中期）。佐藤宗太郎『エローラ石窟寺院』佐鳥出版，1977 年

＊以上を除く図版は，Wikipedia と川野撮影写真による

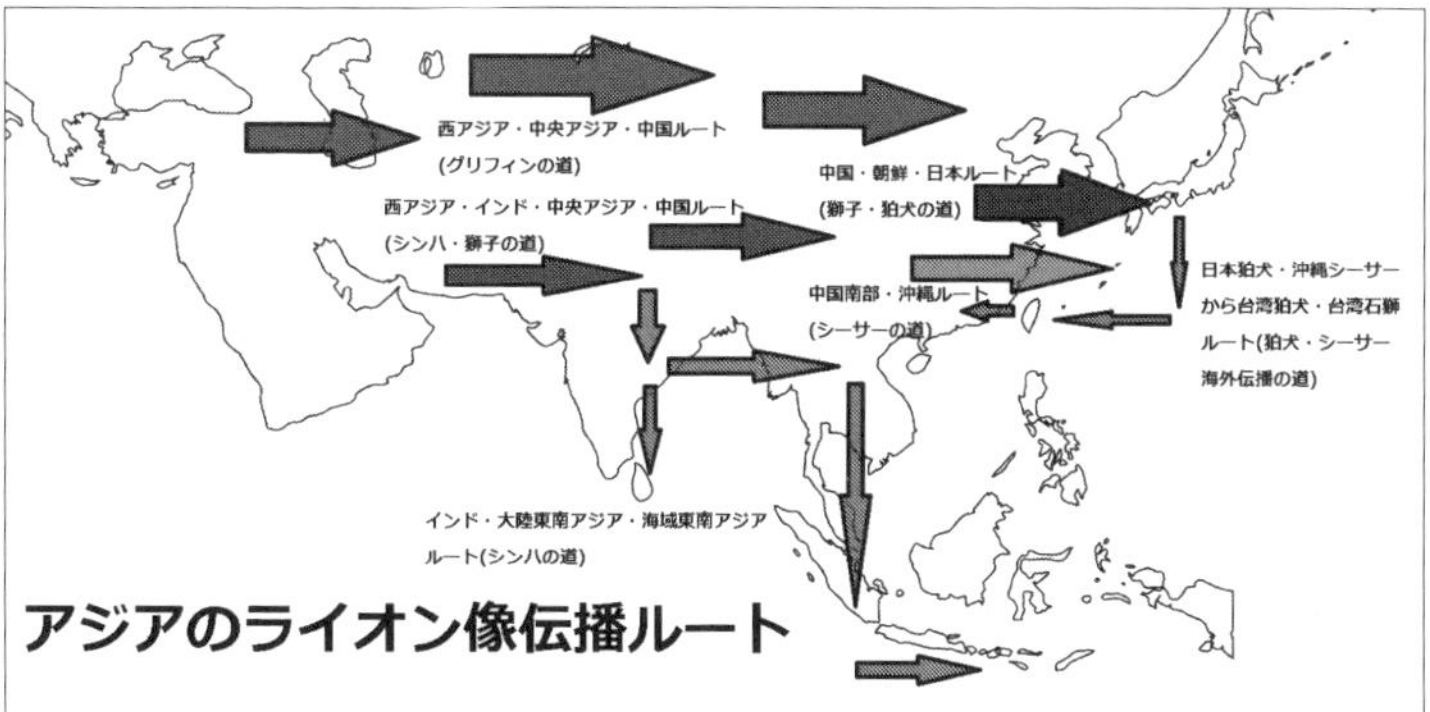

地図②：アジアのライオン像伝播ルート（作成：川野）

図①「アジア獅子・狛犬地図」・地図②「アジアのライオン像伝播ルート」参照)。

東西の文化的流れ(学術的な言葉では「東西交渉《とうざいこうしょう》」という)の一端として、狛犬は、唐草文様《からくさもんよう》・アトラース(大地を支えるギリシャ神話の人物で、「支える者」「耐える者」の意味)・マカラ(西欧占星術の山羊座・インドの神魚・日本の密教占星術の磨羯宮《まかつきゅう》)とともに、中近東やヨーロッパからの文化の流れを覗うテーマでもある。

②日本各地の郷土文化の多様性を学ぶ

旅する霊獣である狛犬は、日本全国にも旅をしている。全国津々浦々の神社の参道には狛犬が立っており、各地に伝わるなかで、各地それぞれ独自のカタチの狛犬が生まれた。

獅子・狛犬として宮中の調度品であった狛犬は、遅くとも平安時代後期には、神社の神殿に神の左右を護る神殿狛犬になる。江戸時代初期に神社の参道に狛犬(「参道狛犬」)が奉納されるようになる。参道狛犬は、こうして日本各地に伝わり、庶民層を中心に奉納されていく。これまで木造の神殿狛犬を彫ってきた仏師等の職人とことなり、参道狛犬は石造りだから、各地ごとにさまざまな参道狛犬が各地の石工たちの試行錯誤と創意工夫から造りだされる。

全国から七つの地方の狛犬のタイプを紹介する。

鹽竈《しおがま》・仙台狛犬=鹽竈神社に奉納された狛犬(延享四年・一七四七年・石工:大丸屋吉次〈「次」は解読して推定〉等)が原型となり、鹽竈・仙台地方を中心に普及。人面タイプで、前足を前後させた独特な狛犬である【図②】。

右：図②　鹽竈・仙台狛犬（鹽竈神社狛犬）
上：図③　江戸流れ尾狛犬（品川神社狛犬）

上段右：図④　（越前）笏谷石製狛犬（高雄神社狛犬）

上段中：図⑤　浪花狛犬（河堀稲生《こぼれいなり》神社狛犬）

上段左：図⑥　出雲狛犬（東出雲金比羅宮狛犬）

下段左：図⑦　尾道狛犬（八坂神社狛犬）

江戸狛犬＝江戸時代初期には附き尾、中期は立ち尾などの狛犬が造られ、江戸後期には、流麗な尾をもつ流れ尾の狛犬が創り出され、江戸っ子の粋な美意識を反映した狛犬である【図③】。

（越前）笏谷石《しゃくだにいし》製狛犬＝日本海中部では今の京都府から石川県にかけて、その厳しい気候から、木造の狛犬よりも石造の狛犬の方が適しており、たとえば丹後半島では、推定で鎌倉時代後期より、あるいは現存の狛犬に刻まれた年号からは、参道に石造狛犬が登場する以前の南北朝時代の十四世紀半ばから、神殿狛犬の一種として、石造狛犬が造られてきた。わけても越前（今の福井県東部）では、笏谷石という良質の石材が採れるため、笏谷石で造られた小型の狛犬が、戦国時代の十六世紀初期から造られつづけてきた（最古はあわら市春日神社狛犬〈奉納：永正十二年・一五一五年〉）。木造の神殿狛犬の伝統を継承し、房のあるたてがみや、威嚇感のある表情などに特徴がある【図④】。西は山口県から東は北海道まで、北前船等によって搬出され、各地の神社の神殿に置かれている。

浪花狛犬＝さまざまな類型があるが、最初期の住吉大社《すみよしたいしゃ》の狛犬（奉納：元文元年・一七三六年）は人面タイプで、日本のスフィンクスである。十九世紀に入ると、丸顔で朗らかな顔をした団扇のような尾をもつ狛犬が浪花狛犬の主流となる【図⑤】。

出雲狛犬＝お座り型（蹲踞《そんきょ》型）と尻上がり型（構え型）の狛犬が、松江の相良門兵衛《さがらもんべえ》という石工の手で創り出され、この二つの型が出雲狛犬の主流となり、北前船で搬出され各地に普及する。分布は北海道から九州まで広汎である。尻上がり型は、松江市の東出雲金刀比羅宮が最古（奉納：寛政三年・一七九一年）で【図⑥】、お座り型の出雲狛犬は、香川県琴平町の金刀比羅宮の狛犬が最古でその一年前に奉納されている。香川県西部はこの狛犬の影響を受けた狛犬が多数みられる。

尾道狛犬＝山根屋源四郎藤原傳篤（傳篤は読み方が伝わらず）が制作した尾道八坂神社の狛犬（奉納：文政四年・一八二一年）が、大玉に前足を載せた斬新な形で創作され、その後尾道石工によって踏襲され、瀬戸内海各地に普及し、北海道から五島列島まで、広く分布する【図⑦】。

肥前狛犬＝佐賀県・長崎県など、肥前地方を中心に十六世紀末の安土・桃山時代から江戸時代の十八世紀まで造られた小型の狛犬で、（越前）笏谷石製狛犬とともに、参道狛犬の登場以前から造り続けられてきた石造の神殿狛犬である（最古は佐賀県相知《おうち》町熊野神社狛犬〈奉納：天正年間・一五七三―一五九二〉等）。銀杏のような眼とカウベルのような膨らんだ鼻をもち、多くは四肢を彫り貫かず、簡潔で愛嬌のある造形をしている【図⑧】。一見して「鎮守の森の霊獣」（石仏・狛犬研究者の中野高通の言葉）であり、「日本のムーミントロル」（狛犬研究者の竹原由樹子の言葉）といった趣きがあり、可愛らしい。

このように、「隣の狛犬は形が違う」のである。一例を挙げると、岩手県内の参道狛犬は、二戸・宮古・遠野・大船渡・一関・花巻などなど、地方ごとにすべて形が違う。日本各地の狛犬は、台湾などの旧植民地を含めて、タイプとバリエージョンが豊富なのである。

海外の狛犬について触れておくと、明治初期の国策移民によって、日本人がハワイ・台湾・朝鮮半島などに入植すると、故郷の景観を懐かしんで神社が建てられ、郷里の狛犬を船で運んで設置している。

図⑧　肥前狛犬・水田天満宮狛犬

たとえば国策移民が多かった旧長州藩の山口県では、山口市今八幡神社《いまはちまんじんじゃ》の狛犬と同型の狛犬が、ハワイ金刀比羅神社や台湾の台南神社に設置されている。

大日本帝国下での植民地では、昭和十年代には、日中戦争（昭和十二年・一九三七年勃発）を時代背景とする植民地統治の強化の面から、皇民化《こうみんか》政策が推し進められ、現地の宗教に代わって神道の普及が推進され、神社の増加に伴い、狛犬も増加する。このなかで台湾独特の狛犬のタイプも生まれている。

このような負の側面があるにもかかわらず、台湾では今でも人々によって狛犬が保存され、大切にされて、小学校の校門や寺院・廟堂《びょうどう》（中国宗教の祭祀施設）の門前を狛犬が護る光景がみられる。

戦後、台湾の獅子は、日本の尾道狛犬や沖縄の玉乗りシーサーの影響を受けて、玉乗り獅子が誕生し、さらに海を渡って厦門《アモイ》市などの福建省南部地域で普及するなど、元来獅子から成立した狛犬の、中国獅子への逆影響・逆伝播もみられる。

話を日本国内に戻すと、総じて各地の狛犬には、日本（あるいは台湾）の郷土各地の異なる美意識が現れている。日本各地の郷土文化の多様性を狛犬は身をもって示しているのである。

また、それぞれの地方の狛犬の原型となる狛犬を制作した石工の創意と才能と巧みな技術のありかたも学ぶこともできる。狛犬を彫った石工は、これら地方の狛犬の形を創作した石工の他にも、名石工が多数おり、関東では鶴見の石工、飯嶋吉六《いいじまきちろく》（初代から一二代目まで襲名）、近畿地方で活躍した石工丹波佐吉（丹波は生まれた場所）、鳥取の川積《かわづみ》村の尾崎六郎兵衛《おざきろくろべえ》（通称「川六《かわろく》」）、南福島の小松寅吉《こまつとらきち》、弟子の小林和平《こばやしわへい》などの全国各地の名工が、独創的で大胆な造形で、細かな細工の優れた狛犬を彫っている。知られていない石工も多く、名もなき石工の優れた作品を見つける楽しみもある。

加えて、参道狛犬には、奉納された年・奉納者の名・石工名などの文字情報が刻まれている。これを「銘《めい》」という。

銘からは、庶民が狛犬奉納に寄せた祈願の意図（家内安全や海上安全・戦勝祈願など）を知ることができるが、それ以外にもさまざまな情報が刻まれている。

たとえば、北前船などの江戸時代の流通のありようも読み取ることができる。たとえば（越前）笏谷石製狛犬は、近畿地方・中部地方だけでなく、中国地方の山口県から東北地方に及ぶ日本海側各県・北海道に至るまで分布するが、北前船によって福井県内の三国港《みくにこう》などから搬出されている。

また、地方に狛犬を奉納した商人の販路拡大のありようもわかる。たとえば浪花商人が奉納した狛犬は、近畿地方のみならず、中国地方や九州大分県の山間部に至るまで広くみられる。浪花商人が地方に入り込むための方途として現地の神社に狛犬を奉納したのである。

③東アジアの中華世界のあり方を学ぶ

狛犬はライオン像がアジア各地を旅して日本で生まれた霊獣像である。だから、狛犬には、アジアでの世界の見方、ありようが少なからず反映されているのである。

獅子・狛犬という組み合わせは、じつは奈良時代から平安時代にかけての、アジアの中華圏での秩序（「華夷秩序《かいちつじょ》」という。「華」＝中国／「夷」＝周辺民族と国家）が反映されている。

獅子は神仏や天皇などからみて左に置き、狛犬は右に置く。これは、中国での左優位の思想の反映である。「天子南面《てんしなんめん》」といい、天子は北極を背にして、南を向いて座り、太陽が昇る東が天子自身の左となり、太陽が沈む西が右となる。また、中国では祖先祭祀の位牌の置き方は「昭穆《しょうぼく》」と呼ばれる秩序があり、初代の位牌を中央に置き、第二代目の先祖の位牌は初代の位牌からみて左に配置し、第三代目の先祖の位牌を初代の位牌からみて右に配置する（ただし、「左遷《させん》」という言葉があるように、王莽《おうもう》が建てた新王朝の時代に右優位の秩序となったことがある）。

平安時代後期に書かれた宮中の調度品に関する文書である『類聚雑要抄《るいじゅうぞうようしょう》』（巻四）は、獅子と狛犬の格式と相違について記している。まとめると、次のようになる。

獅子＝配置：（神仏や天皇からみて）左置き、色：金色、獣口の開閉：開口、角：無し（未記載）
狛犬＝配置：（神仏や天皇からみて）右置き、色：銀色、獣口の開閉：閉口、角：有り

獅子と狛犬は、このような形で対になって組み合わされる。左に置く獅子は、当時の中華秩序の中心である中国の正統な霊獣として位置づけられ、右に置く狛犬は、当初「高麗犬」と記したように、中華世界の周辺民族の霊獣として、一段下に置く位置づけがなされている。つまり、獅子・狛犬という対偶は、中華秩序を、中国と日本を含む周辺民族の関係性から、中国を一段上にみる観念が現れている。当時のアジアの日本からの眺めや捉え方が、狛犬に現れている。

なお、獣口の開口・閉口の区別は、平安時代末期の十二世紀頃には「阿吽《あうん》の呼吸」という言葉で知られるように、「阿」と「吽」を組み合わせた「阿吽」という用語で呼ばれることになる（片岡了の研究による）。

書物に依らない教養のありよう

ここで主題の狛犬から離れるが、日本での教養の従来のありようには、一面的なものがあり、教養が書物によって得られた知識に偏ってきた面がある。この傾向は、戦前の教養主義にもみられるが、私自身も一九九〇年代の学生時代は、たとえばヘーゲルの『精神現象学』（私はこの難解な著作を金子武蔵訳よりも、たまたまドイツ語の教員として出会った牧野紀之の訳で読んだ）やカントの三批判書（『純粋理性批判』『実践理性批判』『判断力批判』）やデカルトの『方法序説』や本居宣長の『うひ山ぶみ』や司馬遷の『史記』等など、「読まなければならない本」が暗黙の了解として存在していた。

ただ、旧制高校生のドイツ語学習熱が示すように、日本人の教養はながらく西欧の書物が中心でありつづけており、漢籍や日本の古典は近代以降の日本人の教養の中心ではなかったといえる。こうした不足は、今では認識されつつあって、たとえば本書の共著者でもある加藤徹の『漢文力』をはじめとする一連の著作でも、伝統戯劇や伝統音楽を含めた形での東洋的教養の再構築ともいえる試みがなされている。

また、伝統的な社会にも、一定の世界観をもった伝統的教養というものがあって、それはかならずしも書物に依らないのである。無文字《むもじ》社会では口伝《くちづた》えで神話を伝えているが、そうした神話も、それぞれの民族が伝えてきた膨大な知識を網羅・集積してきた百科事典的な意味もある。

一つ大事な問題として提起したいことは、歴史的に植民地化などの出来事から、書かれた記録を破棄されてしまった地域での伝統的教養の問題がある。

私の念頭にあるのは、奄美の島唄《しまうた》である。奄美の伝統的社会は、十七世紀初頭一六〇九年以降、薩摩藩による統治を受けたため、文字の記録を失ってしまった社会である。文字の記録に依存できない状況の中で、いかにして知識の再生をしたかといえば、その手段となったのが島唄なのである。奄美は、口伝えで唄によって、必要な知識の伝授をしてきた。このような文字に依らない伝統的教養のありようも、見落としてはならないと思う。

旅する教養——旅する足が生む「野生の教養」

書物に日本人の教養が偏重しているという点は、たとえば旅という行為で得られる教養というものがあるという事情が、書かれたものに偏重した教養のありようの不足を補いうる知の営みであることを強調するのも、あながち無駄なことではないだろう。

たとえば、『東方見聞録』（マルコ・ポーロの実在や実際の旅行の範囲については議論があるものの）にしろ、江戸時代後期に東北地方を旅した菅江眞澄《すがえますみ》の旅行記にしろ、長江の源流を求めて大旅行をした明代末期の徐霞客《じょかきゃく》の旅行記にしろ、当時は最新の情報を膨大《ぼうだい》な記述の量で提供するものであった。旅から得る教養というものは、「世界を這《は》いずりまわる虫の視点」から得られた教養とでもいいうるだろう。

ライオン像や獅子・狛犬を調べるために、アジアと日本の各地を回っていると、前述のような、アジアの中でのライオン像や中国の獅子像が伝わる流れもみえてくるし、日本国内、どの都道府県も狛犬のカタチが違って異なることもみえてくる。

結局私は何が言いたいのかというと、書物を読む教養よりも、「足」で読み取った教養も、それと匹敵するか、あるいはそれ以上の知識の蓄積になるかもしれないということである。

あるいは、足から生まれる知識こそ、野生の教養の一つであって、人それぞれの個性に沿った知識のありようをもたらすのではないか、ということである。

教養は生きるには役に立つが、しかし当たり前のことだが、人は教養のために生きているのではない、そうではなくて、知識を得るということは、生きることそのものと連動しているはずであって、人間を突き動かして前に進めるものは、足である、ということである。

足は知識を生み出す。世界を歩くということは、世界を知るということである。私自身はここでかなり楽観的な考え方をしている。それは、

「迷ったら放浪するといい」、
ということで、まさに
「(狛)犬も歩けば棒に当たる」(狛犬はライオン像の一種で、犬ではないのだけれども)

である。

放浪すれば、何かが見つかる。私の場合は、そうした旅から、生涯の友達として、人生半ばを過ぎて狛犬を見出したということになる。

狛犬や獅子像は、そのテーマでしか見ることのできない世界の見方を与えてくれる。世界を歩き回

って狛犬やアジア各地のライオン像や獅子像に出会うことは、それはそれで、自分にしか描けない世界地図を描いているようなものである。

旅から得る知識は、偶然の出会いが、自分の心の琴線《きんせん》に触れることで、紡《つむ》ぎ出されるものといえるかもしれない。あるいは、その人自身が、旅を生きるなかで、自分自身のために地図を作ってゆくことであるともいえる。頭に刻み込まれた各人なりの地図は、その人にしか作ることができないかけがえのない地図であり、他の人が作った地図とも自ずから異なるものである。

世界の描き方は多様であること、旅する知識は、そうした個人それぞれが作り上げていくその人のかけがえのない知識のありようを示しているだろう。逆にいえば、個人が作り上げてきた知識が、かけがえのない個別的なものであるからこそ、そのような知識は、分かち合うだけの価値があり、交流するだけの価値があるわけである。

また、旅で得た知識は、実際にその場に立ち臨んで物事を観察する姿勢が求められる。このような知識は、実証的な知識のありようをもっている。この点が書物で得られた知識よりも確実性があるわけである。書物で得られた知識は、抽象的であることを免れえない事情があるし、想像力を駆使しなければならない。それはそれで一つの知の技法ではあるものの、現場に立ち臨んで得られる知識は、頭脳だけでなく、全身で体験し、感得する知識であるので、人生における重みからいっても大切な学びを多くもたらすはずである。

「世間師」と地域貢献

グローバル社会のなかでの教養のありようとして、グローバリズムに一元化されない形での地域への貢献をいかに成しうるかという問題は、大切な問題であると思う。これは旅する教養が成しうることの一つでもある。

民俗学者の宮本常一《みやもとつねいち》は『忘れられた日本人』の中で、世間師（せけんし／しょけんし）を「日本の村々をあるいて見ると、意外なほどその若い時代に、奔放な旅をした経験をもったものが多い。村人たちはあれは世間師だといっている」（岩波文庫版・一九八四年、二〇八頁）と記し、「世間師は明治から大正、昭和の前半にいたる間、どの村にもこのような世間師が少なからずいた。それは、村をあたらしくするための方向づけをしたことはみのがせない。いずれも、自ら進んでそういう役を買って出る」とも書いている（同二一七頁）。世間師とは、旅の経験から世間を知っていて、村の外で得た知識を自分の村の進歩に役立てるような人物である。自主的に知識の提供に尽力し、地域が時代の変化に追いつくために役立てようとした人々である。

私自身は、祖母から宮本のいう世間師のような人物がいたことを聞いている。それは曽祖父の弟であるが、若い頃随分やんちゃや放浪もしたけれど、その分見識をもって故郷である愛媛県の今治《いまばり》に帰った人でもあったらしい。

有り体にいうならば、私自身が放浪癖があるので、妙にそうした人物に共感するところがある。ライオン像や狛犬を研究しているといえば、立派な大義名分であるけれども、じつは無性に旅に出て

「友達」（ライオン像・獅子・狛犬）に会い、人間に会い、さまざまな事物を自分の目でみてみたいのである。

世間師的な人物は、これが現代であれば、国境をも越える。ある地域で必要な知識を、他の地域で得た知識を提供・助言・解説し、価値を説明するという、知識の交流を果たす役割を担うであろう。旅する教養ができることはこういうことではないか。

狛犬でいえば、各地の観光協会や地方の新聞やテレビ番組（驚くべきことに、山口県では「狛さんぽ」というテレビ番組が放映されている）で助言や解説を求められたとき、その土地の狛犬がその土地独自のものであり、土地の歴史を示す重要な手がかりでもあって、郷土をみなおす契機ともなる点を指摘することにしている。その土地で見逃されていた価値ある事象を提起するだけでも、なにかしらの貢献になるのではないかと思う。それはグローバリズムにからめとられない、地域間の知識を通じた提携の行動でもあると思う。

狛犬を知るための参考図書

荒俣宏著、大村次郷（写真）『獅子――王権と魔除けのシンボル』集英社、二〇〇〇年
上杉千郷編『狛犬事典』戎光祥出版、二〇〇一年
上杉千郷『日本全国獅子・狛犬ものがたり』戎光祥出版、二〇〇八年
川野明正監修『東京周辺 神社仏閣どうぶつ案内――神使・眷属・ゆかりのいきものを巡る』メイツユニバーサルコ

ンテンツ、二〇一九年
川野明正監修、ミノシマタカコ著『狛犬さんぽ』グラフィック社、二〇二〇年
三遊亭円丈『THE 狛犬！コレクション――参道狛犬大図鑑』立風書房、一九九五年
塩見一仁『狛犬誕生――神獣のルーツをたどる』澪標、二〇一四年
長嶺操『写真集　沖縄の魔除け獅子』沖縄村落史研究所、一九八二年
若山恵里『石獅子探訪記――見たい、聞きたい、探したい！　沖縄の村落獅子たち』ボーダーインク、二〇二二年

図版説明

図①　チャタルヒュユクの地母神（出典：Wikipedia）
図②　鹽竈・仙台狛犬（鹽竈神社狛犬）（宮城県・延享四年八月・一七四七年・石工：大丸屋吉〈次〉、大丸屋助兵衛）
図③　江戸流れ尾狛犬（品川神社狛犬）（東京都・明治十七年三月・一八八四年・石工：清三郎）
図④　（越前）笏谷石製狛犬（高雄神社狛犬）（福井県・寛永五年・一六二八年・石工不詳）
図⑤　浪花狛犬（河堀稲生《こぼれいなり》神社狛犬）（大阪府・安政六年五月・一八五八年・石工：不詳）
図⑥　出雲狛犬（東出雲金比羅宮狛犬）（島根県・寛政三年十月・一七九一年・石工：相良門兵衛）
図⑦　尾道狛犬（八坂神社狛犬）（広島県・文政四年六月・一八二一年・石工：山根屋源四郎藤原傳篤）
図⑧　肥前狛犬（水田天満宮狛犬）（福岡県・慶長十五年四月・一六一〇年・石工：不詳）

合巻詞書の難解さ

神田正行

江戸時代後期の小説の中に、「草双紙《くさぞうし》」と総称される絵本の一群があります。その展開をごく大雑把に説明すると、子供向けの「赤本《あかほん》」から、大人向けの「青本《あおほん》・黒本《くろほん》」が派生して、それが江戸の都市風俗などに取材した「黄表紙《きびょうし》」へと変質し、これに次いで出現した、ストーリー重視の「合巻《ごうかん》」が、その最終形態となりました。授業で説明する際には、黄表紙を「短編ギャグ漫画」、合巻を「長編連載漫画」に近いもの、と表現しています。草双紙が古文の授業で取り上げられることはまずありませんが、その代表作である柳亭種彦《りゅうていたねひこ》の長編合巻『偐紫《にせむらさき》田舎源氏《いなかげんじ》』の名前ならば、目にしたことのある方も多いでしょう。

『南総里見八犬伝《なんそうさとみはっけんでん》』の作者として名高い曲亭馬琴《きょくていばきん》（「滝沢馬琴」は誤りです）も、デビュー作は黄表紙でしたし、本格小説である「読本《よみほん》」の作者として名を成したのちも、並行して数多くの黄表紙や合巻を著し続けました。これをまた現代風に表現すれば、ベストセラー作家がコミックの原作も手がけているような状態に近かったわけです。

文政年間（一八一八―三〇）後期になると、合巻は数編にわたる長編ものが主流となります。先ほど言及した『田舎源氏』も、そのような潮流の中で刊行の開始された作品ですが、種彦に先だって長編合巻を手がけたのが馬琴でした。彼の長編合巻第一作『金毘羅船利生纜《こんぴらぶねりしょうのともづな》』（渓斎英泉《けいさいえいせん》画。一八二四―三一刊。八編未完）は、中国小説『西遊記』を我が国に移して翻案した作品です。

　現在、雑誌「江戸風雅」の誌上で、この『利生纜』を紹介しているのですが、その原稿を作成する過程でたびたび行き詰まるのが、「詞書《ことばがき》」の判読です。詞書とは、画面に描かれた登場人物に添えられた台詞で、コミックの「吹き出し」に相当します。物語の本文は、おおよそ原作の『西遊記』に従っていますから、読み解くのに難渋することは少ないのですが、詞書はストーリーを大きく逸脱する場合もあるので、一筋縄ではいかないのです。

　たとえば、赤子の形をした果物「人参果」を、浄蔵《じょうぞう》（原作の三蔵に相当）の弟子たちが盗み食う、原作でも有名な場面（『西遊記』第二四回）に添えられた、鵜悟定《うごじょう》（原作の沙悟浄）の詞書に、以下のようなものがあります。

　こゝへも一つくれの鐘。しからば寝鳥・忍び三《ン》重で、こつそりとやらかすべい。（第6編、8丁裏）

「くれ」は、「（人参果を）一つくれ」と「暮れの鐘」の掛け詞（ダジャレ）なので、あえて漢字を宛てませんでした。また、「寝鳥《ねとり》」は寂しくて不気味な音色の笛、「忍び三重《さんじゅう》」は暗闇の動作を表現する三味線の演奏で、いずれも歌舞伎の効果音楽です。そもそも『利生纜』は平安時代の物語（浄蔵も実在の僧侶）ですから、登場人物たちに歌舞伎音楽の知識があるはずがありません。このような時代錯誤の滑稽さを、馬琴は意図的に導入しているわけですが、ストーリーとは没交渉のものが多く、理解するためにはなかなかに手間がかかります。

　その後浄蔵一行は、ひとたび逃走するのですが、追い来たった五庄観の道士鎮元子《ちんげんし》（原作も同名）に捕縛されてしまいました。その際に羽悟了《うごりょう》（原作の猪八戒）は、以下のような言葉を発しています。

縛つたら湯《ゆ》に行《ゆき》きなが、聞てあきれるはへ。

（同上、13丁裏）

これはおそらく、母親が子供に向かって言う、「（遊び道具を）しまったら、湯（銭湯）に行ってきな」などという常套句を踏まえたものでしょう。当時の庶民ならば難なく理解できたであろう、このような地口や俗語が、今日の我々にとっては特に難解なものといえます。

そもそも「詞書」は、草双紙では赤本以来のものですが、全ての合巻作者が書き添えているわけではありません。馬琴は友人に宛てた手紙の中で、詞書のない『田舎源氏』を嘲笑した後に、自分は「いにしへの遺風（古くからの伝統）」を守り、「格別詞書に骨を折」っているのだと述べています。彼は詞書を、草双紙に必要不可欠なものと考えていたようです。詞書を持たない他作者の合巻では、どのような場面を描いたものか、咄嗟に判断できない挿絵に遭遇することがあります。しかし、登場人物の会話によって状況が説明される馬琴合巻の場合は、そのようなことはまずありません。読者の側からすれば、これが最大の「詞書の効用」といえるでしょう。

捕縛された羽悟了（架蔵本による）

このように、作品理解の上で重要な役割を担っている馬琴合巻の詞書ですが、それらを正しく読み解くためには、「教養」の範疇にとどまらない雑学や、「野生」的な直感も必要であることを痛感しています。しかし、二一世紀を生きる菲才の筆者には、理解が及ばない部分もあり、毎度忸怩たる思いを抱かずにはいられません。

人新世における地球と人類の共生

野生を考える意義はあるか

浅賀宏昭

はじめに　人新世に生きる私たち

複雑な問題の全貌を捉えるためには、俯瞰的に見ることが重要である。細かい部分は見えない方がよいこともあるのだ。だから専門違いの人がいい仕事をすることがある。その一つの例が二〇〇〇年のメキシコで起こったという。

地球環境の変化を示すデータに関する議論を聴いていた化学者のパウル・クルッツェンが「今は人新世だ！」と叫んだのだ。(1) 彼は一九九五年度のノーベル化学賞受賞者だが、地質年代については専門外である。人類の時代という意味の人新世は、地球温暖化などの気候変動、プラスチックなどの人工物質の蓄積、生物多様性の喪失などで特徴づけられる時代区分だ。人類が化石燃料を大量に使い、多様な科学技術を駆使し、経済を優先して居心地の良い環境を整えることに邁進したことによる地球全体への影響が非常に大きくなった結果を見て、即興的に生まれたのだ。そして二〇一五年、遅きに失した感は否めないが、環境、経済と社会を統合して解決しようという姿勢が、持続可能な開発目標（SDGs）として示されたのは必然であった。地球環境について、専門分野の壁を越えて議論して対策を講じていくことの重要性が、より多くの人に認識されるようになったことは、たいへん望ましいことである。

人新世の始まりの時期については議論があり、そのなかに農耕を始めた約一万二千年前からという意見がある。農耕は農業につながる活動だからだ。農耕を意味するcultureやcultivationには文化や教養の意味もある。農耕を始めるには、経験で得た情報の記録と分析をしなくてはならず、そのためには文字と計算はもちろん、コミュニケーション能力が必要だ。だから農耕を開始したころから人類は文化をつくり教養を持ったと言っていいのかもしれない。

農耕で狩りをする必要性は低下する。動物も家畜（domestic animal）化される。そう言えばwildの対義語にdomesticもある。整備された人工的環境に、人は飼いならされてきたという側面があるのだ。例えば現代の食を考えてみよう。食品の多くはつくられたもので、何を食べるかは、日本ではほぼ嗜好の問題である。空腹を抱えて食べ物を探してさまようこともない。近場のコンビニエンスストアで体に良いとされる保健機能食品までもが手に入るし、ペットフードを思わず連想してしまう固形の「完全栄養食」も販売されている。動物は飼われてしまうと、餌を探す能力を失くすリスクを負うが、人が人にそのまま食べられる食品を提供するのはどうなのか。負の側面があるのではないだろうか。

人新世は、これまで人類が為してきた負の振る舞いの総決算の結果である。それにしても私たちはなぜもっと早く環境問題に気づかなかったのか。はっきりしていることは、近代科学がそれまで不明であったことを明らかにし、不可能を可能にする技術を次々と生んで、科学万能の雰囲気を醸成してきたことだ。そして科学技術を使うようになり、機械論的な自然観が確立され、自然を資源として見るばかりになったと言えるかもしれない。そして人は万能感を持つようになり、自然への畏敬の念をなくしてしまったのではないか。

現代においても野生は残っており、それは私たちの生きる力と強く結びついている。野生は、科学技術が機能しないときに私たちを助けてくれるだけでなく、新しい科学や技術を生むこともある。

ここでは地球環境問題を解決の方向へ誘う大義のために、現代における地球環境の見方・捉え方について、私見を交えて述べようと思う。地球については、生物、とくに人体との対比で論じることをお許しいただきたい。そして高度に整備された人工的環境のなかで飼いならされている状況にある私たちが、これから地球と共生して生き残るために何をどうすべきなのかを、野生の意義についても言及しながら考察していくこととしたい。

地球環境をどのように捉えるか

ワンヘルスの考え方

二〇〇〇年代に提唱された保全医学という分野がある。生態学的健康を目標に掲げている学際的で実践的な研究分野だ。研究対象には開発や環境保全とかかわりが深い経済、社会や政治も含まれており、ワンヘルス（One World, One Health）の考えが提唱されている。これは、人を中心に考えられてきた健康の概念を、野生動物や生態系の健康へと拡大したもので、新興感染症、特に人獣感染症の存在をベースに置いているようである。

このワンヘルスをさらに拡張して考えるようにすれば、さらによくなると考えられないだろうか。すなわち、地球そのものも生きていると捉えた上で、その持続可能性がどのくらいあるのかをみながら、人間を含む地球上のあらゆる生物の健康とセットで考えていくのだ。私たちが健康に生きていくためには、地球の無機的な部分も含めて持続可能性を高く保つこと、すなわち健康であり続けるようにすると効果的だと考えられるからである。

地球も生きているように見える

現在の地球には、何千万種と推定される多様な生物がいる。多くは土や水の中の肉眼では見えない小さな生物だ。一グラムの土の中に数千種もの細菌＝バクテリアが、多いところでは百万の単位で存在している。大気中にも、鳥、コウモリや昆虫に加えて、植物の花粉、胞子や種子、そしてバクテリアも飛び交っている。海は広く人跡未踏の深海も多いが、未知の種も含め多様な生物が数多くいるだろう。

このように生物が構成している側面からは、地球はあたかも生きているように見える[2]。それは多細胞動物である私たちの体が数十兆個の生きている細胞と、生きていない部分から成ることに、構造的な相似のような関係があるからかもしれない[3]。

生物は代謝で体を維持する

生肉を放置すれば数時間から半日で腐敗する。だから冷蔵庫のない時代、長距離航海には、食用動物を生かしたまま載せていったという。肉を運ぶにはこの方法が有効だからだ。

人の体も死を迎えたときから腐敗が始まる。しかし生きていれば、何も飲食しなくてもかなりの間、肉体を維持できる[4]。代謝をしているからだ。

代謝とは、生物体内で制御された多様な化学反応をまとめて指す言葉だ。一つの細胞の中でも数百種類の化学反応が並行して進んでいる。だから代謝の反応式を線でつなげると網のようになる【図①】[5]。この網の重要なところは、どこかが切れても迂回できることが多いから物質の循環も確保され、特定の物質が溜まりにくいことだ。

代謝は、電子顕微鏡でも見えない分子レベルで、酸化などで劣化する体の部品としての有機物を新しいものに交換している。これで傷みやすい体を維持しているのだ。さらに外部から侵入してくる病原体を撃退する免疫系の仕組みもある。ただし代謝では、体内に取り込んだ高エネルギー物質の化学

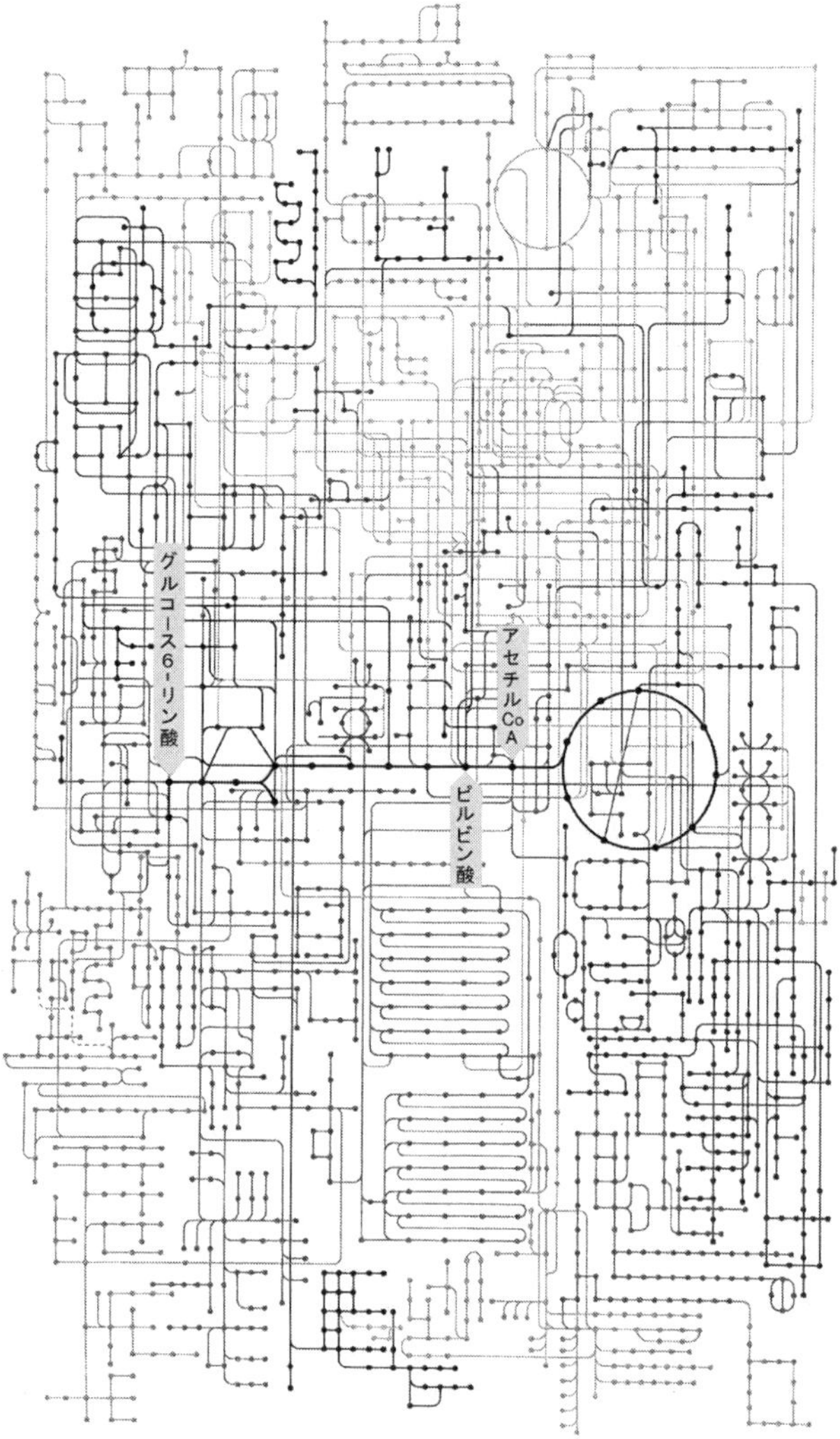

図①　細胞内における化学反応を示した図。数多く見える●がそれぞれ別の化学物質。太い線は重要な呼吸に関係する反応経路

エネルギーを利用する際に熱が出る。運動した直後に体が熱くなるのはそのためである。そこで体温などを一定にする恒常性＝ホメオスタシスの機能がある。ホメオスタシスも免疫系も代謝が支えている。

このように人の体の内部は変わらないようにできている。これは体を長く維持するために都合がいいからだ。このことは地球環境の持続可能性を考えるときに参考にすべきである。

地球の化学的側面では、豊富な水が媒体として働いていることが重要だ。生物ぬきで考えても、水は加熱されれば水蒸気になって大気中を浮遊し、冷やされれば液体の水に戻り、多くのモノを溶かして化学反応の場を提供し、地表近くを流れる。まるで「ゆく河の流れは絶えずして、されどもとの水にあらず」（『方丈記』の冒頭より）の言葉のようである。

生物が合成する有機物の化学反応でも水は特に重要である。反応の場を提供するのみならず、生体触媒とも言われる酵素の活性維持に貢献したり、脱水縮合や加水分解ではそれらの反応に参加したりしている。そもそも水がなければ生物の代謝は止まってしまうのだ。

このように地球が、多様な生物を抱え、全体として維持できているのは、さまざまな物質が循環しているからである。[6] これは太陽から絶妙な距離にあり、適度なエネルギーが常に供給されているから可能なのだ。現在の地球環境は、これまでの生物の活動や進化までも含めた偶然が積み重なり、時間をかけてようやく達成された定常状態である。[7] この状態は人類が出現するよりもかなり前から達成されていたことから、あらゆる生物の循環が重要だとわかる。それは多様な生物間の網のような縦横のつながりから成る生態系に回復力《レジリエンス》があるからである。私たちには生態系サービスを受けられる恩恵もある。

地球でさまざまな化学反応が起こり、各種の元素が物質の姿を変えては循環して、全体として維持されていることは、生物の特徴の「代謝をして体を維持すること」に相当する。地球は子を産まないが、子を産むことを卒業した高齢の人も、脈拍（心拍）や呼吸などのバイタルサインで生きていると診断されるから、地球も生きていると捉えてもいいと思っている。

地球が誕生したのは約四五億年前で、あと約五五億年の余命がある（別の推定もある）という。ただし有為無常である。現在の状態であり続けることはない。あらゆる物質は時間とともに変化していくという自然の摂理、すなわち熱力学第二法則（別名：エントロピー増大の法則）があるからだ。地球も加齢で劣化（老化）していくのだ。ただし劣化しつつある地球にいつまで人間が生きられるのかはわからないのである。

環境と環境問題は人の都合

環境という概念は誰かが作ったもので、良い環境とは人が生きやすい環境のことだ。地球の外にも環境という言葉を使うことはあるが、それは人が生きられる環境からどれだけ異なっているかを表現するときに限られる。金星が灼熱地獄であるとか言われるのはその例だ。地球以外の星の温度が変化してもその星の名を冠してX星環境問題などと言われることはない。言われるとすれば私たちの子孫がそのX星への移住を考えはじめる未来のいつかだろう。

このように環境問題は人の都合の問題だ。宇宙全体からすれば地球環境問題など問題ですらない。

かつての文明が滅びるとき、生き残った人はその都市を捨て、他所で別の新しい文明を築いたが、私たちはいまだ地球を捨てられない。住める星は今のところ地球だけだから、今は解決に向けて努力する選択肢しかないのだ。

地球の健康診断の結果

ここで現在の地球の健康診断の結果を確認しておこう。二〇一五年に発表されたプラネタリー・バウンダリー[8]を図示したもの[9]である【図②】。

この図からわかるように、生物圏の一体性（絶滅の速度）と、生物地球化学的循環（窒素とリン）が、高リスク状態で、気候変動と土地利用変化がリスク増大状態である。この状態にまで至った原因は、人類が為してきた生産活動や戦争という社会的、意識的な行動によるものだから、その内容はコントロール可能だと言われている[10]。しかしそのように考えて改めれば済むことなのだろうか。

例えば、私たちは楽しむために酒を飲む。飲みすぎればアルコール性脂肪肝になるが、これは断酒すれば治る。しかしさらに飲み続ければ肝硬変

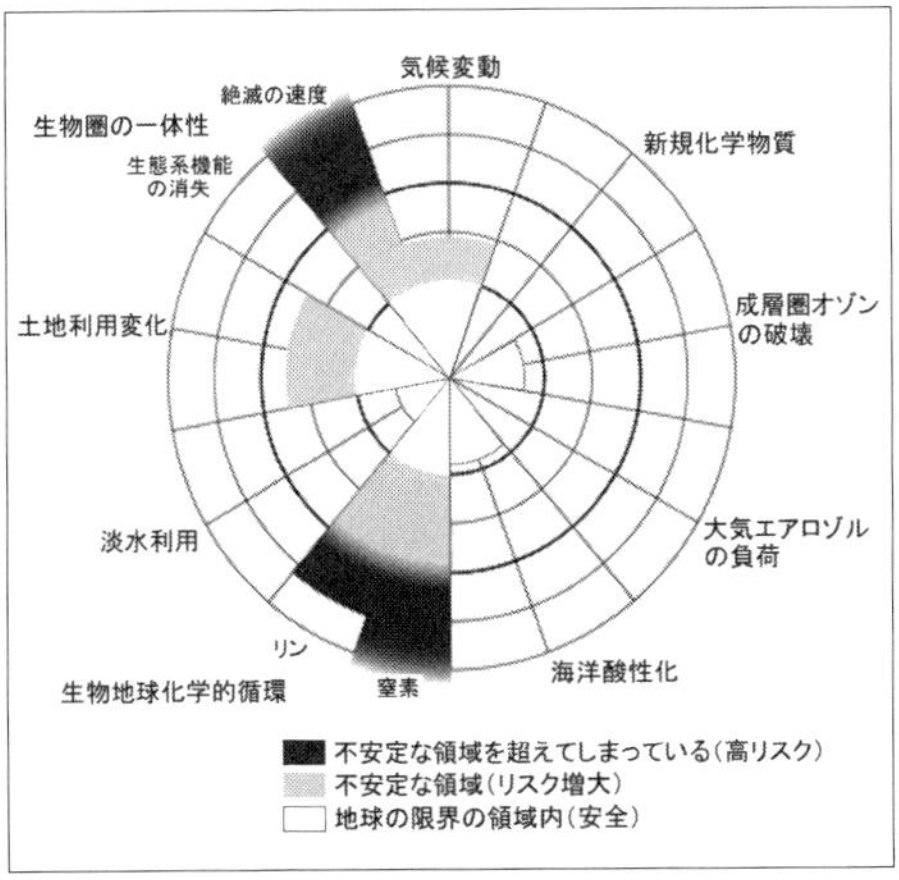

図②　プラネタリー・バウンダリーで表現された地球の状況。Steffen らの原図を一部改変

になり、これは治ることはない。その先には肝がんへの運命が待ち受けている。脂肪肝の状態から肝硬変に移行するときの予測はできない。あとどのぐらい飲んだら治らない肝硬変になるのかは事前にはわからないのだ。

一方、気候変動についても、人為起源の変化があるレベルを超えると気候システムにしばしば不可逆性を伴うような大規模変化が生じる可能性があると指摘されている[11]。その時点をティッピング・ポイントと言う。実は、地球がいつティッピング・ポイントに達するかはわからない。はっきり言えることは、いま私たちが地球環境問題を解消するための努力を怠ると、地球がティッピング・ポイントを早く迎えてしまうということだ。そして不可逆性の変化が起これば、元には戻せないということである。

温暖化ガスは地球に溜まったツケ

地球の健康な状態とは、現在の定常状態が続く可能性が充分に高い状態である。実は環境の本質はこの定常状態にある。残念ながら人類は、さまざまな科学技術を活用し、住みやすい環境をつくってきた一方で、地球を変える働きもしてきた。それは産業革命ごろから大量の化石燃料を用いて、さまざまな形で地球に負荷をかけてきたことが象徴的だが、これはその一面にすぎない。

環境容量の指標にエコロジカル・フットプリント[12]がある。これは人間活動が環境に与える負荷を、資源の再生産および廃棄物の浄化に必要な面積として示した数値だ。これが、一九八〇年ごろにバイオキャパシティ[13]を超過したオーバーシュート状態になったとされている。この状態は一時的ならば地球は回復力とも言える緩衝力を持つので気づかないが、超過分は少しでも確実に滞留しツケとなる。

このツケの代表格がCO_2などの温暖化ガスだ。化石燃料を使えば放出されるCO_2は増える。しかし大気中のCO_2濃度測定値の増加はわずかで、周期的に見られる変動幅に隠れがちだから、中・長期的に見なければわかりづらかった。だが熱を外へ逃がす現象は少しずつだが確実に抑制された。温度が上がれば水や氷に溶けていたCO_2は溶けきれなくなり、地表水の蒸発も促進され、大気中の水蒸気濃度（絶対湿度）も上がる。水蒸気濃度は人為的にコントロールできないのであまり議論されないが、温室効果があるので、地表の温度がさらに上がることになってしまう。

私たちの体は熱くなると汗をかくなど、体温を一定にするホメオスタシスの機能があるので、熱中症などにはなりにくい。頭寒足熱とも言われるように、頭のなかの脳は高温を避けるべきなので、鼻腔の奥には脳とつながっている毛細血管が通っており、呼吸で冷たい空気を通過させて脳を冷却するしくみが備わっている。マスクをしていたり、鼻が詰まっていたりすると頭が冴えない感じがするのは、脳が充分に冷却されていないからである。

地球が抱える最も大きな問題の一つは、熱を外へ逃がす機能が、増加した温暖化ガスによって抑制されていることである。余分な熱を積極的に宇宙へ逃がす方法がないのだ(14)。冷蔵庫やクーラーは局所的に低温空間をつくるが、地球全体の温度を少し上げてしまう。もちろん暖房の使用、山火事、大規模な戦争などでも地球の温度は上がる。新型コロナウイルス感染症予防のために、公共交通車内の冷暖房をしつつも窓開けが推奨されてきたが、これも地球をより熱くしたはずだ。今日まで大事に至らなかったのは、同時に経済活動全体が抑制され、相殺されたためであろう。

このように現在の地球は、まさに熱中症の兆候が出始めた状態にあるのである。

環境のことは楽観視されていた

ここで私の環境に関する体験に基づく話を少しさせていただこう。

一九七〇年ごろの東京の下町では、汲み取り式トイレから汚物を回収するバキュームカーが幼児・児童の興味の対象であった。その汚物をどうするのかという素朴な疑問に対する回答は衝撃的で忘れられない。当時の児童用図書にタンカーのような船の挿絵に「遠くの海へ捨てに行く」とあったのだ。これでは海が汚くなって困ると直感した。[15] 当時の大人に訊くと「海は広いな大きいなと歌詞にもあるから大丈夫」と笑ってのたまわるありさまで、私はこの頃から大人の言うことを疑うようになった。誰かが「汚物は水で無限に薄めればなくなる」などとも言っていたが、無限に薄められるはずなどないから、これは戯言である。要するに当時、一般人には地球の大きさは正しく認識されていなかったのだ。

一九八〇年ごろ、大気中のCO_2濃度が上昇する問題は、一部の専門家以外には、明らかに楽観視されていた。CO_2濃度が上がり温暖になれば植物もよく育ち、農業が可能な地域や、居住できる地域が増えるという意見が、生物学の先生方に限っても大勢であった。これは自然への畏敬の念を忘れはじめていた証拠につながるものである。そして半世紀近くを経た現在、地球温暖化に伴い、過去に予見できなかった現象や問題が数多く発生しているのは周知のとおりだ。温暖化肯定論を話していた先生方に、もう一度見解を訊きたいが、鬼籍に入られたようなのでそれはあきらめるしかない。

日本でも増えた集中豪雨や竜巻などは、農業に壊滅的なダメージを与える。こうした異常気象を別にしても、地球温暖化は農産物減産のケースを増やした。バイオマス全体としては増えたかもしれないが、農産物は増えなかった。この理由は、農産物には一定以上の品質が求められるからである[16]。農業者は、地域ごとの経験を基に条件を整えて仕事をするが、気候のはげしい変化に対応して、品質が担保された農産物をつくることはとても難しいことなのだ。

地球の余裕がなくなっていく

有名なマルサスの予言はほとんど外れたと言ってよいだろう。世界人口は約七九億人（二〇二二年現在）まで増えたが、増える速さは穏やかで、食糧増産も人口増加以上のペースでこの半世紀は推移したからだ。しかし一方で、すでに述べた地球環境問題の他に、食料分配の問題もあり、肉不足が懸念されるタンパク質クライシスなどの課題も懸念されるようになった。

ここで強調すべきは地球に余裕がなくなったということだ。人口が増え、交通機関の発達で人流も活発になったから、地球は相対的に小さくなってきたのだ。新型コロナウイルス感染症のパンデミックが続いておさまらないのも、これが原因である。

人の体も加齢に伴い余裕がなくなっていく。三〇歳においては全能力の四割を使うことで日常生活ができるが、九〇歳になると八～九割までも使うという。九〇歳の予備能力は一～二割しかないのだ。だから高齢者は熱中症や感染症などの緊急時に抵抗力が足りなくなるから、死のリスクが高まるのである。「年寄りの冷や水」と言われるわけである。

地球にも余分な土地はないから耕作地は増やせない。食糧生産量の微増傾向が二〇二二年現在も続いているものの、この傾向は二〇二九年までという予測がある。余裕がなくなっている地球に、さらに大地震、火山噴火などの天災や、第三次世界大戦などの人災が発生したらどうなるだろう。予想できることは、それらは地球の劣化を加速するということだ。余裕のない地球はリスクが高いから、どうなるかはわからないのである。

地球環境をどのように改善するか

人体も地球も複雑だ

自然科学はさまざまな対象を還元主義的に分析して成果を上げてきた。生物についても、その部品としての有機物を単離して性質を調べ、遺伝子本体がＤＮＡであることを一九五三年に証明し、その半世紀後の二〇〇三年にはヒトゲノム全体の塩基配列も完全解読した。ゲノムの個人差も明らかにできる時代となったのだ。これで人体のことはデジタル情報を基にしたシミュレーションで何でも予測できる気がしたものだ。ある分子生物学者はもうやることがなくなるとぼやいていた。

ところがわからないことが出てきた。例えば医薬品開発だ。実験動物や培養細胞を使ったデータを基にして、健常人や患者に試験的に介入する臨床試験（治験）を始めると、予測できなかった結果が出ることがあるのだ。治験をパスして医薬品が完成してからも、使ってみると有害事象が発生することがあり、その理由や因果関係がわからないことがある。

考えてみれば予測は難しい。例えば、生まれてくる子供の性別も確率的には2分の1で決まるが、それはコインを投げて出る表か裏かのようなもので、どちらの性別かは確率的に言えるだけである。[17]人体は複雑であるがゆえに、体内で起こるそれぞれの事象を確率で予想できたとしても、実際に人に何か介入した後の反応を予測することは、その場合の数を計算すると桁数がやたらと多い数になるから、きわめて困難であることがわかる。

それが証拠に「クスリはリスク」の回文どおり、永く使われてきた医薬品でも予期しなかった副作用がごくたまに出る。地球も複雑なので同じ側面があると考えるべきだ。治験でも第一相から第三相へと段階を踏んで徐々に進めて、そして何か問題があれば次の段階には進めないようにしている。安全を第一に考えれば「コンコルドの過ち」など、決して許してはならないからだ。地球環境への働きかけもこれに倣うべきだろう。

地球環境問題に効く特効薬はないと悟るべきである。火力発電をやめて太陽光発電に切り替えるために埋め立て地に設置したソーラーパネルが災害を招いたことがあったが、これも副作用の一種と言えるだろう。

医薬品のなかでも漢方薬の副作用は比較的穏やかである。これは生薬由来の多様な成分が、体のさまざまな部分、代謝経路に少しずつ作用して効能を発揮するように調合されているからだ。地球環境問題を改善するためにはこの漢方薬方式がよいだろう。さまざまな働きかけを併行して行い、総合的に全体の改善を目指すのだ。この点においてＳＤＧｓの取り組みはターゲットも多く、理にかなっている。

人類は、科学技術の万能性ばかりに目が奪われ、自然への畏敬の念を忘れ、経済判断を優先して開発競争、実用化競争に邁進してきたのだろう。七九億人も住んでいるから、一人ひとりが地球に責任を感じにくいのは確かだが、社会で何かをするときは、やってみなければわからないことが多いことを考え慎重にすべきだ。特に新たな科学技術を社会に導入して活用する段階においては、急いではならない。

科学は技術を生み、技術は科学を生む

現代の農業では、データをもとに作られたマニュアルに従えば誰でも作物を栽培できるが、人類が農耕をはじめたころはかなりの試行錯誤があったはずだ。誰かが作物になる種子を発見して、それを播いて育てることにたまたま成功し、それを記録したのがはじまりだろう。そもそも農耕に適さない種の方が多いし、地域によって気候も土も変わるから、初期の農耕においては手元にあるもので工夫を試みるという作業が必須であったはずである。だとすれば、ブリコラージュ(18)的な試みが農耕を成功させ、やがて効率のよい農業の技術を生んだと言えるだろう。

ところで科学（自然科学）は自然界における事柄の摂理を明らかにしようとする学問である。この科学をベースにできたのが技術である。しかし、アルキメデスによる「てこの原理」の発見のように、道具を使った技術が先にあり、後から科学が生まれることも少なくなかった。最先端の科学の研究にしても、科学者自らによる手作り装置によって成し遂げられるということは、現在でもふつうにあることである。ということは、ブリコラージュが技術や科学の母だとまで言えるように思えるのである。

物質の循環を妨げないように

地球の健康維持のためには、物質の循環を妨げてはならない。コンクリートなどで舗装し、地表を覆ってしまうことは、雨水が土中にしみこむのを妨げるから、最小限にすべきである。土の面を露出させておけば、暑くなったら地表から水が水蒸気となるときに蒸発熱も奪われるので、周辺の気温も安定する。しかも放っておくだけでそこに小さな野ができるから、生物の循環も、生物間の網のような相互作用も維持できるのだ。一つの小さな例を紹介しよう。かつて私の家の角に「いけず石」を置いていたが、建て替えのとき、そこに小さな土の面を確保して樹木を植えてみた。すると都合のよい結果を生んだのである。自動車と接触し樹が傷むことはあるが、やがて回復するので重宝するのだ。環境のためにもよい決断をしたと思っている。

都会化が進んだ社会では、コンクリートの塊の建設を抑制しつつ、土の面を残すよう働くルールの整備が必要かもしれない。日本の農地法では、農地は地面を土のままにしなければならないことになっている。施設園芸では、ビニールハウスやガラス温室を使うが、農地ならばその地面はコンクリートやアスファルトで固めてはいけないのだ。農地転用するときには固めてよいが、税金は高くなり、元に戻すことも困難だから、これが土の面の維持につながっている。農地に限らず、所有地の一部を土のまま残すという新しいルールを作ってもいいかもしれない。

最近、農業生産が不安定なので、室内で人工光によってレタス等を栽培する植物工場が注目されている。これは気象の影響を受けずに計画的な野菜生産が農薬を使わずにできるから、生産者にも消費者にも歓迎されるようになった。使用する水や肥料分も最小限で済むのでいいところづくしに見える。しかし物質の流れからすると一方向的であり、根などの廃棄物も出るので改良の余地がある。よりよくするためには、魚の養殖と組み合わせたアクアポニックスを目指すべきであろう。根を魚の餌にして、魚の出すアンモニア態の窒素分を微生物の力を借りて硝酸態の窒素として植物の養液へ活用し、物質の循環をつくるのである。

物質の循環を妨げると言えば、原子力発電所もその最たるものだ。原発は、使用済廃棄物をどうしているかと言えば、貯蔵した後、遠くの最終処分場へ捨てに行くのだ。最終処分とは埋めるだけだから、これは汲み取り式トイレ時代の汚物処理のやり方と大して変わらない。さらに原発は人の生活圏すなわち生物圏に相容れないから、周りには何重もの覆いや壁が必要になる。発電効率その他を考えればある程度大きくしなければならず、全体としては野生の雰囲気がない、熱を周囲に漏らすだけの巨大な建物になる。大規模な事故は別として考えても、現在の地球では、原発は好ましいとはとても思えないのである。

すると電気をどうするのかということになる。例えば火力発電時にコジェネレーションで排熱を暖房や温水プールなどに利用を促進するのはいいが、電力需要を低下させるには熱源を見直す必要もあるだろう。電気で暖をとったり、調理用に熱を得たりすることは、安全性は比較的優れているものの効率が非常に悪い。結局はかなりのエネルギーを利用できない熱として捨てることになるからだ。この観点で言えば、都会では難しいかもしれないが、地方ではバイオマスをつかった暖炉や囲炉裏などの復活が望ましい。

現代の野生はどこにあるか

現代社会における野生はどこにあるのだろう。高度に整備された人工的環境では、完全なる野生を見出すことは難しいが、初期の農耕での試みのように部分的な野生であれば、身近なところにもある。例えば調理の機会である。そもそも調理とは、食材を美味しく安全に食べられるようにする作業である。最近では、外食や中食、そして病院や施設での給食の機会が増え、そのまま食べられる食品のほか、インスタント食品や、食材とレシピがセットになった商品も増えている。しかし、これらは明らかに人を飼いならす側面がある。

ここで狩りや採集を推奨することは、地球環境をこわすリスクを高めるので控えておくが、何らかの方法で得た食材に対して五感を働かせ、一つ間違えれば食材を不味くも駄目にもしてしまう調理の作業は刺激的で野生の部分を含んでいる。調理を食材の加工にまで広げれば、冷蔵庫を使わずとも保存できる発酵食品、干物、燻製などを作ることは、地球環境にも負荷をかけず、そこには地球と共存するための総合的な学びもある。(19)

アフリカで生まれた現生人類は、世界中に移動して住むようになった。動物だから動くのは当たり前だが、実は地球上のどこにでも分布している哺乳類は他にはいない。動物の動く目的は食べ物と異性を探すためだが、人間の場合はもうひとつある。知的好奇心を満たすためである。探検家などと呼ばれる人たちは、単なる命知らずではなく、高い知的好奇心を持っていた。これが野生の活動のモチベーションに直結しているのだ。

現代でも、移動手段のいかんにかかわらず旅をすること自体が、見知らぬ文化に接し、過ごしにくいかもしれない環境に自身を置くという試験的な体験をさせてくれる。旅はエネルギーを使う乗り物で遠くへ行く必要は決してなく、環境への負荷を考えれば自転車や徒歩がむしろよい。そもそも近所への散歩がなぜ楽しいのかと言えば、小さくとも新たな発見があり、知的好奇心が満たされるからである。

ところで遊びの楽しさはどこにあるのだろうか。おそらく、やらなければわからないことがあることが前提にあり、やり始めたら野生の感覚や判断が要求される局面が出現し、それを体験することで新しい発見があり、充実感を伴う満足感を味わえるからだろう。鬼ごっこ、かくれんぼうのほか、スポーツはだいたいこれに当てはまる。野営などのキャンプ、登山、ハイキング、球技、格闘技、囲碁などにも、野生は見出せるだろう。

現代でも、一度もしたことがないような野生的な活動を突然強いられることがある。大規模な災害時である。家電製品、エレベーターが使えず、公共交通手段も調理器具も使えないようなときだ。そういうときは何とかしようとする。鍋がなければ缶を、刃物がなければガラスの破片を、縄がなければツタやカズラを使って何かを間にあわせるのは、ブリコラージュにほかならない。食料が足りないとき、食べられる野草や山菜、昆虫などを探して調理する必要が生じることもあるかもしれないが、これらはいきなりできることではない。ではどうするかと言えば、マニュアルに従って訓練するよりも、ふだんから野生の感覚を研ぎ澄ましておくことである。その方法は遊びを参考にすべきだ。訓練もそのようにすれば刺激的で楽しいものになるから、参加者を集める苦労はなくなるだろう。

おわりに　生き残るために野生を意識する

かつての人類は農耕を始めたころから文化をつくりはじめたのだろう。自然のなかにおさまっていた文化は、やがて科学技術の力を盲信して、自然から飛び出して離れていこうとしたようにも見える。そして人類は、自然の怖さを忘れて経済活動を優先し、地球がただとても大きいという曖昧な先入観を修正することもせず、さらには温暖化の兆候を重要と考えずに惰性的に活動を続けた結果、地球環境問題を発生させてここまで大きくしてしまったと言えるのではないか。

人新世の名称が使われるようになったいま、地球が人体と同様に複雑であるが定常状態にあること、そして何かをした後にどのような問題が発生するかを予想することは難しいということを、改めて強く意識して、自然への畏敬の念を私たちは思い起こすべきである。そしてこれからを生きる私たちは地球環境の改善のために、地球の健康状態、すなわち持続可能性を確認しながら、多様な活動を手分けして併行して慎重に進めていくべきだ。

現代は新しい教養が求められる高度な文化の時代である。野生は文化の陰に見えにくくなってきているが、なくなったわけでもないようだ。むしろ野生は文化と共存していなければ、それこそ不自然である。完全な野生のなかでも人は生きがたいが、四方がコンクリートの牢屋のような人工的環境で生きるのも耐えられないと思われるからだ。どこかへ旅に出かけたり、食材を得て自らの感覚で調理したりするほか、自分の意思で行う遊び、スポーツのなかにも野生が潜んでいる。私たちは、これらを楽しみながら実践することで、飼いならされる状況から逃れ、生きる力を涵養することができる。

地球との共生を考えるとき、野生を意識することに有効な面もあるとわかった。ただし現代では、狩りなども含め無条件で野生が良いと言うことはできない。それは地球の劣化を加速して取り返しのつかないことを招いてしまうかもしれないからだ。最後に「鹿を追う者は山を見ず[20]」という諺に、狩りで鹿を追う人ばかりなら山は荒れてしまうと新しい解釈をつけておこう。この場合の山とはもちろん地球のことである。

註

（1）人新世（Anthropocene）とは、人類が地球の地質や生態系に与えた影響に注目して提案された、地質時代における現代を含む区分。ただし「国際地質科学連合」で認められた時代区分ではない。
（2）骨や歯の硬い部分、皮膚の角質、付属器の毛など。
（3）地球全体が生物で、その部分に生物がいると考えるならば、全体と部分が自己相似とも言え、これはまるでフラクタルのようである。
（4）倒壊した建物などに閉じ込められた人間は三日（七二時間）までは生存率が高い。
（5）アルバーツ・ブルース他『細胞の分子生物学』第六版、中村桂子・松原謙一訳、ニュートンプレス、二〇一七年、八七頁の図を一部改変。
（6）他にも大気の存在、地球の大きさ（重力）など、さまざまな条件が程よく揃っている。
（7）動的平衡状態と言われることがあるが、厳密には定常状態と言うべきである。

(8) プラネタリー・バウンダリーは人類が生存できる安全な活動領域とその限界点を定義する概念。

(9) Steffen, W. *et al.* "Planetary boundaries: Guiding human development on a changing planet" *Science* Vol 347, Issue 6223, (2015).

(10) 和田武・小堀洋美『地球環境保全論』創元社、二〇二一年、二六〇—二六一頁。

(11) Lenton, T. M. *et al.* "Tipping elements in the Earth's climate system" *Proc. Natl Acad. Sci. USA* 105, 1786–1793, 2008.

(12) 地球の環境容量を示す指標で、人間活動が環境に与える負荷を、資源の再生産および廃棄物の浄化に必要な面積として示した数値。通常は、生活を維持するのに必要な一人当たりの陸地および水域の面積で示される。

(13) 生物生産力または生態系サービスの供給量とも呼ばれる。

(14) 大気上層に硫黄を散布して太陽光を遮ることで地球を冷却する気象制御の方法、地球による太陽光の自然反射率を高める方法などが検討されている。

(15) 現代では、下水を通して微生物を活用した浄化技術で処理されている。

(16) 小麦は乾燥した冷涼な地域での栽培に適しているので、温暖化が進むと地球上の栽培に適した面積が減ってしまう。

(17) 受精卵検査、出生前遺伝学的検査、羊水検査などの方法で、妊娠二一週よりも前に性別を知る方法はある。だが、性別を知るためだけにこれらの検査をすることは許されていない。

(18) 人類学で、ブリコラージュとは、端切れや余り物を使って、その本来の用途とは関係なく、役立つ道具を作ることを言う。クロード・レヴィ＝ストロース『野生の思考』大橋保夫訳、みすず書房、一九七六年、二二—二六頁。

(19) 明治大学商学部の総合学際演習や特別テーマ実践科目等の授業でも実習として行ったことがある。

(20) 目先の利益追求に気を取られ、全体が見えなくなってしまうことを例えた諺。

特別寄稿

……置き去りにされ、忘れ去られたかのように見える言葉があるのはやむを得ないのかも知れない。彼らは書物のなかでひっそりと息をひそめ、いつか誰かが、たとえ引用という舞台に乗せるのでなくてもいい、ただ読み過ぎるだけではなく、拾いとどめて心の片隅に大切にしまいこむのを待っている。

引用=高遠弘美「海に吹く風——『失われた時を求めて』と自然」『乳いろの花の庭から』ふらんす堂，1998 年，211–12 頁

図版=ジャン=バティスト・カミーユ・コロー《モルトフォンテーヌの思い出》

在野の詩人・山内義雄を求めて

高遠弘美

私事から始めることをお許し願いたいのですが、二十六歳のときから四十四年間、大学教員生活を送り、この春定年退職した者として、大学が置かれた環境を振り返るに、もっとも違和感があったのは、科学研究費補助金、いわゆる科研費の重視でした（人事の際の留学経験や博士号の過剰な重視も問題が多いと思われるので、それについても後で触れます）。より正確に、そして正直に言えば、文学系、人文系の分野における科研費の意味がよくわからなかったのです。こう書くと、おまえは不真面目だからそういうことを言うのだ、真摯に研究を続ける教員に科研費は必要であり、まさにおまえのような怠け者を峻別するためにも科研費は機能していることがわからないのか、と叱られそうですが、たとえば文学の分野で、「科学研究」のための補助金がほんとうに必要なのか、私のように、翻訳はするにしても「研究」などとは縁遠いことばかりしてきた一介の語学教師にはすんなり納得がゆく類いのものではありませんでした。出版助成ならわからないでもない。売れなくても出版されるべき書物は無数にあるからです。しかし、科研費はそれとは違うようで、科研費の取得率を高めることが至上の目的と化した大学では、個々の研究の展望や可能性よりも、一件でも多く科研費を取得するための方法論、歯に衣着せずに言うとすれば、巷に溢れるハウツーメソッドと変わりばえのしない方法論が真顔で口にされていると聞きます。それは、今回のテーマに即して言えば、疑うことを知らない飼いならされた小動物とたいして変わらない、野性味を失い、飼育者（餌ヲクレル者）の好むような「研究」をするだけの、批判精神も向上心も探究心も欠いた大学教員を増やすだけではないのでしょうか。こう言ったら批判されるとか、こんなことを書いたら採用されないかもしれないなどと忖度と無意味な怯えを内面に抱えている自称研究者がどれほど増えても、彼らが科研費取得に費やしたエネルギーはそれだけでは残念ながら、対象のより深い分析や意味のある研究を生む力とはなりえません。すでに出発点で飼いならされている彼らは、学生の書く「論文」でも、形式をむやみに尊重し、学生がなぜそれをテーマとして選んだのかという根本的な問いをいつの間にか忘れることが多く、学生が最初に持ったはずの動機を突きつめて考えようとはしません。それは、自分の考えに固執するあまり、自由な発想を妨げることにも繫がります。

「野生」が放つ叫びに耳を傾けなくてはいけないのはそういうときです。科研費やら就職のための業績作りやらに振り回されているさなかに「野生」が耳もとで囁く声が聞こえはしないでしょうか。

「飼育されぬこと」。

そう、昔ふうに言えば、お上の言うことに唯々諾々と従い、お上の判断基準に添って自らの研究の自由まで手放すのではなく、要するに飼いならされぬこと。

建前や礼儀、礼節への行き過ぎた配慮などに足を掬われるようでは創造的な結果を残すことは困難です。いかがでしょう、文学系や人文系の皆さま、一度科研費という呪縛を振り払ってみては。それに、自分の仕事で必要な本や資料代くらい自分で工面しなくて、どうやって研究対象に注がれるべき情熱を保つのでしょうか。

科研費や就職のための業績作り、さらにあからさまに言ってしまえば、これまた就職のための留学と学位への尋常ならざるこだわり――それらが相俟って、とくに文学系の大学に関係する人々の精神の自由を奪ってきたのではないでしょうか。大学が息苦しくなってきたのはそうした外的事情と、それに軸足を置いた内部からの主として経済的要請と無縁ではありません。

このへんで一度立ち止まって昔の文学者のありようを振り返ってみるのも無駄ではないような気がするのです。それは「官」の側に立たず「野」のなかに在って、すなわち、どこかで「野生」と繋がりながら「官」に馴化されることなく自ら信じる文学の道を歩んだ人々の足跡を辿ることでもあります。かつては決して少なくなかったであろうそうした文学者のうち、ここで採り上げたいのは山内義雄（やまのうちよしお。一八九四―一九七三。以下人名の敬称略）です。

唯一のエッセイ集『遠くにありて』（一九七五）の講談社文芸文庫版（一九九五）に附された野村二郎の解説の冒頭を引きましょう。

フランス大使として日本に駐箚していた詩人、ポール・クローデルは、ある日、「私の主たる翻訳者は完全なるフランス語を話す山内義雄という青年である」と述べている。
山内義雄先生、まだ二十歳代のことである。

野村二郎のすぐれた解説と同文庫版に収載された保昌正夫編の詳細な年譜に拠りながら、山内義雄の生涯を簡単に振り返ってみます。

一八九四年　東京生まれ。父は旧士族で退役陸軍工兵大佐。
一九〇〇年　暁星小学校入学。
一九〇六年　暁星中学校進学。在学中、愛読していた永井荷風の著作からボードレールやヴェルレーヌを知り、フランス語で読み始める。
一九一〇年　若山牧水の詩誌に短歌や詩を投稿。一方、上野図書館に通い、『海潮音』を全篇筆写する。
一九一一年　東京外国語学校仏語科入学。さまざまな雑誌に詩が掲載されるようになる。

（同年『文章世界』に北原白秋の選で載った処女作「六月の歌」は十七歳とは思われぬ成熟さに達していました。

六月は、

医師の庭に咲くあまい柚の花。
町なかを飴売りがゆく、飯売りがゆく。
笛の音はしめやかに、しめやかに、
蟾蜍《ひきがへる》が藁を踏む庭土にかよひ入る)。
(略)

一九一二年　父死去。「おやじも死んだことだし、誰はばかるものなく、フランス文学に惑溺した」。

一九一五年　東京外国語学校仏語科卒業。京都帝国大学法学部入学。上田敏を訪ね、その講筵に列するようになる。矢野峰人と相知る。上田敏の著作でポール・クローデルの名を知る。この頃、アンドレ・ジッド『狭き門』を原書で読み始める。

一九一六年　上田敏死去。

一九一七年　母死去。上田敏追悼文を発表。

(山内義雄が何を大切にしていたかがよくわかる、上田敏に関する文章を野村二郎の解説から引いておきましょう。ここには、昨今の大学人にありがちな打算の影はありません。そもそも京都帝国大学に入り直したのも上田敏の教えを請いたいと考えたからでした。「講義のあいだ、大げさに言えばほとんど漢語らしいものが用いられたためしがなかった。少くともそういった感じだった。いかにも平俗で淡々とした日本語、それでいて全体から受ける感じが、まるでフランス語とでもいったような、きわめて高雅な、そして匂やかな感じだった。わたくしは、後にも先にも、あれほど美しい語り言葉としての日本語の表現に接したおぼえがない」。ともすると忘れられがちな、野の花の美しさを嘆賞するかのごとき、俗情とは縁のない清廉さを私はこの発言に感じます。山内義雄の日本語はこういう点からも醸成されていたのです)。

一九一八年　京都帝国大学経済学部に転部。

（法学部にしろ経済学部にしろ学部選択は学費を出す親兄弟の希望に拠ります。そのあたり、文学部ではなく法学部を選ばざるを得なかったプルーストと相通じるところがあります）。

一九二一年　京都帝国大学退学。東京帝国大学仏文科選科入学（一九二三年退学）、東京外国語学校講師就任（一九二四年退任）。ポール・クローデル、駐日大使として来日。交友が始まる（クローデルは一九二七年離日）。

一九二二年　複数の有名詩誌に訳詩を発表。マルタン・デュ・ガール『チボー家の人々』を訳し始める。

一九二三年　『仏蘭西詩選』（新潮社）、ジッド『狭き門』（新潮社。石川淳跋）刊行。

（前後八部十一巻に及ぶ『チボー家の人々』の最終巻を山内義雄が病身を押して訳し終わったのは一九

五二年のことでした。戦争を挟んで三十年という歳月が流れたことになります。

この先あまたある他の訳書はおもなものの著者と書名のみ列記するにとどめ、学校との関係を中心に見ていきます）。

ジッド『贋金つくり』、アナトール・フランス『影の弥撒』、メーテルランク『マレエヌ姫』、フェルディナン・ファブル『美しき夕暮』、デュマ『モンテ・クリスト伯』、ブールジェ『弟子』、ドルジュレス『木の十字架』、ジュール・ロマン『新しき町』『ヴェルダン』、フィリップ『母と子』『母への手紙』、ルイ・エモン『白き処女地』、クローデル『庭』『百扇帖』、アンドレ・モーロワ『新しき大戦』、エクトル・マロ『家なき子』、リュドヴィック・アレヴィ『愛の司祭』、マルタン・デュ・ガール『ジャン・バロワ』

一九二四年　アテネ・フランセ教授就任（一九四六年退任）。

一九二七年　早稲田大学文学部専任講師就任。早稲田大学附属第一早稲田高等学院講師兼任（一九四〇年退任）、早稲田大学附属第二高等学院講師兼任（一九三一年、教授昇格。一九四九年退任）。

一九三一年　早稲田大学文学部助教授就任。

一九四〇年　早稲田大学文学部教授就任。

一九四一年　レジオン・ドヌール・シュヴァリエ勲章受章。

一九四九年　早稲田大学第一・第二政治経済学部教授就任。

一九五〇年　『チボー家の人々』の翻訳により芸術院賞受賞。
一九六二年　日本クローデル協会発足。会長になる。
一九六四年　早稲田大学定年退職。夫人とともに渡米。
一九六五年　芸術院会員に選出。勲記辞退。白百合女子大学教授就任（一九六七年退任）。
一九六八年　カトリック受洗。
一九七一年　夫人とともに渡欧。ロンドンとパリに滞在。
一九七三年　十二月十七日肺癌で死去。享年七十九。
一九七五年　随筆集『遠くにありて』が刊行される。

早稲田では文学部から政治経済学部へと移ったきりそのまま文学部には戻らなかったとか、早稲田定年の歳に最初に行ったのはアメリカだったなど驚くことがいくつもあります。

しかし最も驚かされるのはやはり、山内義雄が七十七歳になるまでフランスの地を踏んだことがなかったということでしょうか。二十代の青年だった頃、ポール・クローデルから絶大の信頼を寄せられ、これほど完璧なフランス語を話す日本人はほかに知らないとまで言われた山内義雄が初めてフランスへ行ったのは世を去るわずか二年前にすぎません。山内義雄はフランスを実際に知らないのに、先に挙げた作品の名訳をあまた遺しました。来日したジュール・ロマンとの会見記でも察しられるように、年齢を重ねてもフランス語の会話能力は一向に衰えなかったようです（しかも、その会見のときもまだフランスへは行っていませんでした。単行本の『遠くにありて』附載の「ヨーロッパ日記」によると、フランス滞在は到着と出発日を入れて二十六日間でしかありません）。

そう言えば、英国のブルームズベリー・グループの文学者たちに多大な影響を与えた『源氏物語』や『漢詩百七十首』の訳者アーサー・ウェイリーは一度も日本や中国に来たことがありませんでした。

この事実は何を指し示しているのでしょうか。それは、現在、ほとんどの人が漠然と考えているように当該言語が話されている国に行く、ということがすぐれた翻訳家・文学者（先走って言うなら、すぐれた語学教師）となるための必要条件ではないということです。むろん、山内義雄の場合、後輩に当たる野村二郎が「日本語が外国語になるほどに多くの教科目がフランス語で行われ、公教要理とともにフランスの心が生徒に伝えられる特色のある学校だった」と書く暁星で小中合わせて十一年間を過ごしたことはたしかにフランス語に習熟する基盤となったことは疑いようもありません。とはいえ、教育環境だけが山内義雄を作ったわけではない。もしそうだとすれば、もっと多くの「山内義雄」が輩出されていても不思議ではないのに、山内義雄は唯一無二の存在として綺羅《きら》、星《ほし》のごとく輝いていています。ただ、そこに、時代と読書経験という別の条件を当てはめてみると見えてくる世界があります。私自身のささやかな経験から考えたとき、私などは比較の対象にすらなりませんが、今の方々と較べても、科研費などない時代に勉学や研究に励んだ私の恩師たちのほうが、たとえ留学していなくても、また、博士号を持っていなくてもはるかに広汎な文学の世界に通暁していたような気がします。もちろん、すべての先生がそうだったと申し上げているのではありませんが、恩師の多くが知識に幅と深さがあり、指導する学生や大学院生が取り上げるテーマの多様性に対応できるだけの能力を備えていたという気がします。

少し脇道に逸れます。私が通っていた当時の早稲田の仏文科には博士号を取得した先生はひとりもいませんでした。しかし、文学的教養も読書量も今とは比較にならないくらい広く、専門に閉じこもらない博大な知識をお持ちの先生方が何人もおられました。

お二人例を挙げます。お一人は修士論文の指導教授の岩瀬孝先生です。先生はフランス演劇の泰斗で日仏演劇協会会長を務めておられましたが、プルーストで修士論文を書くかたわら、岩波の永井荷風全集二十九冊を読んだことをお伝えしたとき、ご自身の荷風体験を滔々と語り、日本文学の伝統にどこかで根を下ろしながらフランス文学を原文で読むことの重要性を、プルーストと荷風を同時に読んでいた私に教えてくださったのです。修士論文で直接荷風を引用したわけでなくとも、「文学」について論文を書くときに拠って立つ文学的「教養」の構築方法を先生のお言葉から私は感得したのでした。先生はそうして私が「根無し草＝デラシネ déraciné」になることから救ってくださったのであり、私は私で上から与えられたり上の意向に添ったりした「官製」ではない自由な「野生」の教養こそがこの先私が書くものを支えてくれるだろうと感じたのです。

もうお一人は修士課程一年のとき、定年前最後の年の講義でお世話になった平岡昇先生です。最初の授業のとき、先生は受講学生に修士論文で採り上げる文学者を尋ねられました。私がプルーストとお答えすると、数分沈黙した後で、それなら少なくともこれは読む必要があります、と仰り、やおら黒板の隅から隅まで二十数冊ものプルースト論の著者と書名を何も見ずにフランス語で書いて下さったのです。十八世紀、とくにルソー研究で知られる先生がプルーストにここまでお詳しいのだと圧倒的な感動を受けたことを昨日のことのように思い出します。プルーストを専門にするということの重さをひしひしと感じた時間でした。

それらの感覚が後年の私のプルースト翻訳に陰に陽に関わっていることをあえてここに記しておきたいと思います。

閑話休題。

山内義雄ほどではないにしても、外国語の会話能力は現地へ行かなくてもある程度は身につきます。問題はその後です。文学を志すとすれば何よりできる限り正確に原書を読み込む力が必要です。一方、中途半端な翻訳ではなく、それ自体まっとうな文学作品として成り立つ翻訳をするとなれば、日本語の教養と鋭い言語感覚が欠かせません。それを育てるのは古典から現代にいたる日本語の文学の素養とそこで磨かれた言語能力です。留学して学位をとったからと言って、そうした素養と能力が自然に身につくわけではありません。加えて、個々の能力や性質という問題も無視できません（そこを見ずに、留学経験と学位取得を理由に採用しても当の本人に真の文学的教養とそれを支える誠実さがなければ、元も子もありません）。そうした事情はほんの数人――たとえば国文科出身の堀辰雄や医学部出身の加藤周一も含めて言うなら、中村真一郎、福永武彦、澁澤龍彥、石川淳、堀口大學、辻邦生といった仏文系の文学者たち――の仕事を考えるだけで納得がゆくのではないでしょうか。彼らは人間的にも誠実であり、信頼に足る仕事をし続けました。山内義雄も当然そのなかに数えられます。その美質は長篇小説のみならず、特に詩の翻訳で自在に発揮されました。福永武彦にも『象牙集』という美しい訳詩集がありますが、山内義雄の訳詩集と同日に語るのは難しいという気がします。内容の重複を恐れずに編まれた六冊の訳詩集は、いかにその訳詩が貴ばれたかを示しているでしょう。クローデルの詩集二冊も入れて並べてみます。

一、『仏蘭西詩選』一九二三年　新潮社
二、『山内義雄訳詩集』一九三三年　白水社
三、『仏蘭西詩選』一九三八年　新潮文庫
四、『フランス詩集』一九五二年　角川文庫
五、『山内義雄訳詩集』一九五四年　角川文庫
六、『フランス詩選』一九六四年、一九九五年　白水社
七、クローデル『百扇帖』私家版　一九七四年
八、『クローデル詩集』一九八三年　ほるぷ

このうち、二は千部限定番号入りの美本、七は歿後一年の祥月命日に未亡人が発行したもの、八は堀口大學編の限定百部番号入りの美本、六は復刊を望む声が高かった本で一九九五年に再刊となりました。訳された詩の数は一で三十七篇だったのが六で九十八篇に増えています。

山内義雄の訳詩について福永武彦は名著『異邦の薫り』（一九七九）のなかで一章を割いてこう讃えました。名言だ

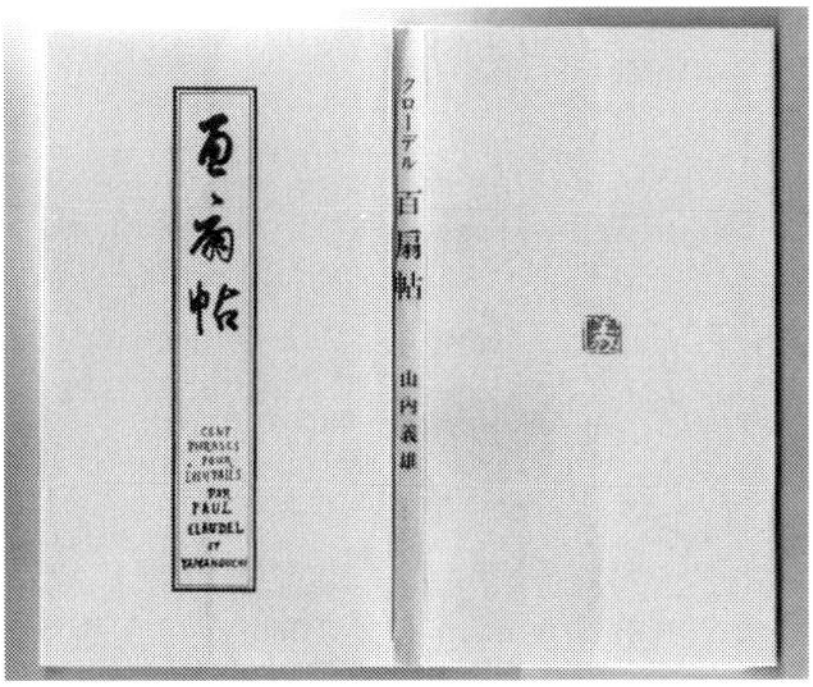

私家版『百扇帖』

と思います。

フランス畑の訳詩集として、堀口大學の『月下の一群』と並び立つものは、恐らく『山内義雄訳詩集』であらうか。（略）

堀口大學が翻訳家でありまた同時に詩人でもあるのに較べると、山内義雄は徹頭徹尾翻訳家だつた。前回に日夏耿之介を色々な肩書きをつけて呼んだが、山内さんは他に何の肩書もなかつたし、またそれを必要としなかつた。日夏耿之介と同じ早稲田大学の教授ではあつたが、文学部よりは早稲田高等学院や政経学部で教へた方が長くて、何となく傍流の感じがあつたし、フランス文学者といふやうな呼び方はこの人にちつともふさはしくなかつた。もしその方面での肩書が必要であるとしたなら、ポール・クローデルの年少の友人だつたと言へば足りるだらう。

従つて山内義雄は単なる翻訳家で、しかも最高の翻訳家だつた。

しかしこの山内義雄伝説〔引用者註。軽井沢から上野までの列車の車中で『狭き門』の「アリサの日記」の部分を訳し終えたと言われていたことを指す〕が、ただ翻訳が速いといふだけに取られると、それは違ふ。訳すだけなら信越線の車中で片づくほどの人が、凝りに凝つて山内流の名訳に仕上げるといふ点に値打ちがあつた。それも日夏耿之介のやうに綾にしきを織りなした名文に仕立てるといふのではなく、さらさらした清流のやうな、滋味あふれる美しい日本語に移し変へるのである。

山内義雄は矢野峰人と並んでまさに上田敏の衣鉢を継いだ詩人文学者というべき存在でした。『遠くにありて』文庫版解説の野村二郎は次のように書いています。

荷風・敏・ボードレールのこの偉大な三人の先達の深い影響を否定することは難しい。しかし、山内先生ご自身の天賦の才とが見事に調和し、昇華して、絵画のような文字、流暢な言葉とともに、色あり、音あり、匂いあり、先生のおられるところ常に桃源郷の雰囲気が漂い、束の間の時かと疑うが夢にあらず、空しくも、幸せなる時よ、永久に停止せよと希う。

後輩にここまで語らせる山内義雄の人間的な魅力はさぞかしと思いますが、果たして、科研費や学位や留学のことで頭が一杯の、「官」的には申し分のない文学系・人文系の大学教員のなかから山内義雄のように彫琢された文章や訳詩を綴ることのできる人物が現れるものか疑わしいのではないかという気がしてならないのです。福永がいみじくも使った「傍流」という言葉はそのあたりの事情を端的に表現しているのかもしれません。美校、音校と並ぶ御三家の一つ「外語」出身とはいえ、京都帝国大学は法学部と経済学部を中退、東京帝国大学では仏文科ではあるものの、今の科目履修生に相当する選科生

1970 年代初頭の野村二郎（左）と山内義雄（右）

で、仏文系の主流とは遠い道を辿りました。されど、傍流なればこそ賞翫しうる美があるのではないでしょうか。渡仏経験も留学も学位取得とも無縁だったがゆえになしえた名訳があったのではないでしょうか。

山内義雄に、POETAE MINORES と題されたエッセイがあります。フロマンタンの言う「群小詩人」の役割、すなわち、偉大な詩人の真価を大衆に伝えるという役割以外の、持って生まれた性癖として、賑賑しい表通りより裏通りのもつ意外な楽しみを見いだす喜びについて語りながら、その筆はついにプルーストに及びます。自費刊行の処女作『楽しみと日々』に収められた作品が長所も短所も合わせて『失われた時を求めて』を予告していること、作品によっては必ずしも『失われた時を求めて』の素描とは言えない独立した意欲作があることを情熱を込めて語っているのですが、『失われた時を求めて』からは「スワン家のほうへ」だけでなく「囚われの女」からも引用されていて、山内義雄のプルーストへの並々ならぬ傾倒を窺わせます。

とりどりにたのしいこのプルーストの作品集、思いかえしてみると、これまた私にとって二十余年折にふれ時にふれ坐右はなれぬ書物の一つとなっている。

かたや、新潮社のグループ訳『失われた時を求めて』全訳に挟まれた月報1の「プルーストの思い出」という文章には、山内自身新潮社から出す予定で全訳を試み八百枚ほど訳していたが、当時大当たりを取った「世界文学全集」第Ⅱ期に「スワン家のほうへ」を入れたいと言ってきた新潮社に、当時の読者に受け入れられるはずがないからという理由で諦めさせ、その代わりにブールジェ『弟子』を入れさせた、ついては新潮社に預けてあったプルーストの訳稿も引き上げてきて、そのうち燃やしてしまったと書かれています。私がこの話を知ったのは新潮社のグループ訳を手に入れた一九七二年のことですが、どうして折角の原稿を燃やしてしまったのかは必ずしも納得がゆく話ではありませんでした。それから半世紀たった最近、新たな情報が伝わってきました。この話の典拠を示すことは諸事情があってできないのですけれど、日本のプルースト移入史において大きな転換となり得たエピソードには違いありません。信頼のおける筋から、とだけ申しておきます。かような情報に抵抗がおありなら読み捨ててくだされればよろしいかと思います。

山内義雄(一八九四―一九七三)が新潮社からの出版の約束を取りつけて『失われた時を求めて』翻訳に取り組んでいる頃、一九三五年から住んでいた同潤会江戸川アパートに山内を訪ねてきた人がいました。一歳年下の東大仏文科助教授鈴木信太郎(一八九五―一九七〇)でした。辰野隆(一八八八―一九六四)と並び、当時の仏文学界で絶大な権力を持ち始めていた鈴木は、弟子の井上究一郎(一九〇九―一九九九)が『失われた時を求めて』を訳したいと言っているので、いましている翻訳は諦めてくれ、その代わり、辰野隆とともに共同で監修者になってほしいと山内に頼み込んだと言います。山内からすれば、きみは単なる翻訳家ではないか、ここは学者に任せたほうがいいと言われたも同然です。すんなり呑み込めない話で、さぞ悔しかったに違いありませんが、「傍流」が「主流」に勝つにはよほどの覚悟と準備と支援が必要です。山内義雄のように斯界随一の翻訳家としての名声を誇っていた人間でも、結局は鈴木信太郎の懇請を受け入れざるを得ませんでした。鈴木(井上が同行したという説もあります）が帰ったあとすぐに山内は訳稿の束を庭に出して火をつけて燃やしたそうです。山内の肩が震えていたとも、泣いていたとも伝わっていますが、その場にいなかった人間が小説ふうに蛇足をつけ足す愚は避けておいたほうがいいでしょう。ただ、山内夫人は山内の死後も、亡夫の翻訳で『失われた時を求めて』を読みたかったと折に触れて嘆いたと言います。それは疑いようもありません。夫の死後、一年目の命日に亡夫が最後まで枕辺に置いていた『百扇帖』を私家版で出したほどその訳業を愛していた夫人です。山内義雄訳『失われた時を求めて』は未亡人の見果てぬ夢だったと思います。さらに言えば、若い頃から山内義雄訳の詩や小説を愛読してきた私にとってもその思いは変わりません。余談ですが、鈴木信太郎の子息が井上訳に対する形で個人全訳を成し遂げた鈴木道彦だということには不思議な巡り合わせを感じます。

かくしてかなりの枚数の訳稿を抛棄することを余儀なくされた山内義雄でしたが、結果として言えば、POETAE MINORES の先の引用部分に仄見えているように、気儘に好きな実をつまんでは別の花々に向かうアンソロジストとしてのみずからのありように最終的には自足していたのではないでしょうか。引用文のどこか愉しげな口調がそれを証明しているように思われます。そう考えると心が少し慰められる気がします。

＊

野に在る、在野ということは肩書に左右されないということです。損得でものごとを考えないということです。俗情と結託しないということです。路傍に咲く名前すらわからない花の美しさに心震わせるということです。自ら信じる道は簡単に諦めないということです。いつまでも教え子や後輩から慕われる人間的魅力があるということです。

科研費で大金を得るよりも、博士号を取るよりも、留学するよりも大切なことがあります。野生の教養と呼びうるものが文学研究や翻訳の分野で実質を伴って姿をあらわすのは、営利のことはひとまず忘れて、目の前に拡げた作品のうちから発せられる静かな声に身を傾けたときです。そうして聴き取った作品の声を山内義雄は繊細極まる手さばきで、余すところなく美しい日本語に置き換えてゆきました。静謐さと情熱と知性と精神の自由——それによって長い命を保つ翻訳が生まれます。その逆に、金儲けに目がくらみ、喧噪に囲まれ煽動されるがままに慌ただしい時間を過ごすとすれば、人の心に届く仕事は出来ませんし、そうして拵えた代物などすぐに忘れ去られるに違いありません。

山内義雄の訳したフランスの詩は百篇もありません。訳された詩人の数も三十人に届きません。ボードレールもヴェルレーヌもランボーもユーゴーも訳されてはいないのです。文庫版『遠くにありて』の著作目録（保昌正夫編）に載っていない著書『佛蘭西近代詩研究』（一九三三。金星堂）にはもちろんボードレールその他が紹介されていますが、詩の訳は荷風や西條八十の翻訳の借用です。それは訳詩に必要な精神の集中を考えると当然だと思われます。山内義雄のような天性の翻訳家でも、詩を訳すとは全身全霊を傾けて初めてなしうる業だったのであり、無自覚に横のものを縦に直す作業とは隔絶していたのです。

それゆえ、山内義雄訳のこんな軽妙な訳しぶりの詩でも、ここに至るまでに費やされた努力を思うと、私は言葉を失います。この詩を口にしているのは、山内義雄であるとともに、ジュール・ラフォルグ自身にほかなりません。おかしな言い方かもしれませんが、原作者が訳者に憑依したと感じられるとき、そこに名訳が生まれます。

「嘆きぶし風につくれる墓碑銘」。

女、すなはち
わが心とは、
なんと豪儀な
託宣ぞや！

どうせ消えちやう
パステル描《が》きだよ、

調子が駄目なら
どうともくさせ！

罷り出でたる
道化の
踊りだ。

沈黙……
おや、どこやらで
ほととぎす。

「最後の郭公をほととぎすに変へたあたりが何とも言へずうまい」とは福永武彦の評言ですが、そうした豁達さも在野の詩人の本領でしょう。こういう伎倆と言葉の選択は「官」から出て来るものではないからです。身の栄達を慮る気持ちはわからないではありませんが、文学系の分野に場を占めているのなら、あるいは占めようというのなら、山内義雄の仕事はまだまだ参照したほうがいいかもしれません。それは読者としても同じことです。忘れてはいけない文学者は慥かにいるので、山内義雄はその筆頭に数えてよい一人です。

そうして遺された山内義雄の著作を繙くとき、一冊だけのエッセイ集のタイトル「遠くにありて」の「遠く」が重く響いてきます。それが何を意味するかを考えるのはこれを読んでくださった皆さんの仕事です。（了）

附記
貴重な写真を快く貸与して下さった筑波大学名誉教授・野村二郎先生に厚く御礼を申し上げます。

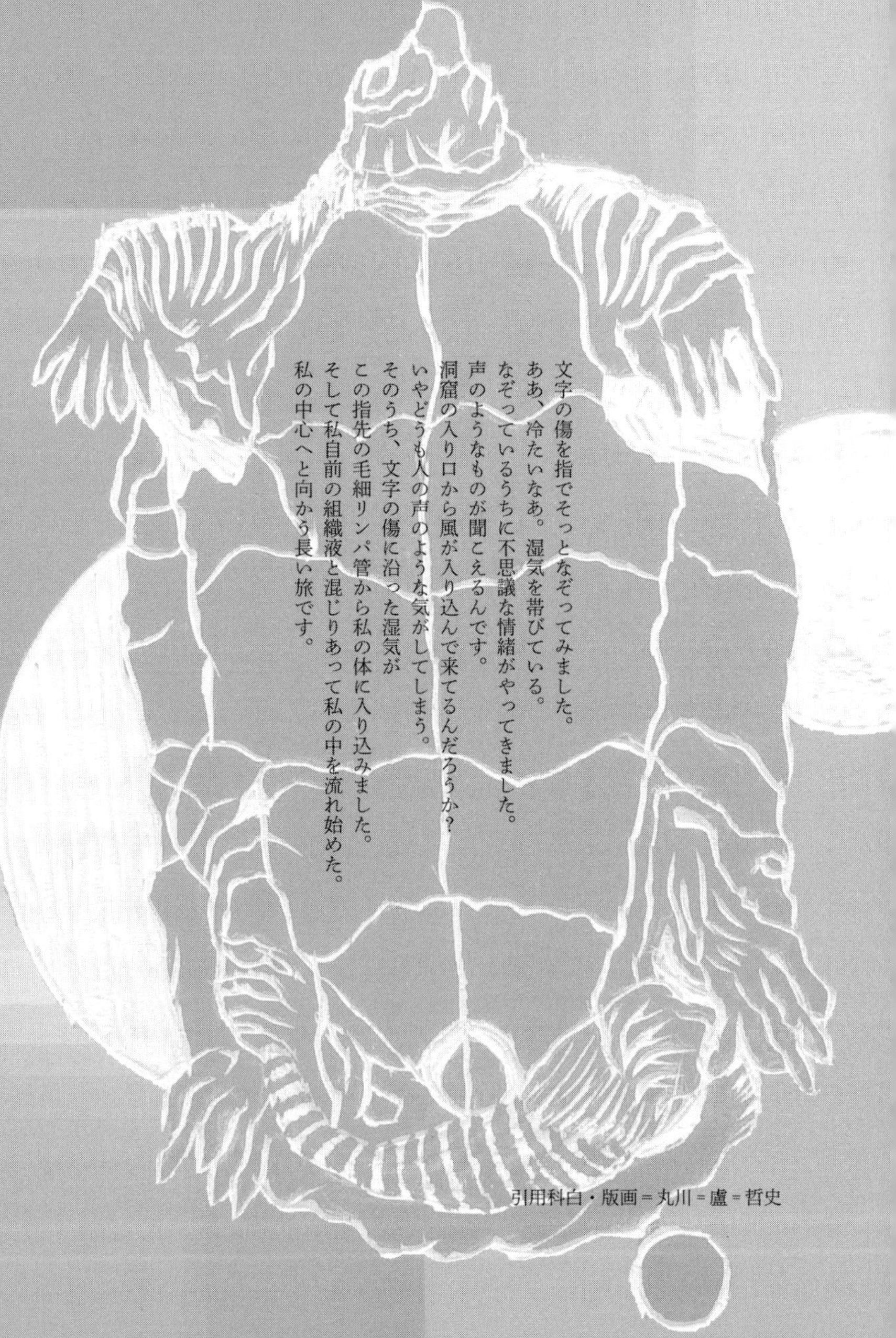

文字の傷を指でそっとなぞってみました。
ああ、冷たいなあ。湿気を帯びている。
なぞっているうちに不思議な情緒がやってきました。
声のようなものが聞こえるんです。
洞窟の入り口から風が入り込んで来てるんだろうか？
いやどうも人の声のような気がしてしまう。
そのうち、文字の傷に沿った湿気が
この指先の毛細リンパ管から私の体に入り込みました。
そして私自前の組織液と混じりあって私の中を流れ始めた。
私の中心へと向かう長い旅です。

引用科白・版画＝丸川＝盧＝哲史

おわりに――

「教養」の反省と復権

本書が企画されるに至った経緯から述べてみたい。明治大学大学院教養デザイン研究科の研究科長（当時）であった岩野卓司氏から、「野生」そして「教養」というキー概念が提起され、同研究科のスタッフの執筆によって本書が成立する運びとなった。そして、私自身もその執筆者として論考を寄せる縁を得、また「あとがき」を執筆する任務を仰せつかることとなった。

同研究科は、昔風に言えば、大学の一般教養を担う教員によって構成されている。今日の言葉ではリベラルアーツと称する領域を担う教員である。リベラルアーツとは、古代ギリシアからの概念で、人をさまざまな束縛から解放するための知識や、生きるための力を身につける方法を指す概念である。また同様の領域として、旧来の「人文」というカテゴリーも、科学史や科学哲学も含めば、またリベラルアーツと同様の概念として成立するだろう。

いずれにせよ、上記に示した概念と領域をとりあえず「教養」と呼ぶことにして、それは今日の大学では専門教育を展開する前提としての基礎的「教養」として位置づけられてはいる。が、これは実は語義矛盾である。「教養」は「教養」からは定義づけられない。そこで歴史に遡り、中世ヨーロッパの大学（＝ユニバーシティ）のあり様から「教養」の起源を呼び起こしてみたい。中世ヨーロッパの大学で展開された学問は主に哲学であり、それはキリスト教以外のところ、つまりギリシアの人文知をその道筋として、よりよく生きるための考え方を探索する試みであった。ヨーロッパ各地から集まってきた学生たちは、自身が目当てとする教授の講義を聞くため、都市に集まり大学街を構成した――この教授と学生による知の共同体がユニバーシティの語源となる。また第二に、そのユニバーシティにおいて、そこに集まった教授や学生たちが抱えた歴史をお互いに知ることが企図されることになる。すなわち、「教養」の起源は哲学と歴史にある。

さて次に、近代以降の制度としての大学が形成される過程では、生産技術を習得したり、商売の仕組みを知ったりするための専門科が取り込まれていくが、そもそもの知の方向性と起源の違いから、教養系の教員と専門系の教員との間では歴史的に緊張関係がずっと存在していた――これは、いわば大学を議論する場合の前提でもある。そこでいきなり、昨今の日本の大学行政の話になるのだが、一九九〇年代からであろうか、グローバル化の波によって、日本の政府は大学の持つ方向性に関して、専門の方に力点を置き、教養を軽視する傾向を押し出してきた。競争を通じて科学研究費を獲得させる方向へと大学人を誘導し、また国立大学を独立法人化したりしたことなどは、その流れを制度化するための施策であったと言える。すなわち、大学を個別の利益を獲得する機構へと「変革」する動きであった。本書が担う使命とは、端的にそのような今日の大学のあり様について、「それでよいのか！」というプロテストの意義を持つ。

しかしそのためには、大学における「教養」のあり方について深い自己反省に立ち、またその上でのリニューアルが為されなければならない。ではその自己反省とは何か。例えば「教養主義」という言葉が今日においてやや批判的な響きを示すことから推察してみたい。日本の大学における「教養」は日本の近代化を促すために、ヨーロッパの思想体系を輸入する態度において、どこかヨーロッパの権威を頭に戴いた高踏な態度を有していた節もある。さらに批判的に言うなら、その「教養」を占有する教員が、自分たちの「教養」をお互いに保守し合う「ギルド」（職能集団）のように振舞ってきた経緯もある。であれば、そのような「教養」に対して、「そんなものは役に立たない」という声が出てくるのも、ある程度は必然的な流れだったのかもしれない。しかしだからと言って、いわゆる今日の専門学校化した大学イメージに無批判に寄り添っていくべきではなかろうし、そういった事態について深い自覚を持たなければ、もはや「教養」自体が消滅する。要諦となるのは、なぜこの世に「教養」が、つまり人文知があらねばならないかという根本の問いを抱えながら、「教養」の価値を今日の社会に復権させること、またそのためにリニューアルすることである。

では、その復権とリニューアルとはどのようなものであるべきか、少々私見に近いものであるが述べてみたい。それはまず、近代資本主義が宿命的に持つところの短期的収益を目指す期限付きの価値観、また近代国家の原理を万能のパターンとし、官僚の専門化を図ればそれでよしとするような価値観――この両者から距離を置き、オルターナティブな価値観を創造することであろう。字義として「教養」は万人に開かれたものでなくてはならないが、その万人が持つべき価値観として、近代資本主義と近代国家を越えるための豊かな批判精神が企図されなければならない。そのためには逆に、「教養」は新たな知見を大胆に取り入れることも必要であろう。例えば、人間の行動や感情を根本から考え直すための精神分析や認知科学の理論であるとか、あるいはグローバルヒストリーと呼ばれる、国民国家の枠に囚われない地理や歴史の見方などなど。いずれにせよ、それらは既成の学問領域をオープンにするための試みである。

以上述べた方向性のうえで今回、岩野氏から提案され、また執筆陣の賛同を得たキー概念が「野生」(野性)であり、それを「教養」に衝突させることが目論まれた。それが含意するのは、先ほど述べたように、資本主義的価値観と官僚的価値観、つまり現代社会において無意識のうちに信仰されている趨勢への抵抗である。しかして、そのような抵抗のあり方も、根本的かつ創造的な抵抗でなければならないだろう。このような趨勢は実に、緩やかにではあれ、潜在的なレベルで必要視されるに至っている。というのも、今日の私たちの現代社会が抱えている矛盾は、複雑かつ根深いものである。例えば、それは三年も続いているコロナ禍であり、また二〇二二年二月二四日からの戦争、そこで垣間見えた政治の貧困化、人心の荒廃、歴史的思考に対する軽蔑など——このような現象はすべて絡まり合っており、現代社会にはらまれた危機、あるいは病理のあり様を表している。それらに対処するには、あるいはそれらに耐えて正気を保つには、現象レベルではなく、現代社会の根本的課題に向けて知的介入があらねばならないし、その土壌作りとしての「教養」の復権が望まれているのだ。

以上、岩野卓司氏が本書の立ち上げを企図したところを、私なりに補充して述べてみた。次に「野生の教養」のコンセプトの中に含むいくつかの成分、これについて私なりに素描して「あとがき」の任を果たしたい。その方向性を分類すると、三つある。

第一に、ヨーロッパから始まったヨーロッパ中心主義批判、人間中心主義批判の系譜を辿らんとするセグメントである。これは本書においては、ヨーロッパの学問・芸術の体系に対する内部からの反省的営為を扱った岩野論文、井上論文、鈴木論文などに代表されるものである。ヨーロッパの人間中心主義批判の淵源には、M・モースの『贈与論』など、ヨーロッパ以外の世界への観察につながった契機がかかわっており、またその中間的なピークとして、レヴィ゠ストロースの『野生の思考』などの著書がある。さらに芸術の世界では、ベケットのような、人間と動物の境界、言語と非言語世界の境界を不安定にさせんとする創造的なプロジェクトも存在した。これらはまさに、近代世界を作り上げてきたセンターたる装置、大学制度そのものに対する創造的批評の潜勢力を秘めた知見でもある――このことに間違いはない。

また第二に、広義の意味での「政治」にかかわるセグメントである。「教養」は直接的に「政治」に関与するものではないにせよ、評論家や政治家に既成の議論を任せるのではなく、自ら公共性にかかわる議論を先導し、「政治」に対し豊富なイマジネーションを与えていく――そのような可能性があるべきだ。これは廣部論文、田中論文などが代表する方向性である。この成分は、これまでの狭義の「政治」が単なる政界論に淫していることや、また国際政治学が根拠とする「国際社会」なるものが、単にG7的な視点を内在化したものでしかなかったりする――そのような政治的想像力の貧困に対する、「教養」の側からの創造的批評である。いずれにせよ、ここには中長期的波動を伴った世界史の構造変化に対応した「教養」の錬磨という方向性が垣間見える。

そして第三に、近代社会の成立の前提となる、近代文明がもたらした価値観の混乱を指摘し、より多元的な世界観の成立に向けた努力に向かうセグメントである。この方向性を代表するのは、例えば森永論文、中村論文、石山論文などであろう。このセグメントを端的に言い表すとすれば、近代主義(＝植民地主義)の克服を目指す方向性である。興味深いことに、この第三のセグメントは、第一のセグメントと裏表の関係となる。第一のセグメントは、遠因として近代ヨーロッパ文明がその外側の非ヨーロッパ世界や論理と接したことに端を発する、自身の世界観の革新を示すものである。だが逆に、非ヨーロッパ世界からすれば、近代ヨーロッパ文明世界の拡張とは自らの被植民化の危機であり、端的に自身の文化が破壊されていくプロセスであった。そのことを象徴するように、「野生」という概念に関する裏腹の態度が惹起されることにもなる。つまり、「野生」というコンセプトは、ヨーロッパの進歩主義からの脱出のチャレンジを示すわけだが、石山論文が示したように、非ヨーロッパの側からすれば、自らの場をヨーロッパ文明のヒエラルキーの下に置く符牒となることもある。しかして、非ヨーロッパの側からは、むしろ「人間としての回復」が要求されることになる。これは、ある意味では、近代世界がはらみ持った矛盾そのものを、言語構造の捩じれとして垣間見せるあり様であろう。

しかして、本書の最後に置かれた浅賀論文は、まさに本書の成立をリードした岩野氏の問いかけに科学哲学(科学史)の立場から受け止めたものであり、実に平仄が合っている。このお二人と、そしてコラムを担当していただいた畑中氏は、昨年まで本研究科を執行部として牽引していただき、本書の成立の背景を為す同研究科の発展に力を尽くしてくださった。ここに改めて感謝申し上げつつ、「あとがき」の任を終えたい。

丸川哲史

編者紹介

岩野卓司（いわの・たくじ）
明治大学法学部教授。著書：『贈与論——資本主義を突き抜けるための哲学』（青土社），『贈与の哲学』（明治大学出版会），『ジョルジュ・バタイユ』（水声社），共訳書：バタイユ『バタイユ書簡集　1917–1962 年』（水声社）。

丸川哲史（まるかわ・てつし）
明治大学政治経済学部教授。著書：『魯迅出門』（インスクリプト），『思想課題としての現代中国』（平凡社），『竹内好』（河出書房新社），『台湾ナショナリズム』（講談社）。

執筆者紹介（掲載順）

畑中基紀（はたなか・もとき）
明治大学経営学部教授。論文：「金子みすゞ『こだまでせうか』の文体」（『文体論研究』64 号），「テレビ CM の構造的一人称」（『明治大学教養論集』538 号）。

加藤徹（かとう・とおる）
明治大学法学部教授。著書：『漢文で知る中国』（NHK 出版），『京劇』（中公叢書），『貝と羊の中国人』（新潮新書），『漢文力』（中公文庫），『漢文の素養』（光文社新書），『西太后』（中公新書）。

瀧口美香（たきぐち・みか）
明治大学商学部准教授。著書：『ビザンティン四福音書写本挿絵の研究』（創元社），『初期キリスト教・ビザンティン図像学研究』（創元社），『キリスト教美術史——東方正教会とカトリックの二大潮流』（中公新書）。

鈴木哲也（すずき・てつや）
明治大学法学部教授。共著：『ケルト　口承文化の水脈』（中央大学出版部），『他者のトポロジー——人文諸学と他者論の現在』（書肆心水），翻訳：「マイケル・ロングリー詩選」（『現代詩手帖』2018 年 8 月号）。

虎岩直子（とらいわ・なおこ）
明治大学政治経済学部教授。共著：『アイルランド・ケルト文化を学ぶ人のために』（世界思想社），共訳書：『エンジェル・アト・マイ・テーブル（上・下）』（筑摩書房）。

井上善幸（いのうえ・よしゆき）
明治大学理工学部教授。共編著：『サミュエル・ベケットと批評の遠近法』（未知谷），共著：*Beckett and Animals*（Cambridge UP），共訳書：『ベケット伝（上・下）』（白水社），論文：「ボルヘスの記憶術」（『明治大学教養論集』562号）。

斎藤英治（さいとう・えいじ）
明治大学法学部教授。著書：『さようなら，映画館』（フィルムアート社），訳書：スーザン・アレン・トウス『ブルーミング』（新潮社），マーガレット・アトウッド『侍女の物語』（早川書房）。

嶋田直哉（しまだ・なおや）
明治大学政治経済学部教授。著書：『荷風と玉の井――「ぬけられます」の修辞学』（論創社），論文：「記憶の遠近法――井上ひさし『父と暮せば』を観ること」（『日本近代文学』第94集）。

伊藤剣（いとう・けん）
明治大学法学部准教授。著書：『日本上代の神話伝承』（新典社），論文：「律令官人出雲臣広島の風土記編纂意識――『出雲国風土記』秋鹿郡恵曇浜条を中心に」（『国語と国文学』99-4）。

本間次彦（ほんま・つぎひこ）
明治大学政治経済学部教授。共著：『コスモロギア』，『人ならぬもの』（以上，法政大学出版局），共訳書：『哲学から文献学へ』（知泉書館）。

廣部泉（ひろべ・いずみ）
明治大学政治経済学部教授。著書：『黄禍論――百年の系譜』（講談社），『人種戦争という寓話――黄禍論とアジア主義』（名古屋大学出版会），『グルー』（ミネルヴァ書房）。

広沢絵里子（ひろさわ・えりこ）
明治大学商学部教授。共著：*Auto-/Biographie: Erzähltes Selbst, erinnerte Bilder*（『日本独文学会研究叢書』69号），『ドイツ文化を担った女性たち――その活躍の軌跡』（鳥影社）。

田中ひかる（たなか・ひかる）
明治大学法学部教授。著書：『ドイツ・アナーキズムの成立――『フライハイト』派とその思想』（御茶の水書房），編著：『社会運動のグローバル・ヒストリー』（ミネルヴァ書房），『アナキズムを読む』（皓星社）。

佐原徹哉（さはら・てつや）
明治大学政治経済学部教授。著書：『ボスニア内戦』（有志舎），『中東民族問題の起源』（白水社），*What Happened in Adana 1909?*（ISIS Press）。

山岸智子（やまぎし・ともこ）
明治大学政治経済学部教授。共著：『現代イランの社会と政治――つながる人びとと国家の挑戦』（明石書店），共訳書：ズィーバー・ミール＝ホセイニー『イスラームとジェンダー』（明石書店）。

池田功（いけだ・いさお）
明治大学政治経済学部教授。著書：『新版　こころの病の文化史』（おうふう），『石川啄木　その散文と思想』（世界思想社），『啄木日記を読む』（新日本出版社），『石川啄木入門』（桜出版）。

森永由紀（もりなが・ゆき）
明治大学商学部教授。共著：*Who is Making Airag*（*Fermented Mare's Milk*）*? A Nationwide Survey of Traditional Food in Mongolia*（Nomadic Peoples Vol. 19），共編著：『多元的環境問題論』（ぎょうせい）。

薩摩秀登（さつま・ひでと）
明治大学経営学部教授。著書：『物語チェコの歴史――森と高原と古城の国』（中公新書），『図説チェコとスロヴァキアの歴史』（河出書房新社），編著：『チェコとスロヴァキアを知るための56章』（明石書店）。

石山徳子（いしやま・のりこ）
明治大学政治経済学部教授。著書：『「犠牲区域」のアメリカ――核開発と先住民族』（岩波書店），『米国先住民族と核廃棄物――環境正義をめぐる闘争』（明石書店），共著：*The Promise of Multispecies Justice*（Duke University Press）。

鳥居高（とりい・たかし）
明治大学商学部教授。共著：『岩波講座　東南アジア史　9巻』（岩波書店），『東アジアの社会大変動――人口センサスが語る世界』（名古屋大学出版会）。

中村和恵（なかむら・かずえ）
明治大学法学部教授。著書：『日本語に生まれて』（岩波書店），『地上の飯』（平凡社），共著：『世界中のアフリカへ行こう』（岩波書店），訳書：アール・ラヴレイス『ドラゴンは踊れない』（みすず書房）。

釜崎太（かまさき・ふとし）
明治大学法学部教授。共編著：『身心文化学習論』（創文企画），共著：『教育における身体知教育序説』（創文企画），『よくわかるスポーツ倫理学』（ミネルヴァ書房）。

川野明正（かわの・あきまさ）
明治大学法学部教授。著書：『神像呪符「甲馬子」集成――中国雲南省漢族・白族民間信仰誌』（東方出版），『中国の〈憑きもの〉――華南地方の蠱毒と呪術的伝承』（風響社），『雲南の歴史』（白帝社）。

神田正行（かんだ・まさゆき）
明治大学法学部准教授。著書：『馬琴と書物――伝奇世界の底流』（八木書店），共編著：『馬琴書翰集成』全７冊（八木書店）。

浅賀宏昭（あさが・ひろあき）
明治大学商学部教授。著書：『生化学きほんノート』（南山堂），共著書：『ZEROからの生命科学』（南山堂），『知っておきたい最新科学の基本用語』（技術評論社）。

高遠弘美（たかとお・ひろみ）
明治大学名誉教授。著書：『プルースト研究』，『乳いろの花の庭から』，『物語パリの歴史』，『七世竹本住大夫』，訳書：プルースト『失われた時を求めて』他多数，編著：『欧米の隅々 —— 市河晴子紀行文集』（素粒社）。

＊本書寄稿者は，明治大学大学院教養デザイン研究科で講義を担当している。
なお，高遠弘美先生は 2022 年 3 月まで同研究科に所属された。（編者記）

野生の教養
飼いならされず、学び続ける

2022年11月14日　初版第1刷発行
編　者　岩野卓司・丸川哲史
発行所　一般財団法人　法政大学出版局
〒102-0071 東京都千代田区富士見2-17-1
電話 03(5214)5540　振替 00160-6-95814
組版：HUP　印刷：平文社　製本：根本製本

Printed in Japan
ISBN 978-4-588-13033-5

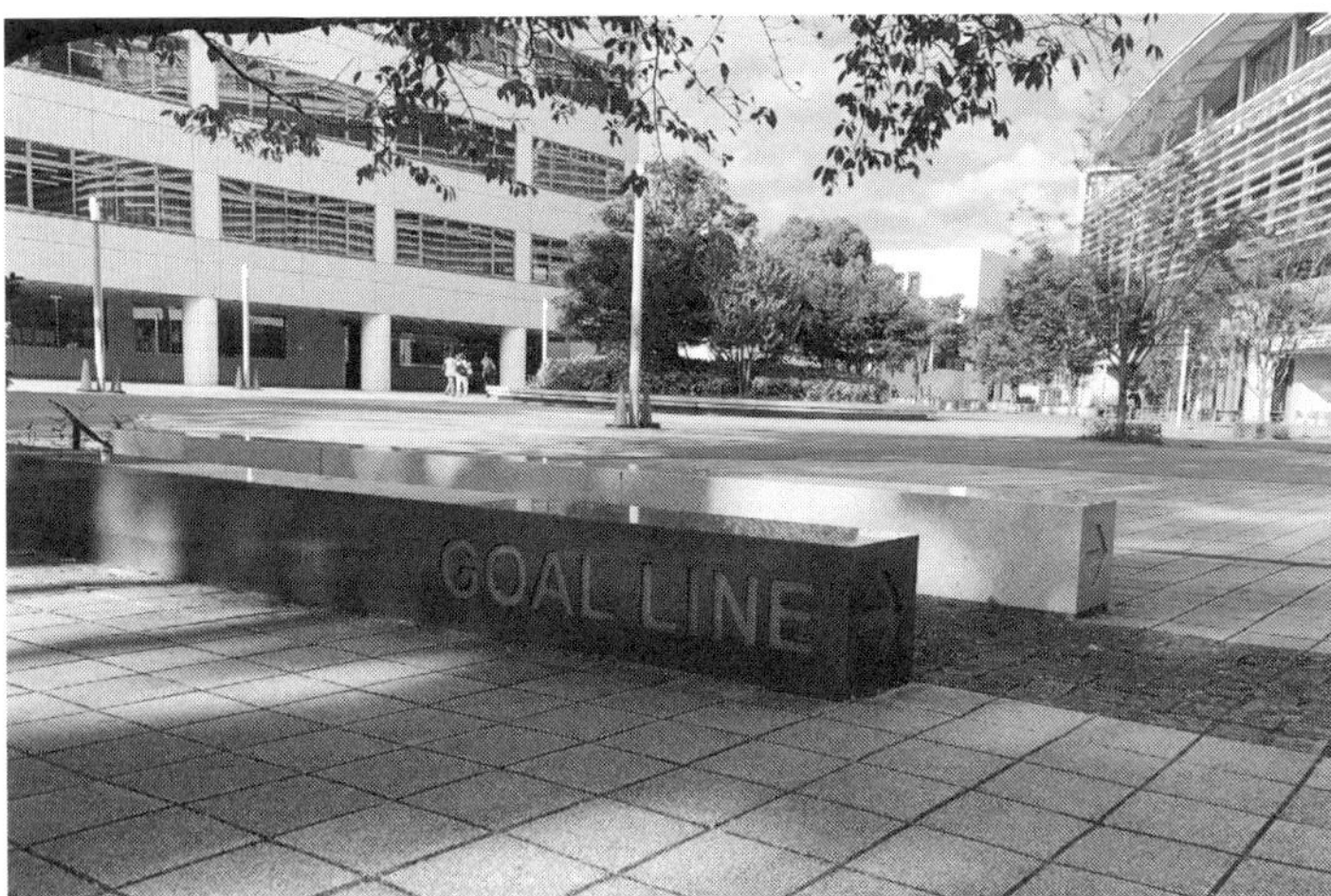

「GOAL LINE 40000000m－1m」（明治大学和泉キャンパスにて）

撮影＝ Pierre Angélique